冯骥才 著

炮打双灯

作家出版社

图书在版编目（CIP）数据

炮打双灯 / 冯骥才著 . -- 北京：作家出版社，2025.8.
-- （冯骥才小说文库）. -- ISBN 978-7-5212-3645-3

Ⅰ. I247.7

中国国家版本馆 CIP 数据核字第 202514RS32 号

炮打双灯

作　　　者：冯骥才
策划编辑：钱　英
责任编辑：省登宇
装帧设计：TT Studio
出版发行：作家出版社有限公司
社　　　址：北京农展馆南里 10 号　　　邮　　　编：100125
电话传真：86-10-65067186（发行中心）
　　　　　　86-10-65004079（总编室）
E-mail:zuojia @ zuojia.net.cn
http://www.zuojiachubanshe.com
印　　　刷：北京博海升彩色印刷有限公司
成品尺寸：145×210
字　　　数：270 千
印　　　张：12.125
印　　　数：001—5000
版　　　次：2025 年 8 月第 1 版
印　　　次：2025 年 8 月第 1 次印刷
ISBN 978-7-5212-3645-3
定　　　价：52.00 元

写作中的冯骥才

摄影：ALEXANDER RUAS（美）

冯骥才

　　1942 年生于天津，祖籍浙江宁波，中国当代作家、画家和文化学者。在中国当代文学史上，冯骥才是新时期崛起的第一批作家，也是"伤痕文学"的代表人物，其作品题材广泛，形式多样，尤以"文化反思"系列小说著称，多次在国内外获奖。已出版各种作品集二百余种，代表作有《啊！》《雕花烟斗》《高女人和她的矮丈夫》《神鞭》《三寸金莲》《珍珠鸟》《一百个人的十年》《俗世奇人》《单筒望远镜》《艺术家们》等。作品被译成英、法、德、意、日、俄、西、阿拉伯等二十余种文字，在海外出版译本六十余种。冯骥才的绘画以中西贯通的技巧与含蓄深远的文学意境见长，因此他又被称为"现代文人画的代表"。自 20 世纪 90 年代初以来，他投身于中国的城市历史文化保护和民间文化抢救，其倡导与主持的中国民间文化遗产抢救工程、传统村落保护等文化行为，对当代人文中国产生了巨大的影响。

◎下：《幽默》中法文对照版 2010 法国友丰书店

◎上：《我这个笨蛋》法文版 1992 法国友丰书店

FENG JICAI

JE NE SUIS QU'UN IDIOT

suivi de

AUX PREMIERS JOURS DU PRINTEMPS

Traduction et commentaires
de
Madeleine DUONG

préface de
Pénélope BOURGEOIS

Editions YOU-FENG
Libraire Editeur

Feng Jicai

Humour

幽默

(édition bilingue avec Pinyin)

Traduit du chinois par YANG Fen

Revu par Jacques MEUNIER

Éditions You Feng
Libraire & Éditeur

傑作選

馮驥才

馮驥才 著

森川陽子 訳

朝日出版社

◎下：《北京文学》英文版 2023

◎上：《冯骥才杰作选》日文版 2018 日本朝日出版社

◎ 上左：《木佛》插图 2019 冯骥才作
◎ 上右：《我是杰森》插图 2021 冯骥才作
◎ 右：《枯井》插图 2021 冯骥才作

我的小说库

（自序）

作家出版社要帮助我以出版方式建立起我的小说库。这想法我不曾有过。

从字面上解，库是存放或收藏东西之处。"我的小说库"应是专放我的小说的地方。可是我的小说都在哪里呢？还不清楚。

和多数作家一样，每写完一篇小说，发表或出版后，便不会再去顾及。写作时与小说的情节、人物、细节、语言死死纠缠，以至"语不惊人死不休"。待写完发表后，便与小说的一切再无瓜葛，很少去翻看，有的甚至一眼也没再看过。为什么？作家竟如此无情吗？当然不是，是因为作家把自己的全部心灵、精神与创造力，都放在下一部小说里了。

作家的工作就是不断拿出对生活的新发现、对文学的新理解，创造出具有新的审美价值与思想深度的作品来。作家永远属于将要写作或正在写作的作品。这样，一路写下来，一边把一篇篇小说交给读者，一边随手放在身边什么地方。丰子恺说放在身边一个篮子里。我没有篮子，我随手乱放。

断断续续写了四十多年小说，究竟写了多少，都是哪些小说，我不大清楚了，以致今天整理我的小说库时，充满了好奇——我怎么写过这篇小说？那篇小说又写了什么？时隔久了，记不清楚，这很自然，就像分别太久的老朋友们。

但谁还需要这些在岁月里长了胡子的小说？

前些天法国一位艺术家把我一个短篇改编成话剧，要在戏剧节上演。据说她很喜欢这个叫人发笑、自谑性、黑色幽默的故事。这小说名叫《我这个笨蛋》，是我1979年写的小说。细节大多记不得了，只记得这小说充满了批判性的调侃和那时代的勇气。还有一次，我收到一位意大利读者寄来的一支名贵的石楠木刻花的烟斗。他是看过《雕花烟斗》后受了感动寄给我的。《雕花烟斗》是我的第一个短篇，写于上世纪七十年代末。

我很奇怪，这些早期的小说还有人会读吗？读者没有把它当作陈谷子烂芝麻吗？其实对于读者来说，没读过的书永远是新的。或者说，书不分新旧，只是有没有阅读价值。有的小说会过时，有的小说可以跨时空。好小说是不长胡子的。

由于这次对"小说库"做整理，我才知道几十年里我写了一百多部长长短短的小说。现在，当我触摸它们时，我仿佛碰到了一个个阔别已久的朋友，感到一种老友重逢的欢悦，我很快拥抱起它们！我闻到了它们曾经的动人的气息，看见了它们昔日的光影与表情，甚至感受到那些过往生活特有的一切。尽管昔日里年轻、单纯还幼稚，但是我被自己昨日的真诚与情感打动了。我从中发现我曾经苦苦的追求、曲折的探索、种种思考，以及得与失，它们原来全在我的小说库里。

只有我离开过它们，它们从来没有离开过我。

在写作中，小说是其中一种；但小说不同于其他写作，它是一种特殊的写作，是虚构的、无中生有的、想象的、创造的。它通过现实主义的写作，对社会现实做出一己的判断；采用浪漫主义的写作，张扬生活情感与想象；凭借荒诞主义写作，强烈地表达生活与人性中的假恶丑与愚昧。一个作家不会只用一种手法写作。何况我生活和写作的城市又是一座"天下无二"的"双城"：一半本土，一半洋化。我是吃着两种食品——煎饼果子和黄油面包长大的。我在两种文化的融合又撞击中生存，我不同于任何人。因之，我的小说世界错综复杂，我的探索之路辗转迂回；尽管小说是纯虚构的，但它或隐或显地折射出我身处的时代的变迁、特异的地域和我人生与精神多磨的历程。

本小说库凡八卷，长篇两卷中篇三卷短篇三卷。虽非全集，略做取舍，但它是我迄今为止小说作品最为齐全的版本。其本意为二：一是为读者提供我小说作品的全貌；二是为自己漫长的小说人生留下一份见证。

为了这个小说库，我的工作室同仁和作家出版社编辑们对我散布各处的小说广为搜集，严格整理，勘误改正，悉心尽力；此事此意，有感于心，在此一并深表谢意。

是为序。

目录

鹰拳

一

那时，天津卫的民园球场好比穷光蛋的家。一块黄土地，两个破球门，外边一道围墙，四角留四个口儿，没有门，也算门，踢球看球，出入随便。如果把围墙拆了，球门拔去，简直就是块荒地。别瞧它这份穷相，在四十年代天津卫的球场中，还排老大。

这儿是英租界，又叫"英国地"。外国人好踢球；各国侨民、驻军、水兵，常常一伙一伙到这里来，美国兵的营盘离这儿也近，闲时也来。外国人自恃人高马大、身强体壮，不把看上去弱小的中国人当回事。但往往他们会出乎意料地败在此地中国人的球队"十一友"的脚下。

这"十一友"，都是群干力气活儿的棒小伙子，家在球场左近，每每工余，就聚在这里过一过脚瘾。人并不止十一个，由于赛球时规定上场必须十一人，所以叫作"十一友"，表示知己朋友，一个心气儿。他们打小在这里一起玩耍长大，相互要好，配合极熟，个个练就漂亮的脚下功夫。这中间有哥儿俩姓孟，瞧他俩踢球不比看李万春的猴戏差。不单踢得巧，又骁勇无比。大概球迷们把他俩的姓儿听差了音，都叫"大猛"和"二猛"。当他哥儿俩凭着花哨又扎实的脚底功夫，耍戏那些大个子外国人时，四周观战助阵的中国人便扯着嗓子起劲叫好。仿佛把平日在租界里受洋人那些窝囊气，在这喊叫声中，也痛快地发泄出来了。

球场四边没有看台可坐。逢到这种球赛，边线外边都密密麻麻站满了人。卖风糕、药糖、爆肚儿、杨村糕干和炸豆腐的，都把车儿、挑儿、架儿弄进去，一时热闹非凡。但是，哪怕球场里闹翻天，围墙一角，却有一位老者，好像聋子，充耳不闻，面壁而立，聚精会神地打拳。别看他不向球场抛一眼，人们却常常把目光丢向他那边。到这球场来练拳习武的人并不少，为嘛偏偏他这么惹眼？

二

单看他的相貌就卓然不群。

六十大几的岁数，背不驼，颈挺腰直，板子一样硬朗。一件爽利的灰布长衫套在他瘦小身上，翻过来的袖口露出雪白里子，乌靴净袜，黑白分明，干净利索。瘦巴脸儿，圆框眼镜，镜片后面一双眼睛像年轻人那样亮堂有神。下巴蓄着一缕胡须，捋得顺顺溜溜。有时，打过拳，身子热了，脱下外边的长衫搭在胳膊上，身上只穿一件对襟的"什锦白"褂子，白衣映衬红润润的脸，好比白云托着红日。谁见过这么爽健透亮的小老头儿？更惹人注目的，是他的拳法隔路。打起拳来，身子好比一只鸟儿，两条胳膊像老鹰翅膀，缓缓扇动，一起一落，柔里带刚，好像拍着翅膀，翱翔太空一般；忽而又耸肩缩颈，仿佛要袭击奔突在地上的走兽，真是又美又带劲！这叫哪路拳法？有位眼界开阔的人说，这叫"鹰拳"，又叫"鹰爪掌"。别瞧他动作柔美，碰上就不得了。不信，看他的手——五指钩曲，真像一双鹰爪子，手背上筋络外突，似有奇力。若非内功深厚的人，甭想练这套拳。鹰拳，又是渊源何处？人说少林拳中有龙虎豹蛇鹤五种拳式，这鹰拳是否从鸟拳里演化出来的，还是像四十年前的义和拳，属于旁门左道的独家拳术？

对谁好奇就琢磨谁。有些人在老者练拳时，站在一旁搭讪，想探问其中究竟，老者却逢人不理。他两个月前才到这儿打拳的，天天准时。若非清晨，就是下晌。来到这儿打一趟拳便走，从来不拿眼睛瞧人。好怪僻！可是高人都有点怪脾气。这位老者是打哪儿来的呢？谁也不认识他，问谁去？

有个叫锡五的小子，常在球场闲逛。他家里有钱，不用做事，闲得慌，家门口守着球场，没事就来玩玩。好喜拳脚，却没常性，杂七杂八的朋友一大群。朋友多，耳朵灵，天底下的事，无论好坏他都知道。不知他从哪儿打听到这老者的来历。

据说这老者是河东陈家沟人。以前天天在海河边打拳，功夫出奇，人说他一口气儿能把杨树尖上的老鸹窝吹飞了。别以为这话玄了，还有人说"亲眼见过"呢！

如果再听听，他从海河边挪到这儿打拳的缘故，那真成了传奇小说了！

陈家沟有个船夫，名叫滕黑子，在南运河使船，性子愚鲁，有些蛮力。前年行船到静海，为点屁事和一群汉子打起来，虽然力大，以一对十，渐渐不支，眼看就要吃亏。幸巧旁边一条船的艄公来帮他，只拿一根篙竿，就像用草棍拨弄蚂蚁似的，轻描淡写便把那群汉子赶跑。滕黑子认准这艄公是位异人，要向艄公拜师求艺，艄公不允，他就面对艄公的船，在泛着碱花的河滩上跪了三天三夜，直把膝盖跪进泥里。艄公受了感动，把他带走。一年后，滕黑子回到陈家沟，继续使船，兼给怡和洋行运货。五百斤的大麻包放在一丈长的条凳上，滕黑子练的是形意门中的蹦拳。俗话讲"太极四年不伤身，形意一年打死人"。他得了真传！从此，大伙一捧，滕黑子气儿也粗了，居然当众说出狂语来："在海河边打拳那老头来了，也管叫他走着来，爬着回去。"

这话立即像一阵风吹到鹰拳老者耳朵眼儿里。有人就挑唆老者去杀杀滕黑子威风。这位挑唆者不过想看看两雄相斗，谁更厉害。但老者只是笑，不肯去。滕黑子知道了，以为老者惧怕他，无形中好似自己的本事又长出三分。河东陈家沟就成了他的天下，走路时两条膀子像黑熊那样支棱开，步子都往横里迈。厉害的人，愈不讲理气儿愈顺，日子一久，便不免生出几分霸气来。天津城有名的青帮头子袁文会知道了，竟然要亲自登门邀请滕黑子入会，壮壮帮会声威。陈家沟人听了个个害怕，倘若滕黑子加入帮会，一面为虎作伥，一面如虎添翼，就成当地的一害了！可是，滕黑子要和袁文会钩手，谁能拦住？

这当口，一天傍黑，那鹰拳老者穿得干干净净，只身到他家串门，进去不多时候，滕黑子把老者客客气气送出门来。转天一早，滕黑子家居然空了，据说天亮前滕黑子把家搬到船上划走了，划向哪里，没人知道。

滕黑子离家出走的事，肯定与鹰拳老者有关。但是，老者用嘛法叫这个不可一世的滕黑子乖乖离去的？显然露出了真玩意儿，把滕黑子镇住降伏。但谁也没瞧见，只是揣摩。武林高手的真功夫是不轻易叫凡人瞧见的。所谓真人不露相，露相非真人。这事一传开，老者声名大振，登门求教者不绝。老者闭门谢客，深居简出，也不去海河边打拳。日子一久，又怕搁软身子，就躲到英国地来练。

——锡五的话向来有虚有实，人们不信也信。

说法能改变看法。于是这老者在人们眼里顿时变得神奇莫测。人们不时瞧他一眼，是巴望看到他露出一手什么飞檐走壁、捏铁成泥、刀枪不入的绝招来。谁知，时过不久，这种奇想居然真的得到满足啦！

三

六月初，天热起来。民园球场忽然来了二十多个外国大兵。蓝眼、红脸、黑胡子，嘛样都有，全像水牛一般强壮。其中一个又高又黑，下巴满是打卷儿的胡子，远看像口大黑水缸。他们骑车，双手不扶车把，怀里抱着啤酒、罐头、拳套、足球，连喊带叫进了球场的西南门。一进门，双脚一扬，屁股一抬，从车上跳下来，车子自个儿照旧往前走，然后乱七八糟砸在一起。他们把东西往地上一放，跑进球场一通乱踢，直踢得大汗淋漓，便找块阴凉地，横躺竖卧，打开酒和罐头，胡吃海塞，野性撒尽，便把车子提起来，往大胯下边一塞，一窝蜂走了。人们从来没见过这伙外国兵，既不像当地的英国兵，也不像是营盘那边来的"大老美"；有人说这是德租界那边来的德国兵，也有人说是从海外来的，临时上岸歇假的荷兰水兵。

这伙外国兵天天来。一天，"十一友"也来练球，两边语言不通，用手一比画就明白，马上开赛。外国兵人高马大，能冲能撞，脚头也猛，但脚下的功夫却不如"十一友"。今天孟家哥儿俩都来了。大猛打中锋，二猛打左边，哥儿俩三传两递，球儿神出鬼没，上半场一连往外国兵大门里踢进三个。那时候，踢球更讲究个人的能耐。大猛在禁区里，就像赵子龙在长坂坡前曹军中厮杀，如入无人之境。几个外国大兵都守不住他。眼看球儿在眼前滚来滚去，脚头沾也沾不上。那个大胡子外国兵动了火气，朝大猛那小腿的迎面骨狠踢一脚。咔嚓一响，大猛立时栽倒地上，翻了两个滚儿，便昏了过去。

二猛和"十一友"的哥儿们冲上去就要和这大胡子干仗。当时租界里有条规矩，中国人只要对外国人一动手，不管有没有理，伤不伤人，抓起来就拘禁三十天。那天，锡五在场外看球，见到这情景，赶忙跑进场把二猛他们拦住，说："这里不是和洋人打架的地界。别吃了亏再吃官司，你们的大猛还昏着呢，还不赶快抬走看大夫去！"

"十一友"中有人说："锡五这话是向着咱哥儿们的。咱们先把人抬走，明天再来算账！"

大家面对着这伙踢伤人而依旧气势汹汹的外国人，强咽下一口恶气，把大猛抬回家。二猛借辆三轮车，飞一般蹬到南营门，把正骨的圣手苏小千请来。

苏小千舒筋正骨的本事，津门第一。混混儿们打架折了胳膊，武生翻跟斗不小心把脑袋戳进胸膛里，练把式的人失误拧了大筋，都来找他。如果摔断了骨头，叫哪位"蒙古大夫"接错了位，他能砸开重来。但苏小千一捏大猛的腿，眉头皱起一个核桃似的肉疙瘩。他说："这条腿断了！咱可有话在先，接上也得短一截。以后好了，干点别的还行，甭想再踢球了！"

"那不瘸了吗？"二猛急得大叫一声。

苏小千没言语。

"十一友"的几个球员以为苏小千用这话挤着他们多出钱。这群棒小伙子掉着泪对苏小千说："苏大夫，只要您给大猛接好这条腿，我们哥儿几个倾家荡产都干！"

没想到，苏小千一听，骤然变色，口气又冷又硬，"干吗？你们以为我姓苏的拿着人家的断腿讹钱吗？我还没那份德行！告明白你们，这腿不单断了，中间的骨头全都碎成渣子。算我姓苏的没能耐接好这条腿，你们另请高明吧！快把我送回去！"

小伙子们这才知道错怪了苏小千，忙向苏小千赔不是，说好话，又沏茶，又去买烟。很快就买来一盒"红锡包"。

苏小千烟茶不动，把大猛的腿接好，分文不要，任那小伙子强塞软求也不肯接，只叫人把他用车拉回去。

大概苏小千天天和骨头打交道，身上也有几分骨气。大猛的腿废了！苏小千没办法，老天爷也没办法了！

二猛一夜没睡，眼瞧着哥哥那条叫人踢折的腿，上下牙磨得咯咯响，叫人听了心寒，吓得屋里的老鼠一夜也没敢出窝儿。

第二天，二猛和"十一友"抱着球去民园球场，正巧那伙外国兵又在那里踢球。他们脸上没挂样子，就要与外国兵赛球。

这伙外国兵见他们当中没有大猛，显得挺高兴。球赛开始，"十一友"的球员们，无论谁得到球，都传给二猛，二猛带着球直奔仇人——那个大胡子的外国兵而去。大胡子一时没弄明白,这小伙子为嘛这样做,在足球场上,球员得到球都要尽量闪开对方,哪有带球去找对方的道理?他哪里知道,这小伙子与昨天被踢坏的小伙子是哥儿俩!

大胡子见二猛上来,就迎上去封堵和争抢,二猛只在他眼前遛来遛去,不时来个"过裆",把球从他两腿中间穿过,就是不叫他得到球,也不把球带走。二猛拿出真本事,赢来场外一些喝彩声,人们却不知二猛的用意。不会儿,大胡子给遛得蒙头转向,他又使出昨天的故技,朝二猛小腿踢来,二猛早有防备,闪过去了。大胡子依旧得不到球,急得大叫起来。这当儿,他见球滚到了面前,赶紧使劲往前一伸脚,球却没了,人失去重心,哧溜一声滑倒在地,就在这一刹那,二猛把球钩到脚下,照准大胡子的脸,使足劲儿啪的一脚,登时踢个满脸花!大胡子捂着脸,爬了几下才爬起来。手一放开,破鼻子破脸,吐口唾沫,还带出两颗牙来!

球场立时乱了。外国兵把二猛围起来就要动手。"十一友"的弟兄们都争着挡在二猛前面。这时那大胡子大吼一嗓子,上了野性。他脱下背心,露出一身结实梆硬、又黑又红的肌肉,当胸一片乱草似的浓密而打卷的毛,胳膊上刺着一个锚的图案。还真是水兵!水兵力大,人也蛮。他用背心把脸颊嘴角的血污抹了两下,叫人拿来两副皮拳手套。自己戴上一副,发红的眼睛一直怒冲冲盯着二猛。拳套戴好,他把另一副递给二猛,示意要比拳决斗。

二猛拿过拳套往地上一扔,脸上的神气毫不示弱,并且带着一股依然没有完全发泄出来的怒气。看来两人有场恶斗。四外,"十一友"的球员、外国兵和一些看球观众,已经围了一大圈。锡五也夹在中间。中国人都恨不得二猛给这蛮横的大胡子点厉害瞧！但这大胡子比二猛高一头，二猛是对手吗？

大胡子右拳护胸，左拳向二猛点了两下，是种试探和挑衅。二猛看准大胡子半边脸，一拳猛捣过去。没料到，外国人的拳术自有高明之处。大胡子用左拳把二猛的来拳一压，跟着护胸的右拳干脆有力地打在二猛的脸颊上，二猛脑袋嗡的一响，眼前冒金星，整个身子竟给打得扭向一边。要不是他身子壮，这一拳早趴在地上。他脑子还清楚，努力使自己稳住，扭身一看，占了便宜的大胡子正得意地向自己挥拳挑战。他感到脸上火辣辣，不知是挨了一拳的恼羞之感，还是心里的火气蹿上来。

他不顾一切冲上去，硬朝大胡子一口气打了七八拳。别看这大胡子人高马大，身子笨重，躲闪极快。他把二猛这些只有力气、没有路数的拳头，有的隔开，有的闪过，没挨一下。二猛只顾没头没脑地蛮打，没有防备对方，忽然，只觉得胸膛一热，腿一软，几乎向后栽倒，不知谁的手在后边撑住他的腰。他感觉胃里翻江倒海，恶心要吐，胸口憋闷，喘不上气来。原来他胸口挨了大胡子闪电般一下左直拳。他再想扑上去，却感觉身上没力气了！大胡子神气起来，挤眉使眼向他挑逗，他又气急恼火，又力不从心，略略有些迟疑。他不会外国人的拳术，不是对手！那群外国兵见此状哄然大笑，哄笑声刺激着二猛，他两胳膊发抖，脸发烧。

不行！他还要打！四围的中国人可就为这不怕死的小伙子捏把汗了！

这时，锡五上来拍拍二猛的肩头说："算了吧，二猛，你不懂洋拳，净挨揍！忍气饶人祸自消。"

谁想这话没给二猛泻火，反倒添火。二猛将锡五往旁边一推，唰的把外边的粗布小褂，带着一排疙瘩袢儿从中扯开，脱下来一扔，赤着臂膀，嘴里骂出一声："今儿跟这王八蛋拼了！"

锡五无可奈何退到外边。在他眼里，二猛纯粹是送死了！

二猛刚要上前，忽见眼前站着一个人，干瘦矮小，一件灰布长衫，却背朝他，面朝着那大胡子。他竟然不知道，这人是嘛时候站在自己身前的，难道是从天上掉下来的不成？他是谁？

他上前扭脸看看这人面孔，清癯容貌，一缕白须，鼻梁上架着圆框眼镜，这不是天天在围墙根儿练拳那老头吗？他来干吗？只见这平素面无表情的老者，此刻却笑吟吟指一指那大胡子，又指一指他自己，怎么，难道他要替二猛挨几拳，那怎么成？

二猛想拉开老者，没料到这老者好像一棵在地下扎了根的大树，扯两下纹丝不动。二猛正纳闷，那大胡子带着几分睥睨神气，摇摇晃晃、漫不经心走到老者面前，说了两句谁也不懂的外国语，意思大概是："你这身老骨头不想要了？"

跟着用左拳头戏弄般地点了点老者的右肩，他并不想打，不过想把这不知轻重的老头吓走罢了。就这时，神不知、鬼不觉，这拳头已经被老者的右手抓住。这老者嘛时候抬起手来，谁也没瞧见。站在人群中谙通武艺的人，一见这老者出招神速，便知今天有场千载难逢的好戏看。

更稀奇的是，那大胡子的拳头怎么也收不回去了。老者又细又黄的手指，像鹰爪抓着兔子，紧紧罩在大胡子的拳套上。皮面的拳套又滑又软又大，怎么攥得住？大胡子用力往回扯了两下，老者的掌心仿佛有股强大吸力，把他的拳头牢牢吸住，动弹不得。大胡子怒了，挥起右拳打老者，老者却从容地用手里捏着的拳头去挡，大胡子的左拳反都打在自己的左胳膊上。

这景象叫四周的人看呆了，也叫二猛看呆了。

大胡子硬来不行，便面带窘意对老者说了句话，可能是句软话，因为口气十分轻柔。老者不搭理他，捏着他的拳头也不撒开，只笑吟吟瞧着他。这笑，就像充足的酣睡后醒来的笑。

一个机灵的外国兵上来，给大胡子解拳套，好使大胡子的手从拳套里抽出来。就在这时，老者突然手一甩，好像用手轰赶苍蝇那么轻松又飞快地甩一下，把大胡子的拳头甩开，并使大胡子的身子不能自禁地转了多半个圈儿。老者乘机转身拉着二猛往人圈外边走，一边说："老几位，劳驾闪开点儿，让我们出去！"

围观的人闪开一个口儿，老者带着二猛走出去，人圈里只剩下大胡子一人，两眼发直站着，一动不动，半天说不出话来。几个外国兵上来对他说话，他也不理，好像傻了一样。过一会儿，他忽然一声大叫，抱着左拳头一头栽在地上，满地打滚，"呀呀"叫个不停，直滚了一身黄土。外国兵们弄不住他，便一齐上去，像杀猪那样把他按住，摘下他的左拳套，众人一看，不禁大吃一惊。这只手竟像煮烂了的鸡爪子一样变了形。手骨头全给捏碎！外国兵这才想起那老者，但老者早不见了，二猛不见了，"十一友"也都不见了。这些外国兵瞧着大胡子不成样的手，一时惊骇得说不出话来。拳套好端端，却隔着拳套捏碎手骨，这在海外，恐怕连听也没听说过吧！

四

自打民园球场出了这桩事，一阵子场内冷落。踢球的少，练武的也少了。租界的巡捕局到处寻找那位鹰拳老者。他们费了牛劲，只找到几个"十一友"的球员，无人知道老者姓甚名谁、家在何方，连二猛也不知道。从此谁都没见过这位奇罕的老者。想起这人，就像随风而来、乘风而去一般。

过一年光景，锡五去逛城北的北大关，肚子饿了，忽然想到这里的耳朵眼炸糕松脆好吃，便钻进耳朵眼胡同去买炸糕，只见迎面走来一位矮小老人，红颜白须，戴副镜子，硬朗朗挺着腰板，手托一张油烘烘的纸，上边放两个刚刚炸出锅、鲜黄冒油的炸糕。锡五就在和这老者一进一出、相错而过的当口，觉得这老者好面熟。锡五为人散漫，脑子不笨，他马上想起这老者是谁，转身追上去，叫住老者，客气几句过后，非要拜这老者为师不可。这老者灼灼目光从眼镜片后边射出，直问他："你怎么认得我？"

"我在英国地的民园球场见您把一个洋兵的拳头捏碎了。我略通些武艺，知道您身上的功夫，是独家本领。为了向您拜师求艺，我到处找您，跑了一年冤枉腿，今儿总算把您找着了！您无论如何也要收我做徒弟，弟子心诚，情愿给您家先挑三年水。"

老者看他片刻，忽然板着脸说："你认错人了，我活这么大年纪，还没去过租界呢！"

"老人家——"锡五说，"您是正经人，怎好骗我？我亲眼见过您。您在英国地的民园球场练了两个月，我天天站在远处看您练拳，哪能认错人？您是不是信不过我？"

老者听罢，又瞅瞅他，脸上微微挂点睿意，改了口认真地说："我实话对你说，武术有真假。假的强身健体，练练无妨；真的伤人害命，心不正，反成了邪术。故此我这点玩意儿，向来不传人。我一辈子没使它伤过人，原想把它带进棺材，谁知到老反伤了人。这是给事情挤到那儿，不能不露一手。不过想叫毛子们知道，咱中国人也有绝活罢了！小伙子，我这点玩意儿没教你，心里的话可全都告诉你了。你记着照样有用……"

"老人家……"锡五还想软磨硬泡。

"我该说的都说了，再说就是废话了！"

老者说完，扭过身，手托着炸糕，顷刻走进北大关乱哄哄的人群里。

1982 年 4 月

奇人管万斤

一

　　船舷离着岸边还有六七尺远，柳眉儿把气一提，脚掌离开船板，张开双臂在空中款款扇两下，轻轻落到湿乎乎的泥岸上。几十斤重的半大小子，跳在这软泥上，脚尖居然没有陷进去。姿态美妙，活像一只雏鹰降落。引得在岸边歇脚的脚夫们一阵喝好。这小子身上有能耐！

　　柳眉儿回头望去，师父站在船首笑吟吟带着几分赞赏地瞧着自己。他忙朝师父点头打招呼，意思叫师父也飞身上岸，露出更漂亮的身段，让岸上那群傻老爷们见识见识。但师父弯腰拿起一柄刀和一杆枪说："连家伙也不要，都当了船钱，留在船上了？"

　　岸上的脚夫们呵呵笑了。柳眉儿以为这群傻老爷们笑话自己，有意再亮出身手镇一镇他们，一拧身子就往船上蹿，谁料这软泥地吃不上劲儿，足尖一用力劲儿泄去一半，可是身子已经腾起，离着船板还有两尺远就落下来，眼瞧着要落到水里去。他心里一慌，刚要呼喊师父，那船板居然唰的过来跑到他脚下，使他正落在上边。抬头一瞧，正瞧着师父下巴的乱胡楂子，师父见他跳不上船来，顺手用铁枪当篙竿一撑，船板迎上来，刚好接住了他。这时，岸上的脚夫们大声叫起好来，他们虽没见师父的能耐，但师父这股子随机应变的机灵劲儿就够服人的！

师徒俩下船上岸，来到天津卫。天津卫可是个大地方。那时行旅不便，河北一带闭塞的乡民，心里就有两个大地方，一是北京城，一是天津卫。靠着一些见过世面的人传说，印象中，京城里住着皇上太后，一、二、三品头顶花翎的大官，宫墙高得鸟儿都飞不过去；天津卫住的净是黄毛蓝眼的洋人，还有黄金多得比黄土还多的大买卖人，吃穿讲究，满街都是大铺子。今儿，柳眉儿随师父打城北估衣街上一走，这天津卫可比他听的和想的还要大得多，花哨得多，阔气得多。别说那临街铺子里千奇百怪的东西见也没见过，单是门脸那些各色各样、五花八门的幌子，就叫他一双大眼不够用的。从大街两旁的饭铺里还冒出各种香味，争着抢着往他鼻眼儿钻，可惜他只有两个鼻眼儿，来不及分出每一种勾馋虫、引口水的香味儿。

虽说柳眉儿是乡下孩子，头次进城，又是来到天津卫这个花花世界，但他没一点怵劲，心气儿反倒挺高。自打师父说要带他下一趟卫，卖武赚钱，他就憋足劲儿要到这大地方显显威风。此时，他瞧着大街上走来走去的人，全是不中用的废物。有的太胖，一身累赘肉，大概都是整天卧在酒海肉山里，不活动，蹲膘儿，身子重得离不开地面。只要他晃几下，保管他们蒙头转向。还有的太瘦，甭说他发一掌，苍蝇也能把他们撞倒。总是这大地方，玩意儿多，专糟害人。再有那些不胖不瘦的，一看就知身架子没功夫。他心想，别看我和师父旧衣破裤，身上没一样像样的东西。只要把功夫往外一使，嘿嘿，嘿嘿……

师徒二人来到东北城角。这地界，真豁亮。城角正对着河口，几条河远远流来，汇成一条又宽又急的大河。河上的桅杆像高粱地的高粱秆子那么密。这边的空场子上，挤着许多小摊，卖吃的、用的、穿的，还有修理雨伞、锅盆、眼镜、烟袋、帽翅，以及缝衣和补鞋的。靠城根的河沟子边，还有些撂地摆摊的，算卦、卖药、鬻字、剃头拔牙变戏法，再有便是打把式卖艺的了。柳眉儿到几处卖武艺的一看，嘴一撇，更想马上就喊两声："看呀，真本事的在这儿哪！"耍一套拳脚和刀枪，显示显示。尤其他想亲眼看看自己最钦佩的师父在这里一鸣惊人。

柳眉儿见左边古柳下有块场地，空空的，只有一个人蹲在那儿，一条胳膊从头顶弯向后背，将手从领口伸出去，像在抓痒捉跳蚤。柳眉儿奇怪，左右都摆满小摊，为啥这里没人，难道专为他们师徒预备的。他对师父说："咱就在这打个场子吧！"说着过去对那个人说："哎，劳驾闪开点儿，我们在这儿练练。"

这人一抬头，吓了柳眉儿一跳。倒不是模样长得多么狰狞，而是一张瘦得只剩下皮包骨的青巴脸上，一双小眼睛里射出的凶光，就像碎玻璃碴闪出的，尖利刺人。要是叫一般十二三岁的孩子看见，保管吓尿了裤。但柳眉儿哪是一般孩子，凭着自小练武，身上有功夫，更有武功盖世的师父在身边，没他怕的。

瘦子拿眼瞅着柳眉儿，伸向后背的手抽出来，又撩开前襟抓肚皮，分明没把柳眉儿当回事。柳眉儿走上一步才要说知，师父一旁早全瞧在眼里，拦住柳眉儿，对这瘦子抱着拳拱拱手说："这位大哥借点光给我们爷俩。我们好歹练练，赚几个子儿，还得填肚子呢。您听，这肚子直叫呢！"说完朝瘦子又呵呵笑。谁料这瘦子听了，并不动，反对师父说："我肚子也叫，也指着在这地界赚两个钱。"然后扭头看别处，根本不搭理师父了。

柳眉儿恼起来，师父却对这瘦子说："这么办吧，你把这地界先借我们用用。只要我们赚了钱，分你一份，我们吃饱，也不叫你饿着成吧！"

那瘦子尖利的目光把师父从上到下打量两遍，冷冷地说："这还是句话。"站起来，趿拉着鞋，走到柳树底下蹲着去。

柳眉儿说："师父，您干吗对他这么客气？不给他点样子瞧瞧。"

师父忽然板着脸对柳眉儿说："临出来时，我怎么嘱咐的你？天津这地界不比咱乡下，成帮结伙，藏龙卧虎。咱是到这弄口饭吃，不是招事惹麻烦来的。你别小看这瘦子，从他眼睛看，身上功夫还不错。"

柳眉儿见师父不高兴，不敢多嘴，心里却很不服气。心想师父怎么进了天津就见傻？在乡下，方圆百里，练功夫的人不少，谁对师父都恭恭敬敬。连前年从德州来的戏班子，那个扮蒋平和刘利华的武丑刘九奎，跟斗翻得让人叫绝，出手像闪电那么快，同师父交一交手，没过几招，就说："可着德州那一片，没见过这种身手。"今儿师父居然说这瘦子有本事，怪！瞧他那无赖相，和前村那个小无赖孙三多像！

这时，师父拿着铁枪走了一大圈，就用枪尖在黄土地上画了一个大圈圈儿。然后把枪往地上一刹，脱下外边的褂子往枪上一挂，不用吆喝，立时有些看热闹的人就围上了。柳眉儿见这么多人围上来，高兴起来。师父叫他练一套，他应了"好"，立即跳到场子中央，干净利索打了一套形意拳。他师父所传的拳法，尤为注重形体姿态，举手投足，如同写字的钩撇点捺，翩然有致，比戏台上武生打得还好看。柳眉儿初次在外乡当众演拳，要好的心很盛，打得颇卖力气，每一拳，都送到头，不肯半点疏懒。打完这套拳，收式站稳，立刻招来四周一片喝彩声。轮到他师父要了一趟单刀，那一招一式，真比画得还好看。刀光人影，上下翻飞，里外包裹，一会儿刀光裹人影，一会儿人影裹刀光，周围看热闹的人的喝好声已是不住地叫喊。叫喊声招来更多的人，人多喊声愈发大。柳眉儿忽见刚才那瘦子仍旧蹲在那里，根本不抬头看，似乎只等着分钱呢！不觉一股气涌上心头，心想我们师徒卖力气，你想白拿，哪有这好事，等着瞧吧！

天津卫到底是大地方，会看玩意儿。人们见师父要过刀，不等他张口，就往场子里扔钱，柳眉儿忙摘下瓜皮小帽。师父不住向四周看客道谢。待柳眉儿把地上的铜子拾净，居然煌煌盖住帽里。这时，忽然一只手重重撂在柳眉儿的肩上，说："小子，咱们可说好赚了钱大伙儿分。你们别像放屁，放完了就算完了！"原来那瘦子站在面前，神气分外凶横。

柳眉儿早跟瘦子怄气，见他反来找上自己，就要反唇争辩，师父忙抢上来说："这位兄弟，我们乡下人讲实的，说话不能不算。你看着拿，剩下的归我爷儿俩，只要给我爷儿俩留下买几个烧饼的钱就行。"

瘦子哈哈一笑。手一撩，啪的把瓜皮帽打上半空，帽子里的铜子也闪闪发光飞上去，又哗哗落在地上。"这几个臭子儿还不够你七爷塞牙缝的呢！再说，你七爷还有一帮兄弟，打昨儿晌午就没吃饭，你看怎么办？"说着，从圈外走进几个青衣皂褂的汉子，高矮胖瘦都有，有的把小辫盘在顶上，有的垂在脖子后边，个个模样都不善。

柳眉儿没见过这阵势，师父可是听说过，这些都是天津卫出名的土混儿，绝对不能招惹的，便强压着胸中的火气，脸上掬着笑说："这位大爷，您先别生气，我们是静海那边人，头次下卫，这里的规矩全不懂得，有哪点冒犯您，您自管说，怎么说我怎么做。"师父已经改口称"你"为"您"了。

瘦子听了，结冰似的一张脸，没有半点开冻的意思，冷言道："我一看就知道你俩是一对土鳖！但你们为嘛不先打听这块地皮是谁的？是你黄七把——黄七爷的！你不但不问明白了，来了就先撵我，还拿着枪尖在我的地皮上乱画圈。这就是往我脸上画。成心戳我的脸吧！好！你不说怎么办吗？你们俩先趴下，伸出舌头给我把这土地上画的线舔去！"

这几句横竖不说理的话，就把师父的火全勾了出来，忍不住说："您这不是想糟蹋我们爷俩？"也分明显出不服气的样子。

这话刚说出来，瘦子便叫道："好啊，就凭你这架子花，也想在天津卫的码头上站住脚，今儿给你开开眼！"说着两手抓住左右襟向两边唰的一扯，先把外边的青布褂子扯下来，露出一件白洋绸小褂。他把两手往后一背，两脚已经摆个"丁"字，拿出打架的架势。要看现在这股神气，可跟刚才蹲在那里抓跳蚤的无赖相全然不一样了。师父要教训他一下子，脸一沉，拱拱手，说："请吧！"侧过身子两臂自相用力一撞，加倍显出精神来。瘦子并不先动手，而是倒背双手，拿话激师父："你有种，就先来！"师父气了，猛然一个箭步跨上去，瘦子还不动劲，师父的手刚刚够到瘦子的前胸。这一招柳眉儿看得真切，叫作"黑虎掏心"。动作雄美而凌厉，快如迅风。眼瞧着瘦子要吃亏，这一手只要掏上，至少连皮带肉要抓下来一块。可是瘦子一晃身子，两个人影立即混在一起，嘭！不知谁撞了谁，一个人重重摔在地上。柳眉儿一看，呀，摔在地上的竟是师父！瘦子居然还倒背着手，大模大样站着，好像什么事也没有，在闲逛大街。瘦子那一伙人可大喊大叫，为瘦子喝彩助威。

只见师父在地上双膝往上屈，膝盖几乎顶着下巴，只翻一个身，脸朝上，腿就松下来，再一蹬，不再动劲儿。待柳眉儿扑上去，师父的鼻孔和嘴角都溢出鲜血，紧闭着眼，竟然断了气！柳眉儿不明白以师父这高超的武艺，何以刚过一招就丧了命。瘦子始终倒背着手，他怎么将师父打死的？肯定暗下了毒手！柳眉儿跳起来大叫："瘦鬼！你使唤暗器害死我师父，我和你决一雌雄！"

瘦子干笑两声说："你师父那点样子货，还用得着使唤家伙。你没瞧我捆着两只手，他就完了？"

柳眉儿听他辱没师父的武艺，比害死师父更令他愤怒。他叫声："接招，瘦鬼！"漂漂亮亮给瘦子当胸一拳，瘦子把胸一挺，拳结结实实打在瘦子胸口上，跟着第二拳、第三拳……连珠炮一般打去，他把胸中的怒火泄在瘦子身上。

他只顾打，也没见瘦子倒下。捶了一阵，耳边只听瘦子的声音："我让了你七七四十九拳，该叫你尝我这'阎王腿'了！"

忽然柳眉儿觉得一阵风，也觉得一团影子从左边扑来，但，这绝不是瘦子打来的，瘦子在对面，这劲来自左面。是不是瘦子那帮人从旁下手？没等看清，他的腰被一股力量托起，整个身子也托起来，又好像落在什么高高的又软又硬的东西上。跟着就一下子离开原处，身子像鸟儿一样快速飞去。他并不感到哪儿挨了一下，也不疼，定神瞧，只见自己早和瘦子及那群人飞快分开。瘦子朝他叫着："追，别叫他们跑了！"这时，他才明白有人救他。在瘦子朝他下手前的一瞬，把他抄起来扛在肩上救出来。是谁？谁有这样奇异超绝的本领。他觉得这人轻功极好，力量奇大。他耳边只有风响，眼前一片虚影掠过，如同腾云驾雾、悬空飞行一般。他怀疑自己在做梦。

"你要把我弄到哪儿去？我要为师父报仇！我不想活，我要拼命！"柳眉儿在这人的肩上叫着。

任他怎么叫，怎么闹，怎么恳求，这人也不理他。他就用力挣脱，待他闹得厉害，这人在他腋下戳一下，只觉浑身酸麻，没力量喊叫了，只好任这人扛着走。走了许久，不知这人往何处一跃，他眼前立刻变得一片漆黑，只闻得一股浓重的腥味。原来，是一只小渔船的船舱。他被放下来，船里黑暗，一时看不清救他的人的模样，黑乎乎只当是一个大汉子。他又叫起来："你放我回去，我不能撇下师父。"那人怔了一下，忽然扑上来把他按倒，将一团布塞进他口中，又用根精麻绳把他的双手双脚全部绑上。虽然他有功夫，但在这人手里没半点用途。刚一动招，给那人随手化解，跟个没功夫的普通人一样。

这人捆好他，撩开舱帘就走了。他真不知这人是救他还是害他了。如果救他，把他弄到这里反要捆他干什么？莫非是个人贩子，还是在乡里就听说过，天津卫专门有挖孩子的眼珠和心肝给洋人去做洋药的。他不能等死，要死不如和师父一块死。他想到师父刚才惨死的情景，和多年来养他成人、传授武功的种种亲切往事，就绝不能在这儿像要活宰的牲口一样被人捆着。他叫都叫不出来，挥拳也丝毫挥舞不动。急得他胸中有团火乱撞，一下子撞上脑袋，登时脑袋一热，眼一黑，就没有知觉了。

二

这屋子好静。柳眉儿醒来时，真像死而复生那样。他睁开眼，先看见黄黄的松木的房檩和草笆，闪着稻草皮亮光的平光光的土墙，糊着白毛边纸的窗子。窗子给一根树枝子支着，一缕暖烘烘的阳光射进来，正晒着他的脸颊。他的脸又热又舒服。看这房子，他真以为又回到老家，回到师父那房子。师父那房子却没有这么整洁干净。这是哪儿？一下子他想到昏倒之前所有的事。这事却像相隔半个月那么远，又像在眼前一样死死压在他心上。他翻身坐起来，只见一个庄稼人打扮的、四十来岁的汉子坐在他对面，抽着烟袋瞅着他，见他醒来就深深吐一口气，不再瞅他，"啪啪"磕了烟灰，又往里装烟丝。

"你是谁？"柳眉儿问他。

这人轻淡地说："救命恩人，你不认得？"

柳眉儿见这人眉目清浅，面色发黄，双手纤细，身子也不健壮，不像救他的大汉，他哪有那么大力气把他扛起来如飞一般地行走？他在船舱见过的大汉也不像这样。可是他在黑乎乎的船舱里并没有看清楚呀……这人瞥他一眼，这一眼仿佛把他的疑惑看穿。便说："你不信我这相貌平常的人，有能耐把你救出来？这我可就知道你的眼力一般了。怪不得我那师兄……不，你那师父死在黄七把的手里呢！”

"你这是什么话？"柳眉儿顿时说，"别看你救了我，我并不谢你。你把我扛来，叫我把师父撇下。在这儿，你还对我师父不敬，别怪我用话伤你！"

"小子，我挺喜欢你的脾气。咱爷俩把话挑明，如果我和你师父没交情，也不会把你弄到这儿来。"

"怎么，你认识我师父？我不信。这是什么地方？你叫什么？"

"你问我叫什么，先不能告诉你。你问这是什么地方，离你家可不算近。你家在天津卫南边静海县的双堂，我这儿在天津卫西边霸县的煎茶铺。我怎不认得你师父？你师父姓于，名叫宝鼎，属虎，腊月祭灶那天生日，对不对？他太极、武当、少林各派功夫无所不知，十八般武器——矛、锤、弓、弩、铳、鞭、锏、剑、链、挝、斧、钺、戈、戟、牌、棒、枪、扒，无所不通。招招都有根有据、有本有源，静海人称他是'万宝箱'，对不对？"

"不错！"柳眉儿听人用称赞的口气，把他师父的本事说得如此齐全，煞是高兴。

这人见柳眉儿得意的表情，不可捉摸地淡淡一笑，接着说："这些事许多人都知道，不算什么。我说你和你师父的私事。你师父中年丧妻，膝下无子。七年前，你六岁，静海县发大水，夜里你家的房子被洪水冲倒。你全家——你爹你娘和两个妹妹都给淹死了。当时，你娘把你放在一个瓦缸里。但水流太急，瓦缸被冲翻，你师父站在自家房顶上见了，冒死泅水救了你。他怜惜你无家可归，孤单可怜，就收你为徒，实为养父。你师徒就和亲父子一样无异……"

柳眉儿听了泪如雨下，哽咽着说："我怎么能撇下师父……你到底是谁？你要真是师父的朋友，就该带我去找师父，把他的尸首埋了，再为他报仇。"

这人忽然站起来说："你随我来。"就带着柳眉儿走出屋子，穿过一片田地，走上草深石多的山坡，绕过一座破败不堪、断了香火的土地庙，走进一片静静的松树林子。一路上这人没和柳眉儿说一个字儿。一棵参天的大松树下，他指着一堆青草和松枝说："你和他见一面吧，咱就在这儿把他埋了。"

柳眉儿忙扒开青草和松树枝，下面正是师父的尸体。柳眉儿大哭起来，紧紧抱住不能复生的师父不放。那人连劝带拉，总算把他拉开。然后将旁边的一些松枝搬开，那里早掘好一个土坑，他把师父埋了。

柳眉儿跪在坟前说："待我把那瘦鬼宰了，再给师父祭坟来！"

那人在一旁鞠三个躬说："师兄，你就放心吧，我一定叫侄儿亲自给你报了这仇。"

柳眉儿听了一怔，忽问他："我两次听你称师父为'师兄'，我怎么不知道师父有你这个师兄弟？"

这人道："不知道的事，未必没有。"

"你说，你什么时候与我师父做师兄弟的。"

这人道："你想知道，我未必想告诉你。"

柳眉儿看这人的神情，不可捉摸，又似乎不可怀疑。他想了想又问："你既然和我师父是师兄弟，那天见我师父失手，为啥不出手相救？"

这人说："我迟了一步。我看见时，你师父正遭毒手，谁知他才过了一招就失手了！"

"那你为啥不为师父报仇？"

这人瞅了他两眼，说："你哪里懂得……这我将来会告你的。你说吧，你想不想为你师父报仇？"

柳眉儿说："当下就去？"

这人摇摇头，"谈何容易，你师父都不是他的对手，何况你？"

"那是瘦鬼使了暗器！"柳眉儿说。

"谁说的？你看见的吗？"

"那么，凭我师父的本事，他哪里是对手？"

这人又瞅了瞅柳眉儿带着孩子气的小脸，叹了口气说："孩子，你是你师父的义子，也就是我的义子。我不能看你去送死，那黄七把武功你未必能看懂。天下不是歹人就没本事，也不是自己敬重的人就能耐顶强。你要是真心为你师父报仇，就跟我练三年。三年后我保你打败黄七把，不然你只能是给你师父的冤魂做伴罢了。你想想，我听你的……"

这人把利害都一清二楚摆在柳眉儿面前。柳眉儿冷静一想，自知不是那瘦子的对手，便说："你先告我，你的称呼，你怎么和我师父为师兄弟的，我不能对你没称呼。"

这人说："等你为师父报了仇，我再告诉你我和你师父的关系。我名叫管万斤，你称不称师叔都行。"

柳眉儿说："你保我打死仇人？"

管万斤点头不语。

柳眉儿双腿一屈，扑通跪下，叫道："师叔！"

管万斤没有点头，也没有摇头，沉吟片刻，忽然用十分强硬的口气说："别看我和你师父是师兄弟，传法可不一样，你必须按我的法子练，错一点也不行！"

柳眉儿练武向来不怕苦，却没想到师叔用这种奇怪的教法。

三

管万斤的办法很简单，每天就练三样。早上在墙上挂一沓四寸厚的毛头纸，叫柳眉儿一拳拳往上打，直打到中午；晌后就在地上挖一个半尺深小坑，叫柳眉儿站在坑里往地面上跳。晚上让柳眉儿端一个瓦盆，绕着圈儿在院里走，胳膊必须伸直，不准打弯儿。

开始柳眉儿觉得新鲜，三个月后就有点腻烦了。那沓毛头纸表层打破后，就打里边一张，毛头纸愈少就愈接近墙皮，打起来也就稍稍硬一些，不如开始时像打棉褥子那样舒服。晌后跳坑，每天师叔拿块碎碗片儿把坑底刮下一层土，刮得很薄，虽然不显，三个月过去，土坑已有二尺深了。夜晚端盆，每隔一个月换一个大一号的，现在已是养金鱼的大瓦盆了。

但柳眉儿一边练，一边心想自己师父就不这么教武艺，上手就是一招一式，练得蛮有兴趣，也能学到像样的武艺。这么练，哪叫练武？

一年过去。柳眉儿把墙上的毛头纸打得不剩一张，天天打墙，打肿了手，师叔就用药汤给他泡洗；这时，他脚下的土坑已有四尺多深，由于一天天加深，蹦上来并不觉难。至于端盆，早换成缸了。他虽然觉得自己力气增大，却不认为师叔教了什么真本事。也怕这样下去把师父原先教的功夫都荒废了，夜间便偷偷拿着刀到松林里师父坟前，练习当年师父教的套路和招数。若是忘了这些，将来与瘦鬼交手靠什么？

一天他问管万斤："师叔啥时教我点真功夫？"

管万斤没答话。其实，柳眉儿天天夜里跑到松林里练武，他都看见了，也明白这小子心里怎么想的。

柳眉儿见师叔不答，暗想多半这师叔只有些力气，没什么真本事吧，要不师父怎么一直没提过他呢？再说那天他见师父被害为啥不肯与黄七把较量一番？往好处想，大概这师叔怕死不敢去，也怕自己送死，就用学武的办法把自己困住三年，消磨自己复仇的欲望。想到这儿，他真想逃掉，到天津去找瘦鬼，哪怕死在仇人手下，也不苟且偷生。于是，练功也就松懈下来。有时假装肚子和胳膊疼就不练了，暗地里却照样去松树林子偷练过去学到的那些刀招拳法。

管万斤当然都知道。

这一天傍晚，柳眉儿无心练功，端着缸转两圈，放下来，坐在缸沿上，忽然有人敲门，原来是个精瘦老头。庄稼人打扮，却斜背着一个小包袱，说是来拜访管万斤的。师叔拿眼瞅一下这老头，便笑了，请老头坐在当院的木头墩子上，中间的石板桌上放了烟茶。两人扯了扯客气话，老头叫柳眉儿拿两块干净平整的砖来。柳眉儿不知要砖干啥，拿来递给老头，就借着他们说话，溜出去又到松林里练武。天黑时回来，只见师叔与那老头仍面对面坐着，却一句话不说，也不动劲。他挺奇怪，走过去一瞧，原来各伸出右手，互相对着手掌，手掌中间夹着那两块砖，臂肘支在石板桌面上。柳眉儿不明白这是干什么，比武？他从没见过这么比武的！两人都在暗用劲，时间很长了，师叔微闭双眼，表情虽然平静，月光下，太阳穴上青筋鼓胀，已经渗出汗来，闪闪发亮；这老头儿微蹙眉尖，一缕山羊胡须微微有些抖颤。柳眉儿感到他们身上都有股山崩海涌般的力量凝聚在各自的右手上。稍有疏忽，就会肝破胆裂，盘折骨断。他屏声敛息，不敢动一动。忽听一阵沙沙响，原来老头儿这边的砖块已经开裂，一些碎渣粉末纷纷撒下。在石板桌上落了一层。柳眉儿惊异得很。师叔说："请收掌力！"

两人同时撤掌。师叔这边砖块完好，老头一边已经粉碎。老头拱拱手说："管师父的内力，中原一带无敌手。老汉服了，一生的修炼到此为止了。"

管万斤忙说："老师父更有万钧之力，已经传到晚辈身上，晚辈深愧不如。"

老头儿直摇头，仿佛很悲伤，径自告别走了。

柳眉儿平生头一次看到这惊心动魄的本领。这一比，自己那些拳脚不是好比女人绣花那样，都是一些花样？他觉得师叔身上有股神奇的力量，把自己完完全全笼罩起来。从此他一声不吭，按照师叔的嘱咐练功，但师叔仍旧没教他什么拳脚招数。三年过去，他却能够像打棉门帘一样打墙了，能够从一丈多深的土坑轻轻一纵就飞上来，还能端着一口刚刚能抱住的大水缸，装满水，一端就离开地面，不费劲地在院里绕着走三圈。这时，师叔脸上才露出一点明亮的笑意。

四

在埋下师父整整三年那天，师叔领着柳眉儿到松林里给师父行了礼，就带他去天津给师父报仇去了。爷俩划船下卫，就像当年和师父一同进津差不多。所不同的，不仅仅这次是含恨报仇来的，另外上一次他对自己的功夫很自信，一心要惊动天津卫；这次反而暗暗嘀咕，他不知跟着师叔这样练了三年，倒是有些本事，但打起来到底顶不顶用？

他俩到了东北城根，拿眼一瞅，那瘦鬼还在那里，正和一个提鸟笼子的大肚子站着聊天。柳眉儿一见他，仇恨顿起，就要上去打。师叔抓住他胳膊说："别急，他已经在你手里了！"然后附在柳眉儿耳边说了些话，随后又叮嘱两句："你小心他那膝盖砸你小肚子底下，那是男人的要害处。你师父就叫他这么磕死的。这便是他说的'阎王腿'！你跟他动上手，别忘了听我的召唤！"

柳眉儿恍然大悟，师父还真是死在功夫上。他把师叔的话又思量一遍，便扯着嗓子叫道："练把式的在这儿呢！今儿就练一套，不看这辈子可看不着了！"

这一喊，立时就有闲人围上来。

柳眉儿把三年前在这里耍过的一套形意拳重演一遍。有人喝彩，有人朝他扔钱。忽然一个瘦子从人圈钻进来，这真比下食钓鱼还灵，果然是那瘦鬼黄七把。瘦人不易变样，还和三年前一模一样，但柳眉儿大变样子。当年只是十三岁的孩子，现在十六岁，样子像十八九强壮的后生。黄七把一点也没认出来。

周围看热闹的、胆小的都溜了，谁不怕黄七把！

黄七把指着柳眉儿说："小子，你知道这块地是谁家的吗？"

"黄家的坟地。"柳眉儿说。

黄七把小眼一翻，说："好小子，朝我来的？好，算你有点胆子，可你的功夫不行。你这套拳谁教的？要是上台演戏还差不离儿！"

柳眉儿说："凭你这副骨头架子，也敢糟蹋我的拳法。你敢试试？"

黄七把又像当年那样把胸一挺，想硬硬接柳眉儿一拳。柳眉儿只听师叔的声音："打墙！"就一拳打去，真像在师叔家打墙皮那样，嘭！但这一下比打墙容易多了。自己没料到这瘦子这样不经打，像箩筐一样轻飘飘飞出去，掉到六七尺远的地方。柳眉儿自己也给这一拳惊呆了，没想到师叔这一手如此厉害！

周围的人"噢"的一声。但没人敢喝好。

瘦子给这一拳打急了。当众栽了面子，胸口像塞一团火，辣辣的疼。他翻身起来，唰的把外边的褂子扯下来，露出那件白洋绸小褂，一双脚还是"丁"字样摆着，双手还是倒背着。一切都是当年那架势。然后朝柳眉儿说："来，进招吧！"

柳眉儿心里记着师叔的叮嘱，看了看瘦子那双要了师父命的"阎王腿"，没有先进招，而是围着瘦子转了两转，不知如何下手。瘦子得意极了，叫着："傻小子，你的手没了？"

柳眉儿转到瘦子背后，只听师叔叫："端缸！"

柳眉儿习惯地一伸双手，正搭在瘦子的双肩上，稍一用劲，就把瘦子端起来。瘦子背着身子，"阎王腿"使不上，两只脚往回钩。柳眉儿的大拇指用上力，把他撅起来，肚皮朝天，叫他胳膊大腿都用不上，也回不了头。瘦子便叫起来："你是谁？报个名儿有话好说！"分明有哀求的意思。

柳眉儿不吭声，端着他绕着圈儿走。

黄七把说："你到底要干吗？"

柳眉儿一看周围这些人，这几棵古柳，登时想起师父被这人打死的惨状，不由自主地当众说起自己的身世：家里怎样发大水，师父怎样救他，收养他，怎样到天津卖武遇上这黄七把，受他屈辱，又怎样给他用"阎王腿"害死。边说边流泪，真情感动了众人，有人带头一叫："摔死他！"立时就有不少人应声叫起来："摔！摔！摔！"

柳眉儿说到愤慨之情不可遏制的时候，手上的劲便不知不觉地用在这瘦子身上了。

忽然一阵喝呼，周围的人一哄而散。黄七把这帮人来了，对柳眉儿叫道："把七爷放下来！"

柳眉儿只把瘦子往地上一撂，并没用多少劲，他就气绝了，实际上端在半空中就已经完了。那帮人呼啦一下把柳眉儿围起来，要捉他见官。柳眉儿刚要动，只听师叔叫道："走！眉儿！"

柳眉儿给人团团围住，不觉说："怎么走？"

师叔的声音："跳坑！"

柳眉儿不自主腾身跃起，这可比在师叔家跳坑轻松多了。那坑有一丈多深，一人才多高？一纵身就从包围中飞出，跳到外边，脚一沾地，后背就让师叔用手掌一托，又像当年那样飞也似的去了。

他俩站在船板上，船行水上。柳眉儿问师叔："我始终不明白。您本领这么大，为啥当初您不上手结果了黄七把？"

师叔笑道："为了成全你。"

柳眉儿这才明白师叔的一番苦心，不由得屈下腿来给恩师跪下。一边说："您现在该告诉我，您和我师父何时成的师兄弟……"

他等着管万斤答应，却不得回答，不由得抬头一瞧，管万斤不见了，船板上、舱内空空无有。四外寂寥得很，流水无声，两岸朦朦胧胧罩着一片发亮的白雾，只有长嘴"水呱呱"在雾里飞来飞去，时隐时现……

炮打双灯

一

都说静海县西南那边，地里不是土，全是火药面子。把那干结在地皮上白花花的火硝刮下来，掺上硫黄木炭，就是炸药。再加上盐碱，土里的火性太大、太强、太壮，庄稼不生，野草长不到三寸就枯死；逢到大旱时节，烈日暴晒，大开洼地无缘无故自个儿会冒起黑烟来……可有一种灌木状丛生的碱蓬，俗称"红柳"，却成片成片硬活下来，有时候不知为什么，一下子全死了，死时变得通红通红，像一团团热辣辣的火苗。在夕照里望去，静静的，亮亮的，好像地里的火药全都狂烧起来。老百姓靠山吃山，靠水吃水，靠火药吃火药，自来不少村子，家家户户都是制造鞭炮烟花的小作坊，屋里院里总放着一点就炸的火药盆子，一不留神就屋顶上天、血肉横飞；土匪、游勇、杂牌军常窜到这里来，不抢粮食，专抢火药，弄不对劲儿就药炸人亡。那么此地人的性子又是怎样？是急是缓是韧是烈？拿人们常用的话说便是：点着一根药芯子瞧瞧。

牛宝，人称"卖缸鱼的牛宝"，今年二十三，陈官屯人。他祖宗神道，名字起得像算命一般准，"牛宝"二字就是他的一切。先

033

说牛，他浑身牛一般壮实的肉，一双总睁得圆圆、似乎眨也不眨的牛眼，还有股牛劲，牛脾气，头上没角却好顶牛，舌头比牛舌还硬，不会巧说话；再说宝，他天生一双宝手，虽长得短粗厚硬，手掌像肉饼子，却从杨柳青外婆家学来一手好画，专画大年贴在水缸上求福求贵的缸鱼：一条肥鲤扬头摆尾，配上莲蓬荷花，连年有余呀！那红鱼绿水，金莲粉荷，一看照眼，图样出得富态，版线刻活泛，颜色上得亮堂，画缸鱼的人多的是，可这喜庆兴旺的劲儿谁也学不来。年年腊月大集上，不少人专等着卖缸鱼的牛宝来。一露面，全出手，腊月里攒的钱，够一年四季零花。真像是手里捏个宝，想什么变什么。

腊月十四这天，静海县城的大集已经很有年味了。牛宝肩扛三百张缸鱼到集上，找一块人流往返的地界儿，站不多时候，卖个干净，别无他事，便清清爽爽去往顶西边的炮市看热闹。

这里的炮市，天下少有。原本是条河，年年秋后河水干涸，三九天河泥冻硬，这河床便成了卖鞭炮的集市。牛宝最爱看这阵势，远近各村赶来一车车鞭炮，都停在两岸河堤上，车上鞭炮用大红棉被蒙盖严实，怕引上火。牲口的眼睛一律使红布遮住，耳朵使红布堵上，怕给炮声吓惊。为什么使红色的布？造鞭炮的都是铤而走险，灾祸四伏，据说红色辟邪。人们拿着自家制造的鞭炮，走下堤坡，到河床上去放，相互争强斗胜，哪家的鞭炮出众，自然招引很多人来买。这一截子差不多二里长的河床里，浓烟裹眼，烟硝呛鼻，连天炮响震得耳朵生疼。这股子火爆凶猛的劲儿，叫牛宝看得快活，不觉下了堤坡，但还没到鞭炮阵的中央，满脑袋就全是鞭炮屑儿了。

把事情挑出头来的是这女人。这女人一下子跳进牛宝的眼睛里。怎么能说是这女人跳进他眼里？她还离着远呢！可世上好看的女子，都不是你瞧见的，而是她自己招灾惹事活灵灵跳到你眼里来的。她顶大二十出头，头上扎块大红布头巾，两鬓各耷拉下一片黑发，像是乌鸦的翅膀，把她那张有红有白鲜活透亮的小鼓脸儿夹在当中。她人在那么远，牛宝怎么能看得这般清楚？魂儿给勾了去呗！渐会儿，才看明白，北边堤坡一棵歪脖老柳树下，停着一辆驴车，她坐在蒙着大红棉被满满一车鞭炮上。倚车站着两个小子，一个大，一个小，各执一根放鞭用的长竹竿子，这两个小子什么模样，牛宝满没瞧见。

他像驾了云，双脚由得也由不得自己，幻幻糊糊一步步朝那女人走去。看这女人像看花，愈近愈好看，那眉眼五官，画也画不出这般美，而且清清楚楚，白处雪白，黑处乌黑，红处鲜红，像羊肠子汤那样又鲜又冲……忽然，一根竹竿横在他身前，牛宝怔住才看清，原来就是站在那女人车前的小子，年龄较大的一个，估摸十八九年岁，圆头圆脑，四方厚嘴，肥嘟嘟的嘴巴子冻得像唱戏打脸涂了胭脂，倒是虎虎实实样子，只可惜长了一双单眼皮。这圆头小子问道："你是买炮的，还是卖炮的？"口气很不客气。

牛宝正要回话的当口，从这小子肩头刚好与那女人眼对眼，只觉得两个深幽幽、晃着天光的井眼对着自己，弄不好就要一头栽进去。心里一恍惚，说出的话便岔出道儿去。

"卖炮的，干啥？"

他哪卖过炮，为什么偏偏这样说？这话一错，可就把自己送上绝路了。

圆头小子说：“这边是俺们蔡家卖鞭炮的地界儿。你要来买炮，俺不拦你；你要卖炮，对不住！你先放一挂叫俺们瞧瞧，要是比俺们强，这地界儿就归你了。”说罢，嘴唇朝天噘，不信天下还有老大，也不信还有老二。

牛宝涌上来一股劲。说不清是叫这小子的傲气激的，还是叫那女人的美色挤的。反正他顶上牛。听完圆头小子的话，拨头就走，到那边炮市中央，在呛鼻震耳的浓烟烈炮中转了两圈，寻到一家卖鞭的，个大，贼响，掏钱买了四挂，都是千头大查鞭，还高价把人家放鞭使的大竹竿也买下来，返回到这圆头小子面前，闲话不会讲，剥开大红包纸，挑起一挂就放，一阵火闪烟腾，声如炸雷，噼噼啪啪连珠般响起来，真是好鞭！惹得不少人围上来并纷纷喝彩叫好。可这挂鞭放完，圆头小子站在原地并没动，嘴仍噘着，一脸不屑的神气。牛宝一瞅他绕在竿子上的一挂鞭，差点没笑出声来；这挂硬纸卷的小钢鞭，分外细小，像是豆芽菜，而自己的大查鞭却同小指头粗，摆在一起，只怕那小钢鞭像一堆耗子屎啦。想必是这圆头小子心虚不敢比试，故作高傲，再不端端架子还不倒下来？明摆着对方叫自己比趴下了！抬眼瞧那女人，愈发兴奋起来，把余下三挂大查鞭扎成一束，使竿子高高挑起，拿火一点，三挂齐响，声音翻番，成百上千小爆竹喷火刺烟，纷纷炸落下来，好似一阵恣肆的弹雨。牛宝不懂放鞭炮的门道，竿子举得过直，许多爆竹就落到他头上肩上手上，还有几个从领口掉进衣服，在前胸后背炸了，这一炸，尤其透过火光硝烟看见那女人正在笑他，立时撒起欢来，粗声吆喊，尖声欢叫，似唱非唱，腿又蹦，肩又摆，手中的竹竿子像是醉汉的腰，东摇西晃，甩得爆竹四下散落，逼得围观的人叫着笑着往后退，有人认出卖缸鱼的牛宝，不知他遇上喜还是撞上邪，跑到这里来瞎闹，耍活宝。

就这时候，空中一声"啪"！清脆至极，像是清晨车把式将那带露水的鞭子，在凉冽的空气里麻利地一抖。

牛宝没弄明白这声音打哪儿来，跟着就听这鞭子在半空中"啪啪"抽打起来，愈打愈紧愈密，声音毫不粘连，每一响都异常清晰、干脆、刚烈，上下左右，响在何处都一清二楚。牛宝这才瞅见，原来是圆头小子把他那挂小钢鞭点响了。奇了！他这鞭怎么声声都像是钻到耳朵里炸，直要把耳膜炸裂？这炸声还把三挂大查鞭的响声从耳朵里赶了出来，赶到外边，变得像拍打棉袄或吹破猪尿泡的那种闷响，完全成了圆头小子那小钢鞭的陪衬了。真奇了！他豆芽菜似的小鞭，哪来如此大的炸劲儿？当两人竿子上的鞭炮全放净，对面站着，牛宝瞪大眼发傻，圆头小子指指地面，牛宝一瞅更是惊讶。圆头小子身周一片炸得粉粉碎的鞭炮屑儿，像是罗过，细如粉末，足见炸药的劲力；自己四周却有许多爆竹根本没炸开，到处是烧净了火药黑乎乎的纸筒子，围观的人给他起哄，喝倒彩，这算栽到家了。他抬头硬叫自己向歪脖柳树下边望去，那女人也在嘿嘿笑话他。这笑比任何人嘲弄挖苦都叫他难堪。他要是土行孙，当即就扎进地里。羞恼之下，把竹竿子一扔，朝圆头小子说："十八号大集，咱再到这儿见！"

"干啥等到十八，"圆头小子神气活现地说，"你要不服，带着好货去独流镇找俺们，那儿后天就是集！"

周围一片叫好，此地人就喜欢这种带劲的话。

二

转过两天，牛宝在独流镇的炮市上拉开阵势。

独流镇的炮市与静海县城不同。十来亩平平坦坦一块场子，四外围着泥坯垒的一道墙，多处坍塌，任人跨出跨进；地上光秃秃，只是戳着高高矮矮许多拴牲口的木桩，平时这是买卖牲口的地界儿。可一入腊月，卖花炮的渐渐挤进来，鞭炮一响，牲口吓走了，自然而然改作临时的炮市。

今儿牛宝好精神。一身崭新的棉袄棉裤，乌鞋净袜，脑袋一早洗过，此刻太阳一照，墨黑油亮。卖炮的人从没有这般打扮，烟熏火燎，鞭炸炮崩，衣衫多是旧破与糊洞。牛宝平时最不爱新衣，这样一身全新，架架楞楞，生生板板，像是相亲来的。他身边站着一个苍白消瘦的小子，带着病相，一双小眼倒是亮亮闪闪，十二分的精神。这人是他堂弟，名唤窦哥，专门折腾花炮的小贩。昨天牛宝请他买来一批上好鞭炮。窦哥既钻钱眼，也讲义气，买卖道上很有情面，这批鞭炮是他打沿儿庄"万家雷"家里买出来的。这"万家雷"不单名满静海，还在天津卫宫前大街和北平的厂甸设炮摊，挂字号，有几分名气。人说"万家雷"能开山打洞，装进大炮膛里当炮弹使。

牛宝连夜把鞭炮上凡有"万家雷"的戳记都扯下来，换上红纸，临时使块杜梨木刻条大鲤鱼盖上去。自打静海造炮千儿八百年来，还没见过这字号。转天满满装一小车，运到集上，车上车下摆得漂漂亮亮；大挂的万头雷子鞭，一包三尺多高，立在车上，像半扇猪，极是气派。牛宝和窦哥各拿一根大竹竿，足足两丈长，左右一站，好比守阵门的两员武将。

对面是圆头小子，手握长竿，挑一挂红纸大鞭，横刀立马站在前头。后边是装满鞭炮的驴车，那女人面雕泥塑般坐在车上。车前，除去那年龄小的小子，还多出一个黑瘦瘦的男子。他们腰上全扎一条辟邪用的红布腰带。炮市上的人看这阵势，知道要比炮，都围了上来。

窦哥一瞅对方，眼珠惊得差点没掉在地上，扭脸对牛宝低声说："牛宝哥，你咋跟他们斗上气儿了？人家是文安县蔡家呵！在天津卫'蔡家鞭'和'万家雷'齐名，前二年蔡家老大给火药炸死，蔡家人不大往咱静海这边来了，'蔡家鞭'也见不着了。哎，你瞧，坐在车上那俊俏人就是蔡家大媳妇，名叫春枝，方圆百里，打灯笼也难找着这么俊的人儿！可惜守了寡！这圆脑袋小子是蔡三，倚车站着的是蔡家老二和老四，都是放炮的好手。咱的炮再好，也放不过人家，更别说人家'蔡家鞭'了！"

牛宝听了，脑袋里只多了春枝，根本没有"蔡家鞭"，还要多问，可不容他说话，圆头圆脑的蔡三已经将竹竿子使劲画起圈儿来，直把拴在竿尖上的那挂鞭甩成一条直线，在空中呜呜响。卖鞭的人都这么做，显示自己编炮使的麻绳结实不断。跟着，蔡三又变了手法，耍起花活，叫手中的竿子转起来，半圈紧，半圈松，一紧一松，有张有弛，那鞭就忽弯忽直，忽刚忽柔，蛇舞龙飞，十分好看，还没点炮，就引得人们叫好。随后，竹竿往地上"噔"地一戳，鞭炮垂下来，点着就炸，声音比上次那小钢鞭响几倍，震得周围一些拉车的牲口慌慌挪动身子和腿，受不住，要跑。

牛宝挑起一挂雷子鞭也点响，"万家雷"名不虚传，个个爆竹都像炸雷，带着一股烈性与豪气，只比蔡家的大鞭强，绝不比蔡家弱，也招来一阵喝好。

两边就紧紧较上劲儿。

只见蔡三往右边一闪，小小蔡四从车子那儿走来，手提一挂巨型大鞭，每只都有黄瓜一般粗，总共十二只，像是提着一串长茄子，引得人们喊怪叫奇。蔡四身小，虽然斜向上举，最下边的一只大鞭依然嚓嚓蹭地。牛宝头次瞧见这般大的鞭。窦哥告诉他："这叫'一步一响'，走一步，炸一个，这是蔡家鞭的看家货，已经多年见不到，你一听就知道了。"他掏钱给了身边一个熟人，嘀咕些话，然后对牛宝说："我叫人去买他几挂，有几挂这鞭当幌子，今年多赚一倍钱。"

蔡四走到场子中央，蔡三帮他点着药芯子，大鞭炸天，响声像打炮，震得看热闹的人不单堵耳朵，还闭眼。小小蔡四却毫不为之所动，炮炸身边，浓烟蔽体，他却像提着笼子遛鸟，从容又清闲，叫人佩服蔡家人鞭炮这行真有功底。

蔡四稳稳当当走了十二步，一停，手里的大鞭刚好放完。一时不少人拥上来，争买大鞭。窦哥扬手大叫："别急，还有更好的家伙哪！"他从车上抱下来一个天下少见的大雷子炮，立在地上，一尺多高，快要齐到膝盖，小胳膊粗，药芯子像根麻绳，大红纸筒，上边盖的戳记是条墨线大鱼。

"娘哟！这不是炸城池子用的吧！"有人惊叫道。

"你瞧炮上那条鱼，挺像是牛宝的缸鱼，哎，那壮小子是牛宝吧，他咋改行卖起炮来了？"

人们议论着。

春枝在车上，仍旧像娘娘庙里的泥像，端坐不动，只是眼睫毛偶尔惊颤一下，那是听到人们议论时的反应，这反应却不为任何人发现。

牛宝拿香点着大雷子炮，轰地炸开，烟腾火起，声如天塌地陷，近前的人溅了一身黄土，没人叫，都呆了，像是出了大事。连牛宝都发蒙，一时竟不知发生什么意外。面皮生疼，是大炮炸开气浪拍打的。唯有蔡家人眼皮眨也没眨，但这一炸，却使春枝对眼前的事全然明了了。

随后两边各逞其能，蔡家人放炮似有用不尽的花样，可牛宝一招不会，新棉袄叫炮打煳了两大片，一只耳朵打红了，差点丢人现眼，多亏窦哥常年贩炮，见多识广，会使小伎俩，支应着局面，但要不是"万家雷"货真价实，东西地道，也早叫蔡家打趴下了。看来，真东西没亏吃，此亦万事之理。

蔡家老二放"二踢脚"的本事，叫人赞叹不已。他打开两把"二踢脚"，一个个插在红布腰带上，站在场子中央，先照寻常手法放上天空。蔡家鞭好，炮一样是头等；这"二踢脚"飞得高，炸得脆，高空一炸，碎屑飞散，像是打中一只鸟，羽毛迸开，飘飘飞去。他这样一连放三个，便换了手法，把"二踢脚"倒拿手里，点着药芯子，先叫下边一响在手上炸了，再用力抛上天空，炸上边一响。想叫它在哪儿炸就在哪儿炸。圆头圆脑的蔡三在两丈开外举起一挂鞭，蔡二看准，点着"二踢脚"，炸掉一响后，把余下一响抛过去，正好在那挂鞭下端炸开，当即引着那鞭，噼噼啪啪响起来，更引得周围一个满堂彩。这蔡老二得好却不罢手，更演出一手绝活。他像刚才那样倒拿"二踢脚",炸掉下边一响后,却不抛出手,而是交给另一只手,抓住炸开的下半截,叫上边一响在另一只手上炸。两响不离手,一手一响,这招极是危险,换手慢了,就把手炸伤。但他黑瘦瘦紧绷绷的脸上老练而自信,动作从容又娴熟,好像玩一条鱼。

牛宝见对方压住自己,心里着急。

窦哥说:"在天津卫大街上摆炮摊,不叫你乱放'二踢脚',怕引着房子,崩着人,'二踢脚'就这样拿在手里,放给人看。蔡老大,就是那女人死了的爷们儿,还有手活儿更绝,他把大雷子夹在手指头缝里,一个指缝夹一个,两手总共夹八个,平举着,八个药芯子先后点着,哪个快炸,松开哪个。叫雷子掉下来炸,可又不能碰地,碰地会弹起来崩着人。这火候拿不准,手指头就炸飞了。如今蔡老大一死,没人敢耍这手活了。哎,牛宝哥,你咋直眼了?"

牛宝听着这话,眼盯着春枝,脑袋里轰地涌出个念头,他对窦哥说:"你给俺把大雷子夹在手指头缝里,俺试试。"

"你疯啦,这手活是拿空炮筒子练出来的,咋能使真的试?炸坏手,你使啥画缸鱼,俺不干!"窦哥说。

牛宝不理他,从车上取些大雷子,一个个夹在手指缝里,平举双臂,瞪大眼,用一种命令口气对窦哥说:"点上!"

窦哥见事不好,想扔下香头跑掉。

谁知牛宝这么一来,蔡家哥仨如同中了枪弹,怔住。春枝脸色十分难看,像是闹心口疼,蔡三红着脸喊道:"这小子当俺们蔡家没人,欺侮俺们嫂子,拼啦!"哥仨疯了似的冲过来。还有蔡家同乡和要好的也一齐拥上。

牛宝还没弄懂这缘故，就给蔡家人摁在地上，窦哥也被揪扯住。对方喊着要把雷子插进他们屁眼儿点上，窦哥吓得叫救命求饶，想解释，却不知牛宝与蔡家究竟什么仇。牛宝给十来只大手死死摁着，摁得愈死，他犟劲愈大，用力一挣，脑袋刚抬起来，嘴巴反被压下来，在冻硬的地皮上蹭破，火辣辣的疼痛，蔡老三问他要干啥，他火在身体里撞，嘴更笨，索性大叫："俺想做你哥，俺想做蔡老大！"

这话叫在场的人全傻了！傻子也没有这么说话的。蔡家哥仨气得发狂，把他拉起来，用几十挂大鞭把他浑身上下缠起来，要炸他。牛宝使劲使得脖子脑门全是青筋，叫着："点火，点火呀！死活我是你哥啦！"

蔡三攥着一把香火，指着牛宝说："你欺人太甚，俺豁出去吃官司，坐大牢，今儿也要把你点了，大伙闪开，我个人做事个人当——"说着就要冲上去点。

"慢着。"忽然响起一个清亮的声音。

牛宝瞧见春枝竟站在他身前，一手拦着蔡三，面朝自己。这张脸就是在杨柳青年画《美人图》上也找不着，可此刻满面愁容，两眼亮晃晃，厚厚包着泪水，像是委屈极了。在牛宝惊讶中，春枝说："你不好好卖你的缸鱼，弄来这些'万家雷'来闹啥？你要再来搅扰俺，俺就亲手点这鞭！"然后对蔡家哥仨说："回家！"一扭身，一大片眼泪全甩在牛宝当胸上。牛宝觉得，像是一排枪子打在自己身上。

春枝和蔡家人去了，浑身缠着大鞭的牛宝，像那拴牲口的木桩，直呆呆戳在那儿。

三

如果牛宝不去沿儿庄，他和春枝这段纠缠也就此罢了。自己一时迷糊、冒傻、犯浑，把人家好好一个女人逼成那份可怜相。究竟春枝因何这般痛苦不堪，他琢磨不透。眼盯着溅在他棉衣上春枝的泪痕，后悔到头，不住地骂自己，最后把剩下的半车鞭炮堆在大开洼里点了，炸成火海雷天，惹得邻村人敲锣报警，以为谁家造炮，中了邪火，炸了窝。

转过两天，窦哥提着两瓶老白干、一包天津卫大德祥的鸡蛋糕来找他，要一同去沿儿庄谢谢人家姓万的，不管牛宝自己的事如何，人家"万家雷"真给使劲儿，那巨型的大雷子炮是万老爷子特意做的，真叫激动人心！这事关着窦哥生意道儿上的情面义气，牛宝便随窦哥来到沿儿庄。

沿儿庄人上至七老八十，下至童男童女，倘若不会造炮，非残即傻。尤其在这腊月里，家家院子的树杈上、衣竿上、屋檐下，都晾满整挂整挂沉甸甸的大鞭，好比秋后拿线串成串儿、晒在屋外的大辣椒；墙头摆满捆成盘的雷子两响，像是码起来的大南瓜，极是好看。那些进村出村的大车装满花炮，蒙上大红棉被，在冰天雪地里更是惹眼。这腊月的鞭炮之乡虽然十二分的热闹，却听不到一声炮响。静得绝对，静得离奇，静得叫人揪心。

牛宝万万想不到，这位跟火药打一辈子交道的万老爷子，竟然胆小如鼠。三九寒冬，屋里和屋外一般冷，炕不生火，灶不烧柴，茶碗里水全结成冰，唯有说话时从嘴里冒出点热气。牛宝和窦哥一进门，万老爷子就嘀咕他们身上有没有铁器、抽烟打火的家伙，鞋底钉没钉"橘子瓣儿"，还非叫他俩抬脚亮鞋底，看清楚才放心。窦哥假装不高兴地说："万老爷子每次都这么折腾我，下次我得光屁股来了。"

"别怪我疑神疑鬼。火是我们这行的灾。我不认字，我爹说灾字就是下边一个'火'字，上边三个火苗。所以俺们非到做饭时才生火，烟也不抽，家里除去做饭的锅，不准使一点铁器。那九十堡的'炮打灯'杨四，就是称火药时，秤砣掉在地上，迸出火星子，把一桶火药引炸，炸得杨四没有尸首，秤砣飞出半里多地。火这东西不知打哪来的，有时两家隔一道墙，这家点烟，火竟能穿墙过去，把那家屋里的鞭炮引着，火可邪啦……"万老爷子说到这儿，两眼发直，像是见到鬼，"哎，窦哥，你可小心点桌上那盆火药！"

待窦哥把"万家雷"前天在独流镇显威风的情景，一说一吹一捧，万老爷子才松开面皮，满脸直垂的皱纹也打弯了，龇开一嘴黄牙笑了。这儿井水盐碱也大，人牙焦黄。他神情得意地问道："俺那大活咋样？"

"还用说。生把土地炸个大坑，人说再炸就炸出个井来了。是不是这么说的，牛宝哥？"窦哥朝牛宝挤挤眼，叫他帮腔，哄万老爷子高兴。

牛宝嘴拙，找不着话说，只傻笑，点头。

万老爷子愈发得意，笑眯眯再问："你们跟谁家比炮？"

"俺们咋能拿您的'万家雷'去跟无名小辈比试，那不成请关老爷和小兵小卒比高低了？对手是文安县'蔡家鞭'蔡家，行吧？"

"噢？"万老爷子惊讶得很。他说："蔡老大一死，都说蔡家关门不造炮，挂在天津卫的牌匾都摘了，怎么又出头露面，是不是假冒？"

"咋能假冒呢？蔡家四个大活人都在场呀！"

"咋四个？"

"蔡家老二、老三、老四，哥仨……"

"对呀，才三个，咋四个呢？"

"还有人家蔡老大的那俊媳妇春枝呢。春枝她——"窦哥说到春枝，看牛宝直了眼，便赶紧停住口。

"窦哥，你嘴动，胳膊别乱动，小心俺那火药盆子！"万老爷子叫道。然后叹口气说："春枝那孩子命够苦，三个跟她贴近的男人全给炸死了——她爹，她公公，她爷们儿！俺说她是火命！是火！是灾！"

牛宝听得惊异不已，他死也想听明白；窦哥完全清楚牛宝的心思，何况他自己也想知道这闻所未闻的事，便死乞白赖，东绕西套，终于从万老爷子肚里掏出下边的话：

"哎，窦哥，俺当你万事通呢，你咋不知春枝姓杨，她爹就是九十堡'炮打灯'杨四呵。还是大清时候，天津卫炮市上就有句话，是'蔡家鞭，万家雷，杨家的炮打灯'，这都是上两辈人创的牌子，到今儿全是百年老炮了。那时，因为杨家是本县人，跟俺们万家熟识，蔡家远在文安，相互只知其名罢了。到了俺们这辈，杨家跟蔡家认识了，很要好，两家给春枝和蔡老大定了娃娃亲。可春枝十岁就死了妈，跟她爹相依为命过日子。后来孩子们长大，该成亲了，蔡家老头子就去找杨四商量嫁娶的日子，杨四怕春枝走了，一个人受不住孤单，非要蔡老大倒插门。其实蔡家有四个儿子，少一个在身边怕啥？蔡家老头子偏不肯，谈崩了，都上了火气，蔡家老头子回家喝闷酒，一头醉倒，睡成烂泥巴，忘了热炕上还烤着几十挂受了潮的大鞭呢！一下烤过了劲儿，炮炸火起，怪的是四个大小伙子愣没打火里弄出他们爹，活活烧死。蔡家人恨死杨四，没人提那婚事。过两年，哎，就是俺刚头说过的——杨四同村人来找他借点火药，提着杆秤来称分量。造炮的人弄火药绝不准使铁器，勺用木勺，铲用木铲，他怎么忘了秤砣是铁疙瘩呢！秤杆一斜，秤砣砸在石头上，火星子迸进火药里，生把人炸得净光光，连根骨头也没找到，你们说奇不奇？好好一个人，像是变成一股烟，影都没留下，这是遭了啥罪？啥灾？杨家只剩下春枝孤孤单单一个闺女。那蔡老大来向她求婚，她不肯，不知因为她爹欠着蔡家一条命，还是怕一走，'炮打灯'杨家的根儿就此绝了。蔡老大打小跟春枝要好，知道这闺女的性子比火药还强，他竟造了一百个'炮打双灯'去到杨家门口放。意思是你杨家祖业给我蔡老大接过来了，绝断不了根脉。蔡老大是造炮好手，更是放炮好手，他把'炮打双灯'一个个立在手掌上托着放。凡是打上天的炮，头一响都得用'竖药'，只往高处蹿，不往横处炸。顶多觉出点坐力来，绝不会伤手。这又表示，他蔡老大已经把杨家的'炮打灯'学到家了。一百个放完，春枝流着泪出屋，二话没说，跟他去了文安……哎，窦哥，这些事你咋会不知道呢？"

"只只片片听见过，可各村各庄造花炮的年年出事，年年死人，哪会连成您这么长的故事！"窦哥说，"俺倒听人说过蔡老大的死，他是惹了大仙吧？"

"说是也是。春枝嫁到蔡家第二年，也是年根底下，她做了一盘'炮打灯'，打算三十夜里自己放，祭祖呗！她剩下一捧炸药没处放，就使高丽纸包个包儿，塞到鸡窝后边夹缝里。这地方平时绝没人去碰，最保险，谁知夜里闹黄鼠狼钻进鸡窝后边夹缝里，这也奇了，它上房翻墙，跑哪儿去不成，偏扎到火药包上，蔡老大拿棍子一捅，嘿，正好，'轰'地生把蔡老大炸得人飞起来，撞在屋檐上，再摔下来，成了血人……唉，怎么这样巧，又都巧到春枝一个人身上？也是命呗！出殡那天，春枝把自己编了十天十夜的两挂大鞭，足有几十万头，挂在大门两边老树上，放起来足足响了整整一夜，直叫整个村的人听着听着，都听哭了……"

牛宝听到这里，忽地翻身趴在地上，给万老爷子叩头。万老爷子蒙了，忙弯腰搀扶，说道："俺哪句话伤着你了，快起来，快起来，告诉俺，俺赔不是！"

牛宝却不起身，脑门撞地，咚咚山响，然后抬起泪花花的脸说："您得教俺造'炮打灯'，您得教俺造'炮打灯'，您得教俺造'炮打灯'……"反反复复只这一句话。

万老爷子更糊涂了，窦哥心里却很明白，他害怕牛宝再去惹事，但牛宝犟上劲儿的事，愈拦愈坏，因此他非但没有劝阻，反也趴在地上给万老爷子叩头说："您成全俺哥哥吧！"

这句话像是在万老爷子脑袋里点盏灯。万老爷子先是惊讶，随后摇着头低声说："要说春枝是个好闺女，懂事明理，知情讲义，可惜她天生是火命，是灾祸！你去问问文安县的光棍，还有人敢娶她做老婆吗？听俺一句吧，老弟！你只要一沾她，灾祸就扑上身，快快绝了这念头！"

牛宝额头顶着地，一动不动，说话的声音便又闷又重："俺、俺死活要当蔡老大。"他不会再多说一句。

乡里人之间并不靠说，哼哼两声，谁都能知道谁的意思。万老爷子叹口长气，无奈地说道："都是命里有呵！好，都起来吧，俺教！"他屁股没离凳子，一转，旁边就是一头吊在房梁上的赶版。他使这赶版一下一个，赶出四五十个炮筒子交给牛宝。然后把桌上的火药盒子和几个料碗端过来说："一硝、二黄、三木炭，火药就这三样东西。你要想往天上打，少放黄，多放炭，这叫竖药；你要想往横处炸，多放黄，少放炭，这叫横药。'炮打灯'是把灯往天上送，下边一响必得用竖药。听明白了？硫黄好买，县城里铺子就卖，木炭你自己会烧？"

"俺画样子就拿木炭起稿。把柳树枝用泥封在洋铁罐里烧，行不？"牛宝说。

"这可不行！造炮的木炭不能使柳枝，只能用青麻秆。"

"麻秆倒有，可硝到哪儿去弄？"

"碱河边有的是，白花花一片片。人说文安任丘那边地上的硝更好，是火硝。"窦哥插嘴说。

"使那硝造炮，还不如放屁响。俺告你们个绝密。你们要是说给外人，俺就使炮炸了你们——"万老爷子凑过织满皱纹的老脸，表情神秘，压低嗓音说，"你们就到俺家对面那茅厕后的墙上去刮。"

"那是尿硝呵！"窦哥说。

"谁说不是。这村里人身上全是硝，尿出来的尿烫手，结成的尿硝才有劲儿哪！我家的不行，人老了，没火力。对面崔家五个小子，个个像小牛，那硝面子才是好东西。"万老爷子说，"这硝弄回去，可不能直接使，先用锅熬，熬成水，泼在木炭上，晾干压成粉再掺硫黄。记着，一份硝炭，一份半硫黄。'炮打灯'使竖药，还得多放硝炭！"

"那打到天上的灯，咋做法？"牛宝问。

万老爷子说："这东西叫明子，你不会配，俺送你些吧。"他从身后拿出两个瓦坛子，里边装着黄豆大小、药丸似的东西，各拿出几十粒，分别使红绿纸包上，"这红纸包的，打到天上就是红灯，绿纸包的打到天上是绿灯。'炮打灯'有很多样儿，有一响一灯，有两响七灯，俗称'炮打七灯'，可灯色都是黄色的。唯有这'炮打双灯'，一红一绿，打到天上才好看哪！听俺爷爷说，大清时候，男的向女的求婚，就在人家房前放这炮。当年蔡老大在杨家房前放'炮打双灯'，多半就是这意思。"

牛宝呼啦一声又趴地上，给万老爷子连叩响头，像是遇到救命大恩人。他动作太猛，差点把桌上火药盆子撞下来，幸亏窦哥眼疾手快抱住了。

待牛宝与窦哥千恩万谢告辞回去，万老爷子一人叹息、摇头，还狠狠砸了自己几拳，好像自己伤天害理、送人上西天了。

牛宝和窦哥出来就绕到对面茅厕后边。一看沿墙根白白的，果然都是尿硝，又厚又硬，使瓦片刮下来，晶莹闪亮。两人正刮得带劲，有个孩子喊："有人偷硝了。"吓得他俩赶紧使帽头兜上硝面子，慌张逃出村，再逃回家。

牛宝照万老爷子的法儿，买料、配料、装活，他平日里干活认真，可此时脑袋着魔了，总一闪一闪老年间求婚使的那一双双红灯绿灯，糊里糊涂弄不清硝炭同硫黄，该是哪多哪少，装了一半，便不敢再装。傍晚时候，窦哥来了，两人一说，窦哥笑道："你脑袋里净是那春枝啦，咋弄不清呢？'炮打灯'使竖药往天上打呗，多掺些木炭不就行了！"牛宝往药里又加些木炭。两人在房后空地上试了两个，真鼓捣成啦！一响过后，打炮筒里飞出两条亮线，一红一绿，直上天空，老高老高，跟着变成一红一绿两盏灯，极亮极艳，照得天都暗了。窦哥看去，这双灯不在天上，而是在牛宝眼里；那大眼眶子中间，绚烂五彩，烁烁逼人。可窦哥哪知，刚刚牛宝往火药里加木炭之前，已经装成的一些炮，配料正好弄反，竖药成横药！

四

静海县城逢四逢八是大集。今儿是腊月二十八，大年根儿，赶集是最后一遭儿，买卖东西的人便都翻几番，穿戴也鲜活多了；炮市上更是气势压人，河床上烟火连天，炸声如雷，像是开了战；两岸堤坡装鞭炮的车排得密不透风，好似千军万马列成长蛇阵。牛宝和窦哥手拿一包"炮打双灯"，蹲在一辆牛车后头，等候天晚人少。牛宝目光穿过大车轮子，一直死盯着春枝。她依旧在那歪脖柳树下，坐那驴车上，依旧黑衣服、白脸儿、红头巾，但她不像前两次木雕泥塑般纹丝不动，而是把俊俏小脸扭来扭去，东张西望，像是找什么。蔡家哥仨放鞭卖炮，忙前忙后，她却像没瞧见。

下晌后，炮市明显歇下劲来，停在堤上的大车走了许多，零零落落，不成阵势；河床中央的硝烟也见稀薄，看出一个个人来。日头西沉，景物、天空乃至空气全变暗，火光反显得分外明亮。渐渐剩下的人多是鞭炮贩子，吆喝喊叫加劲闹，无非想把压在手里的货甩出去。鞭炮这东西，压过腊月二十八，就得压上一年。地上炸碎的鞭炮屑儿，已经铺了厚厚一层，歪脖树下的蔡家人开始收摊子，也要返回去了，就这时牛宝带着窦哥突然出现在蔡家人面前。

春枝眼睛一亮，像是这才定住魂儿。

蔡家哥仨马上抄起家伙走上来。他们见牛宝立眉张目，嘴角紧张得直抖，有股子决然神气，以为并非比炮，只是要报复前仇，拼命来的。可牛宝不动手也不动嘴，他把厚厚大手平着向前一伸，掌心朝上，中央摆着一个"炮打双灯"，大红炮筒，绿纸糊顶，还使黄纸盖个鲤鱼戳记粘贴中间，鲜艳漂亮，不是画画的牛宝，谁能把花炮打扮成这个样儿？蔡家哥仨一看，立即明白牛宝要干什么，气急眼红，竹竿子给抖动的膀臂震得哗哗响。他们回头看春枝，等待嫂子下令，他们就把这欺侮人到家的小子活活打死。只见春枝脸刷白，没一点血色，紧咬着嘴唇，两眼却像一对小火苗，闪闪冒光，叫蔡家哥仨不明白。

牛宝拿香头把立在手心的炮点着，一声响过，一对浓艳照眼的红绿双灯，腾空而起，他人也觉得随同升起，绚烂地呈现在幽蓝的晚空上。一个放过，窦哥就递上一个，一双双火弹连续不断打上天，美丽、响亮，又咄咄逼人。春枝抬头看，这双灯是她的过去——她最好的日子和最美的希望；而双灯一亮一灭，便是她坎坷多难的岁月经历，她入迷了。

突然，一声巨响，一个炮在牛宝手心爆炸，没往天上蹿，却往横处崩，手心登时裂开，血淌下来。窦哥急得忙把塞在牲口耳朵里的红布拉出来，要给牛宝缠手，一边叫着："牛宝哥，别再放了。

人家春枝不会跟你的……"

牛宝抢过红布一扬，朝窦哥喊道："拿来，拿炮给俺！你不给俺就宰了你！"他瞪圆一对牛眼，像门神，很吓人。脑门上的青筋鼓起来嘣嘣直跳。

一个炮递过去，又炸了手心，眼瞅着皮开肉绽，手掌像托着一盘炒鱿鱼卷儿。窦哥忽想到万老爷子的话，一股子不祥感透入骨头，不觉心寒胆战，掉着眼泪哀求道："咱中了万老爷子的话了，再放下去没命了，求你快回家吧！"

牛宝不吭声，像是没听见。一个个炮立在血肉模糊的手掌上，点着药芯子，有的飞上去，有的往横处乱炸，完全没有准，血点子滴了一片。蔡家哥仨和周围的人都看呆了。决死的人跟神仙差不多，叫人敬畏。那打上去的双灯，像是带着血，变成血灯。牛宝后牙咬得咯咯咯响，努力不叫托炮的胳膊打战，两眼死死盯着春枝。春枝坐在车上一动不动，但双手紧紧抓住盖在车上的红棉被，好像一松手，人就要掉下车来。

牛宝又点着一个"炮打双灯"，他万没想到这炮筒子里硫黄这么多，几乎是炸弹，猛烈一声巨响，火光闪着血光，牛宝倒在地上，春枝倒在车上。

一年后，还是腊月里，牛宝赶车往县城赶集，左手扬鞭，残断的右手缩在袄袖里。他拿不成笔，不能再画缸鱼了，改卖"杨家的炮打灯"，而且只卖"炮打双灯"。满满一车花炮盖着大红棉被，上头坐着一个鲜艳如花的女人，便是春枝。

但人们说到他俩，都暗暗摇头。窦哥无意间，把万老爷子应验了的预言泄露出来，大家更信春枝这女人是火、是灾、是祸，瞧！她还没进牛家门，就叫牛宝先废了一只手，而且是干活画画的手，这跟搭进去半条命差不多。牛宝听到这些闲话，憨笑不语，人间的苦乐唯有自知。

1991 年 6 月

石头说话

本篇作品就其事件、人物、细节和心理的真实而言，应为纪实文学；但为了避免给当事人招来种种麻烦，引发回忆往事时难耐的痛楚，因故改写为一篇小说。

——作者

在这蓟北大山深处，满是黑黝黝的石头。无论风雪抽打，烈日暴晒，野火焚烧，它们都一动不动无言地为大山承受着一切。石头是山的骨头，它们到处裸露在外，不正是为了表现大山的牢固与坚强吗？地质学家说，所有石头曾经都是熔岩冷却下来的。那么，尽管它们表面冰冷，永远沉默，但每一块石头深处的记忆里，仍旧是一团烈火，还有烧灼时的剧痛……

一

村长老孔头感觉，他的莲花村又像四十多年前那样——到处的地雷都挂上了弦！

"鬼子又要进村了！"

老孔头恍恍惚惚听到这句话。其实呢，并没有人说，而是他自己心里的声音。但现在这句话似乎比四十多年前更可怕。那年月鬼子进村，意味着烧杀抢掠；今天日本人是来合作搞经济开发，帮助山民脱贫致富，这是县领导给莲花村找来的一条千载难逢的生财之道。可偏偏这莲花村是遭鬼子残害最重的地方，虽然山民们打一九四五年后再没见过日本人，家家户户的祖宗牌位上却清晰留着日本人的血手印！这些世仇就像当年遗落在山沟里的炸弹，谁知碰上哪个就炸？

炸了可就全砸了！

老孔头心里没根，就悄悄派了霍家老二去四处打探风声。霍老二这小子算得上村里头一号精明人，连蚊子打架都能听到。他东串串西串串，又使眼睛，又用耳朵，转悠了三天，居然没觉察出半点动静，反倒把一个相反的好消息送到老村长的耳朵边：大石桥头孙贵才家的大小子，在县里开饭馆发了财，买一辆十成新的日本雅马哈摩托车骑回来了，招得村里小伙子们三三两两去他家看，像看他娶回家的一个俊媳妇，馋得那些小子眼珠直冒光。霍老二对老孔头说："老村长，您就把心撂下吧！现在人们买电视还非得要日本原装货呢！谁还会跟日本人结仇？您这都是哪年的皇历了？"

老孔头一眼正瞅见霍老二手腕上那块花里胡哨的日本电子表。心想，真是一代人有一代人的爱，一代人有一代人的仇。西瓜连种三年还变种呢！枪子儿在枪膛里四十多年怕早锈死了吧？此刻，虽然不那么揪心了，但霍老二这几句话却叫他心里不痛快。入夜上炕，翻来调去，昔日的腥风血雨便来到眼前，连肩上那陈旧的伤口都隐隐疼了起来。天蒙蒙亮时，坐起身，长长叹口气，自言自语地说："当初穷得挨人打，现在穷得再把人家请来，咋争这口气啊……"

天亮后，他在村里走了一圈，又犯起嘀咕来。全村人都知道这几天日本人要来，怎么见面就没人跟他说这事呢？是避讳，还是另有打算？若有打算会闹出啥样？就这样，他一直嘀咕到日本人来的头一天，村里依旧风平浪静。他却笑话自己是：半夜里想鬼——自己吓唬自己了。

中晌，他盛了一大碗玉米粥，好几天吃东西没有胃口了，今儿要喝个饱。刚端起碗的当口，霍老二就像报丧那样一头撞进来说："糟啦，老村长！住在千佛寺下那个孤女人姜雪桃说了，明儿个她非要跟日本人见上一面！"

老孔头一听，差点仰脚翻过去，一大碗冒烟的热粥没折在肚子里边，全折在肚子外边。毁啦！他心里最怕的事出来了。他就怕姜雪桃闹，他料到姜雪桃非闹不可，他这个村长拿谁都有办法，就是拿姜雪桃毫无办法。

二

全县无人不知莲花村的姜雪桃在闹日本时有一桩极惨烈的往事。但，就连本村人也不清楚这个悲剧的具体细节。在传说中，人们断断续续只知道这些内容：

一九四三年，日本人为了切断山村百姓给迂回在盘山上的抗日十三团运送吃穿的联系，沿着山脚用刺刀和死亡开辟出一条"无人区"。姜雪桃一家就是鬼子清洗莲花村时遭的难。除去姜雪桃本人侥幸活下来，她爹妈、两个哥哥和一个小妹妹，都叫鬼子活活弄死了。现在，立在村口那块"莲花村惨案遗址"石碑上记载的二十三条人命中，她家占了五条。可是没人知道她家每一个人究竟是怎么死的。恍惚听说她妹妹死时还没出生，是叫鬼子捅死在她娘肚子里，可是没出生怎么知道是个妹妹？当时村里的人，死的死，逃的逃，现场的见证人只有十多岁的姜雪桃。她全家的尸首还是她一个人掩埋的呢！她生生用一双小手，在房前那块平地上挖了一个很大很大的坑，她的大部分手指头都被磨去了一截……想想看，她知道的肯定不会像人们说的这么简单！前些年，县里文化馆搞抗战史，总找她来了解那桩惨案的细节。她就像石头那样沉默不语，还像石头那样透着一股寒气，逼人自退。村长老孔头对那些收集材料的人说："她那时还是个孩子，吓也吓昏了，记得啥？要收集就去找那些杀人的鬼子收集去！"逢到有的人死磨硬泡，非要村长动员她说，老孔头就朝他们喊一嗓子："她是石头，不会说话！"

老孔头明白，存在心里的悲剧要残酷得多。她呢？真像石头那样，孤零零、冷冰冰生活在山沟里，一个人天天自己面对自己，日子久了连表情也像石头了。只是每到清明，她都要在寒冷的院子里，月光照亮的地面上，摆上全家的饭席。她爹、娘、大哥、二哥、妹妹，每人都是一双筷子，一碗饺子，几瓣大蒜，爹的席前还有一盅老酒……这样围了一圈，然后她就自言自语似的和那些早已命在黄泉的亲人说话，还不断对着那一个个空空的席位说着："吃啊，快吃，哎，娘，吃呀吃呀，妹……"这样直说到言语哽咽，月西院暗，孤影模糊，才起身收了摊。过后就像没有那回事的样子，无亲无故、默默无言地活着。

对这样一个女人，老村长要是跟她谈日本人要来，要她不声不响地接受，真比登天摘月还难了。尤其是看着姜雪桃那一头早早白成霜柳般的花发，怎么张口？老孔头坐在她家的炕沿上，一锅一锅抽着旱烟，一边把心里要说的话来回折腾，想折腾出点说服力，谁知道张嘴一说，话全乱了，甚至自己就觉得欠着理。而且无论怎么说，姜雪桃的回答总是这么一句，而且一个字也不变："你说破大天，我也得和他们见上一面。我担保不坏你的事就是了！"

"不成！"老村长心急冒火，耍起横来，又捶桌子，又凿炕席，朝着姜雪桃直吼，"你老实给我待在屋里！明儿你要是把大伙的事坏了，我就叫全村的人跟你算账！"他很少这么凶过。

姜雪桃那又暗又冷又粗糙的脸直抖，她的口气却斩钉截铁："明儿一早，我就在村口等着他们。"

老村长感到大事临头，他像一头发狂的牛冲出去，找来霍二虎和民兵王有福、马养山，叫他们拿麻绳去把姜雪桃捆起来，再拿布把她的嘴堵上，锁在屋里，不准她出来。霍二虎说："村长，这年头绑人可是犯法呀！"

"犯法就犯法！完事把我毙了，我也不能叫她毁了咱莲花村的事。你们去！责任我担着！"老孔头叫喊着。

王有福几个人进屋去捆姜雪桃，老孔头自己返回村办公室，和村干部们研究明儿怎样接待那些日本人。一个话题开头没说上几句，王有福就找来了，说姜雪桃在屋里用脑袋咣咣撞门板，弄不好要出人命。老孔头赶去开门一瞧，他被自己逼出来的这个场面惊呆了。只见姜雪桃五花大绑站在屋中央，嘴上塞一团布，蓬头散发，浑身是土，脑门子上全是血！老村长陡生强烈的内疚，一屈腿给姜雪桃跪下来，流着泪说道："雪桃啊，我这么待你，我造孽！我老孔头对不住你，对不住你爹娘，对不住叫鬼子弄死的乡亲们，也对不住我自己的爹啊！我知道你有理，我要是你，也会跟你一样。可是，我、我、我，全村人的日子扛在我肩膀上啊！咱们祖祖辈辈——甭说祖祖辈辈——现在老俞家还缺衣裳穿哪！他娘当年不就是没衣裳穿，在屋里地上挖个坑藏身子，害骨头病疼死的？要不是县领导给咱找的这道儿，咱哪知道山沟里那些糟石头叫"麦饭石"，原个儿运出去就能卖钱！这东西可就是人家日本人要，你说咋办？这买卖真谈成了，转眼咱村不就富了？要是日本人不要，咱还得等到哪辈子？我知道现在村里有人骂我汉奸，骂我怕鬼子，甘当日本人的孙子。我老孔头的心气得天天疼啊！当初跟他们打仗都不怕，现如今天下是咱的了，我怕啥？不就因为咱穷吗？我哪知道咱为啥总穷？人家小日本打了败仗为啥反倒富了？愈穷愈受穷，咱不能再穷啦！雪桃，你甭总瞪着这双眼，要死要活的，叫我害怕。等过了明天，你拿杠子打我，出气，解恨，就是打死我也认了。现在只求你顺我这次吧！我并不比你好受啊……"

　　老村长这一番话，把雪桃说得掉下泪来，他以为雪桃动心了，忙爬起身去把塞在姜雪桃嘴里的布拉下来，没想到雪桃仍然还是那句话："叫我跟他们见一面吧，我担保不会坏事的！"

　　老村长叹口气摇摇头，转过身带着膝头上两块黄土印子走出去。在屋外，他嘱咐王有福和马养山去给姜雪桃解绳松绑，烧水做饭，好好待承，可要紧的还是锁好门，千千万万别放她出来。

三

转天，老村长开天辟地换了一身洋服。他这辈子哪沾过这号行头？这里里外外的洋服，还是打一个在镇上当饲料厂厂长的亲戚那儿借来的呢！穿在身上，不像衣服，倒像把他塞进一个紧绷绷、皱巴巴的袋子里；那毫无用处的领带勒在脖子上喘气都不顺畅，松开了又像拴骡子的绳索；最不能忍受的是那双不合脚的皮鞋，夹得脚生疼，好像叫狗咬住了，只好脱下来，换上那双自家的肥头大布鞋。临出家门，使湿布抹去鞋面上的浮土，刚擦过乌黑，风一吹又发灰了。

一早，老村长又特意派人去叮嘱王有福等人看好姜雪桃，这才放下心来，与村干部们赶到县城，迎接日本人的"经济考察团"。这考察团一行六人，外加一位姓罗的中国翻译，由老村长他们陪同，乘一辆丰田面包车，出城入山，直奔盘山脚下的莲花村。

这几个东洋人年岁都不大，团长年纪最大，看上去也不过六十左右。最年轻的一位白白净净，简直像个大学生。在老村长眼里，这些面孔既很陌生，又似曾相识。双方见面时，对方张口是日本话，一听这隔绝已久的话，那遥远的一种凶厉与歧视，又使他感受到了，他隐隐地有种不快。

盘山独有的秋色总会给异乡异客带来兴奋与新鲜。在紫色大山背景的衬托下，柿子树脱尽叶子，只剩下橘红色滚圆的柿子，远看像一棵棵树挂满了灯。黝黑的石头间，清溪奔流，好似翻腾的冰雪；种植在谷底的庄稼蔬果已然拉了秧，新收获的果实都搬进用石块砌的农家宅院里；金黄色的玉米铺满房顶，朱红色的南瓜像一个个大坛子那样摆在墙头；鲜红的辣椒一串串火苗似的挂在门窗前。这些颜色亮得照眼，鲜艳分明，撩人喜悦。秋日的山村，就这样神奇地把大自然的生气转化为一种蓬勃的生活气息……车上的日本人都把脸紧紧贴在窗子上，如醉如痴地欣赏风景，啧啧赞美，兴奋地叫着，大声发着议论。那位上年岁的团长通过翻译对老村长说："想不到世界上还有这么美的地方。我们是第一批进入这仙境的日本人吗？"

这话既是为自己庆幸，也是想使主人高兴。

老村长下意识凭着反应脸一沉，说："不，不——"跟着就醒悟过来，赶忙勉强地应付几声："啊，呵呵……"又咧嘴笑了笑，笑得尴尬又艰难，像是要把伤疤变成一朵花。

坐在一旁的那个年轻的日本人，似乎感到了什么，要问什么，但他又克制住了自己。

车子愈往山里走，路边卖柿子的山民愈多起来。柿子是大自然的艺术品，鲜亮好看，还勾人想吃。一个日本人提议买些柿子在车上吃，其余日本人都鼓掌赞同，认为是个好主意。于是停了车，老村长下车和日本人争着去买。

道边卖柿子的是个老汉，身子两旁各放一大篮柿子，他见来了买主，一边把篮子里的柿子往秤盘上摆，一边笑呵呵说："吃盘山的柿子连牙都用不着，开个口您就喝吧，全是糖啊！嘿嘿……"他说着忽然止住，瞧瞧眼前这几个叽里哇啦说话的日本人，问罗翻译："这些可是日本人？"

"是啊！"罗翻译说。

谁料这老汉听罢将秤盘上的柿子往篮子里一折，跟着把秤"哗啦"往肩上一搭，说句："不卖啦！"一手提一篮柿子，扬长而去。

日本人很奇怪，上来询问，老村长忙对罗翻译说："告诉他们，就说卖柿子这人肚子饿了，回家吃东西去了。"

罗翻译一时也编不出更好的理由，只好这样解释。这解释使日本人更加奇怪，谁知反倒使那个年轻的日本人心里有些感觉。

大家回到车上，车子渐渐接近莲花村。老村长心里打起小鼓来。刚刚这卖柿子的老汉给他提个醒，山民们没有忘记四十多年前那场灾难，犹如山上每块石头都深刻记得烧山的大火。要是他们个个都像姜雪桃那样，把世仇砸向这车子，岂不闯下天大祸事？

车子在山谷里盘旋前进，愈走绿色就愈加深浓，在这绿色浓到极限时，忽然奇妙地化作一片透明的蓝色。这表明已经进入大山柔和的腹地。大山的蓝色是纯净的、清爽的、安寂的，然而老村长却感到这寂静得有点过分。怎么没人站在道边观看？没人站在远处伸头探脑？甚至连人影一闪也没有。莲花村的人都到哪儿去了？可人人都知道今儿日本人来啊！于是这寂静就透着一股神秘，一种紧张。他的意识深处忽然出现当年他穿过日本人在这里制造的"无人区"时的那种气氛……这时，车子突然朝左疾拐，猛地刹车，全车人的身子都重重撞在前排座位的椅背上，那个上年纪的日本人讲究的小眼镜摔在地上。老村长叫一声："啥事？"声音里带着对司机的愤意与谴责，司机却用手指指车子前边。老村长探身一看，吃了一惊。车子正停在村口上，道边那块"莲花村惨案遗址"的石碑不知被谁搬在道中央，直立那里，好像一条满腔悲愤不怕死的汉子，雄赳赳挡在车前，倘若不是司机手疾眼快，真要撞得车毁人伤。老村长的脸色已经煞白，他招呼村干部们下车，一齐将石碑抬回到道边。日本人问他出了什么事，他顾不得回答。他乱糟糟的心里已经感到，下边会有更大的事等着他呢！

四

在简陋到几乎一无所有的村办公室里，日本人与莲花村村干部们的谈判没费多大力气，没有争执、讨价还价和必要的妥协。尽管这些精明绝顶的日本商人把价钱压到不能再低，莲花村人却全都乐呵呵地接受了。有人花钱买他们山沟里那些没用的糟石头，还谈啥条件？山沟里什么能卖就卖什么。他们还提供了许多山货，比如麻梨、毛栗、核桃、山里红、谷子、五月鲜的桃子……自然还有本村的特产——雪桃。雪桃是下雪天摘的桃。姜雪桃正是生在腊月，她爹才给起了这个好听又有寓意的名字。老村长在给日本人介绍这种雪桃时，不由得感到有点不自在，话也说得结结巴巴了。

日本人对毛栗表示很大兴趣，这种毛栗油性大，喷香，果实饱满，他们要求带一些样品回去。老村长喜出望外，竟慷慨地叫人装了两大麻袋足足有一百斤栗子，放在车上。

好了！买卖谈得八九不离十了，下边该做的事便是日本人回国后赶紧起草协议和合同了。老村长想，如果半小时内不生意外，等日本人上车一出村口，便烧香叩头，万事大吉。可就在这时，房门像被大车撞开一样，咣啷一声，一个人闯进来。这是个女人，衣衫破旧，头发像茅草一般蓬散着，脑门正中有一大块瘀血的紫癜。当她一瞧见屋里这些日本人时，全身剧烈地发抖；她的眸子灼灼放光，说不清是愤怒,是焦急,是惊愕,是冲动。姜雪桃!老村长的心一下子掉在地上,无声地哀叫着:"毁啦!这回可全毁啦!"

她是咋跑出来的?难道是王有福放的?对呀,王有福他大哥肚子上还有鬼子刺刀留下的一个窟窿眼儿呀!可是马养山为啥不拦着……现在说啥也没用了,砸锅的事就在眼前!

姜雪桃不等任何人来拦她,手指着对面的日本人说:"我要跟你们说一件事。你们听得懂我的话吗?谁能把我的话告诉他们。"她扭脸看着满屋的人。

罗翻译要答话,但被老村长使眼神拦住。就这时,那个年轻的日本人站起身来,用很纯正的中国话说:"我叫土村清治,我在大阪学过中文,我来做翻译。"他对老村长说:"请您先生,请您不要阻拦这位女士的讲话。刚才在路上,那个卖柿子老人说的话我听懂了,石碑上的字我也看明白了。我知道这里曾经发生过非常可怕的事,而这些事和我们日本人有关。我们很想听听这位女士要说的话——"他说完,又对他的同事们讲了一遍他的意思,那些日本人都露出惊异的神情。这时,土村清治扭过头来对姜雪桃说:"这位女士,就请你说吧,你坐下来说好吗?"

姜雪桃摇摇头,她站着,说道:"我要对你们说的是一件真事。不是旁人的,是我自己的。这件事不单你们不可能听过,事情的原原本本就连我们本村的人也不知道。四十多年了,我一直把它搁在心里边,现在心里盛不下啦,它要自个儿往外蹦啊!一九四二年,我十二岁,那年秋天,鬼子——这话你们听了也许扎耳朵,可我没有别的称呼。现在时兴叫日本朋友,但那不是朋友干的事!那年秋天,鬼子在我们这村搞'无人区','三光政策'你们总听说过吧:

烧光！抢光！杀光！就是把有人的地界全变成没人的地界。一天早上，鬼子忽然进村了。我爹正带着我在房后的山坡上打栗子。我爹打，我拾。就听我家那边人喊狗叫闹起来，跟着枪响了，我爹抱起我，跑到千佛寺后边把我塞进一个石头洞里。他叮嘱我，他不来，我就待在洞里，千万别自己回家。爹急得满脑袋汗，眼珠子瞪得吓人，下巴直打哆嗦，牙都咯咯响。哪知道这就是爹给我留下的最后一面！我爹说完，揪些草把洞口遮住，就去了。过了一阵子，下边枪又响起来，响了七八声吧，随后再没动静。我蹲在洞里等了一天，直到洞里洞外全黑了，也不见爹回来，只听见唰唰野兽走道的声音，我害怕，哭了一夜。等到天亮，悄悄回家去，一路上也不见人，只见大石头后边那些人家的房子和果园全烧了，黑烟还在往天上冒。我连小路也不敢走，从乱石堆里穿过，一爬上我家房前那块平地，我——"

姜雪桃突然停住，身体像被子弹打中那样强烈地一震，跟着如同失重一般摇摇晃晃起来，双眼空空望着前面，却睁得老大，满屋的人好像都随着她看见了一幕非常可怕的景象。此刻，老村长也不想阻拦她。原以为她当时年小不会记得清楚，没想到她一笔一画把那桩惨案毫无遗漏地镌刻在自己的记忆里了。他也想把这不该忘却的往事弄得一清二楚……姜雪桃渐渐稳住自己的身子，一字一句接着说下去。尽管由于情绪冲动而常常中断，但还是以一种强大的韧劲儿坚持下来了，"我一家五口人都死在当院！！我的两个哥哥被活活烧死，人被烧成焦炭，十七八岁的小伙子烧到最后只有四尺大小，他俩身边的地还……还汪着一大摊鲜血和人油……我爹趴在磨盘上，后背被枪弹打烂了，两只脚给砍下来……扔在一边。我娘……她被鬼子们糟蹋了，衣服扒得净光，鬼子还用火柴把她、把她的毛烧光！哎——"当姜雪桃发现土村清治停住口，没有把她这几句话翻译出来，立刻急了，像发命令那样对土村清治说："你把我的话原原本本告诉他们，一句也别给我省下。鬼子做得像禽兽，我们没啥丢脸的！"

土村清治低声对姜雪桃说："对不起。"随后便把这几句话翻译了过去。

姜雪桃继续说："鬼子糟蹋我娘时，我娘肚子里怀着我妹。他们糟蹋完我娘，用刺刀把我娘肚子挑开，再捅死我妹……我头一次瞧见我妹时，她就是一团血肉，已经是死的了——"说到这里，她戛然而止，人们都以为她会来一阵悲愤的爆发，她却异乎寻常地镇定地对这些日本人说："这就是我要说给你们的事。我知道，这事跟你们没关系，这不是你们这代人干的，兴许你们一点都不知道呢！但正是为了这个，我才一定要告诉你们过去有过这么一段事！你们不必对这事负责，但你们不能不承认！当时，我一家人的尸首是我用双手挖坑埋的。我的手磨成了这样，你们看吧——"

她突然伸出一双手，用力张开。人们惊呆了，一双从未见过的如此惨烈的手！十个指头全残了。所有的人都强烈地感到，这双手紧紧抓住了他们的心。

六个日本人深深垂下了头，不忍再看，有人落了泪。使老村长惊讶的是，姜雪桃从头到尾居然没掉一滴眼泪。他真佩服这女人了！别看她平时少言寡语，竟然说出如此惊天动地的话来，把四十多年来隐没在大山褶皱里的苦水全倒出来了。她可真是强啊！

最后姜雪桃说："我的话完了，我走了。"就转身走出房门，可是一到院里她的双腿就迈不开了。等在那里的王有福、马养山、霍二虎几人扶她坐在一个石头碾子上，这时，她哭起来，哭得痛心、委屈、解气、放纵，一任泪水横流，却始终强压着哭声，绝不叫屋里的日本人听见。王有福几个站在周围，不劝她，让她哭个够。山里的人就是这样，待这泪水流过，仍是一切照旧，就像山上的石头，永远那样沉默，那样坚强，那样忍受。

在屋里，土村清治把一小包钱恭恭敬敬交给老村长说："这是我个人一点点心意，我虽然不是那些'鬼子'，但我愿意为日本人过去的行为道歉。请您无论如何替我交给那位女士，千万别拒绝！"

不管老村长怎样推辞，土村清治还是执意要这么做。老村长只好把钱交给一位村干部，让他给姜雪桃送去。但是，在这些日本人告辞离去，上了车，却发现座椅上放了一个用树枝编的小篮，放满金黄肥大的柿子，最上边平平整整摆着土村清治那包钱。司机说，这是刚刚一位姓姜的老大妈送来的。

日本人明白了，他们全都感慨不已。土村清治显得特别冲动，当他的目光再一次掠过那一篮美丽的柿子时，竟止不住呜呜出声地哭了。

我这个笨蛋

一、笨蛋的苦恼

"我这个笨蛋！"我时常用拳头凿着自己不开通、不晓事和转动不灵的脑袋，骂自己这么一句。

对我这个缺乏生活应有的精明劲儿和能力的书呆子，我老婆骂得则更简练、更干脆一些；她仅用"笨蛋"两个字奉送给我。开始时，她只是在我没有办成某些生活必需的事而怒气十足的时候，才把这个侮辱性的字眼儿扔在我脸上，惹得我很恼火。可是时间久了，总是这样，我也就渐渐变得能忍受了。有时我老婆对我发火时，我两个小儿子也在一旁这么叫我。"笨蛋"就成了我在家庭中的绰号。甚至在我自感无能而非常恼恨自己时，也这么骂自己。

为此，我一家四口人，只好挤在一间不到十平方米的背阴的小房间里。走廊上的使用面积被几家厉害的邻居瓜分了，仅在我的房门口留给我一块脸盆大的地盘放一个小煤球炉。生活的一切用品都塞在房内，连冬天贮存的大白菜都只好码在床底下。客人来访时，我就得打开房门，因为房里的气味太难闻了，冷不丁儿走进来会觉得气味噎人。我自己下班回家，也先得把房门敞开通通气。如果客人来了，几乎没有插脚之地。每逢此刻，我都要慌慌张张忙乱一阵子，把椅子上的面盆塞到桌子底下，把地上的小木凳、饭锅、水壶等等乱七八糟的东西，快速地挪到床旁边的小旮旯里。再把两个孩子轰上床去……如果来客是我老婆一方面的，我就会显得更加尴尬和忙乱。因为她一边当着客人毫不留情面地对我闹着要我快快给来客腾出个落脚的地方，一边还狠劲地瞪我几眼——那眼神似乎在说：只因为和你这个无能的"笨蛋"结合，才落得这种景况和结果！

我也受不了啦！我是无线电研究所的技术员。白天在所里干不完的工作总要带回家干。每天晚上，我要等孩子们闭上眼睛和嘴巴，不再出声音，老婆也躺下之后，才在小桌上的盆罐碟碗中间像开荒那样，收拾出一块空地方，铺开图纸，干到夜深。我怕影响老婆睡觉，就在灯泡一边挂一张黑纸片；为了避免擦火柴的声音，我不抽烟。但一不留神，有点响动，惊醒了老婆，她就要发出一声粗粗的叹息，暗示再也不能忍耐我打扰她睡眠的可恶的行为。我担心引起冲突，只好收拾起东西来，爬上床。这时，我要在孩子们的脚心上用劲儿抓几下，使睡熟了而肆无忌惮地侵吞我的位置的孩子们，给我挪出一块能够躺下身子的地盘来。我还最怕夜间上厕所：因为上一趟厕所回来后，我的位置又被同床的亲人们不自觉地舒展一下身子而侵占了。

如此生活，使我和老婆常常发生纠纷。当初我们谈恋爱时那些诗情画意的东西，好比一条明亮发光的小溪，早给现实生活的石块填满了。婚前那种浓厚的倾心相与的情感，越来越淡薄了。她不那么可爱了。渐渐地，把我的忠厚老实看作笨拙和无能，把我热衷于工作看作自私，只顾自己，而不管家庭。为了这些分歧，我们吵架。我用发火和摔东西吓唬她，她就拿大哭大闹逼我让步、道歉和讨饶。每一次吵架都是不了了之。起先，我认为这种夫妻争吵是免不了的、无伤大体的。可是有一次她在闲谈时，竟忧虑重重而又郑重其事地提出要和我分开生活，我才感到事态的严重性。于是我尽量容让她，避免接火；对于那种难以忍受的女人们惯常的唠叨，我也极力忍受，不露出任何反感。但我意识到，可怕的裂痕已经出现了。我把形成这种局面的根由再三考虑过后，认定住房问题是存在于我俩之间的不幸的主要的症结，并且是会导致家庭悲剧的一个隐患。我决定，要把我倾注在工作中的精力至少拿出一半来，把住房问题解决。待我把这个决定告诉老婆之后，她干黄的脸上露出少见的笑容，却仍带着点挖苦的口气说："这是你头一次主动要想办一件'人'事，就怕你这个——"

我想她又要提起"笨蛋"这个绰号了。不过她没提——大概为了鼓励我头一遭要去办符合她心愿的事吧！她转口说："就怕你这种人办不成这种事！"

"我成！"我坚决地说。既是给自己鼓劲，又是安慰她。

于是我写了一份理由充足、要求迫切的申请，复写多张，分送到房管部门和所领导那里。由于我是鼓足劲儿去找他们的，说起话来理直气壮，那神气仿佛是向他们讨债来的，不马上得到房子，不会甘休！然而我得到的是不留任何余地的拒绝和客客气气、和颜悦色的推脱。所领导笑眯眯地对我说："老冯，你的困难不用说领导上早也知道。可是现在房屋最紧张，你叫领导怎么办呢？总不能腾出办公室给你住吧！再说，咱所里还有十一个青年等房子结婚。有的青年为了等房子，等了三年结不了婚；有的老同志夫妇两地分居，十年不能相聚。你说，如果所里真有房子该先分给谁？"

我听了，脸颊发烧，羞愧难言，自觉原来那些理由好像都不能成其为理由了；甚至觉得自己有些无理取闹了。但我回家对老婆一说，老婆就火了，把事先保留下来的"笨蛋"两个字重新朝我掷来，怒气冲冲地警告我："再这么下去，三个月，咱们就分开过。我带一个孩子回娘家住去！"

我在焦灼不堪、百无一计之时，经同事们指点，悟到还有一个办法，就是换房：以小换大。世界上千家万户中究竟还有一些人家，由于人丁减少或交不起房租等等原因，而情愿住小房间。这种良机虽然难得碰到，也不妨试着碰碰运气。这样，我就写了二百五十张"换房告示"，用了整整一夜时间，跑遍城市各区，张贴在繁华街口、大饭店门前、汽车站前、影剧院的广告栏下，乃至医院的候诊室里。我万万没想到，三天后就生了效。每天都有人来找我。男女老少，高矮胖瘦，以及各种模样、性情、穿戴、身份和口音的人接连不断地来叩我的门。我每天下班后，都要忙于接待、谈判、迎进送出，有时要忙到十时左右；星期天还要到对方家中看房子。我是一个平时很少出去串门的人。这一下子，才了解世上竟有那么多式样的房屋，竟有比我的居住条件还差的人家。我去过一家，老少三代七八口人挤在一间九平方米的小黑屋里。房屋中间用木板打了一层阁楼，四个孩子都在上边；我一进去，就见从阁楼上探出一排模样差不多的小脑袋，好奇地打量着我，好像房檐下洞眼中的一群雏雀……

我这样折腾了两个多月，一事无成，却从中慢慢得出一个结论：来找我换房的人都和我怀着相同的愿望——都想从对方身上多弄到几平方米的地皮和几立方米的空间。而且我已经感到疲惫不堪。每天给这些换房者扰得吃不好晚饭，胃病犯了，两腮明显地塌下去，像个泄了气的小皮球儿。我由于经常要去看房子，频繁地在单位请事假，心思也不在工作上，弄得单位领导对我的看法有些改变；在领导们瞧我一眼的目光里明显地透露出一种厌烦和不满的神情，使我不安。我老婆呢？她也受不住这种繁重又无成效的接待工作了。她的眼圈黑得像熊猫那样，脸色竟像霜打过的秋叶——憔悴和黯淡下来。奇怪的是，她并没有像往常那样骂我、责怪我、喋喋不休地埋怨我。她很少说话，好似她在忍耐地等待着一个虚幻而渺茫的希望。

有一天晚上，居然来了一个哑巴看房。没等我弄明他的要求和条件，他就指指我的房子，伸出一个打弯儿的小指头，不如意地摇摇头走了。我老婆便对我说："算了！不换了，再这样下去，咱们就活不成了！"

幸好的是，这一次她没有气哼哼地再提到要和我分居的话，我真感到一阵安慰和惶惑。冲动之下，又用了整整一夜时间，把我贴在城市各处的"换房告示"都揭了下来。我单位一位分管后勤工作的老陈得知我的情况后，就对我说："你别乱贴告示换房子了，小心叫坏人假冒换房到你家，探出你的情况，不定哪一天，趁你不在家，拧门撬锁，给你来个'大卷包'！老冯——"他热心地说："我来给你介绍一个人吧！他原先是我的邻居。人家最早只住在一间澡房里，五年之间，换了十四次房。为了换房，屋里的家具都是轻便和折叠的。他新近换一次房，是八家一起大轮换，从中又多得了一间房子。现在住在向阳二楼一个大单元，一套四间，间间都有十五平方米左右……"

"这么大本事？"我说，"他多得了房子，叫别人吃亏，别人肯吗？"

"我不是说了吗？他这是八家一起大轮换。他向来都是用大轮换的方法，最多一次是十一家大轮换。换房的人家多，总有这家图上班单位离家近的，那家贪房租便宜的，或要房子质量好的；这么换来换去，就能从中捞出一间房子。那个人，嘿，别提多精神了！他在橡胶厂夜班看仓库，看仓库还不是睡大觉。白天专门跑房子，咱这座城市的房子，哪座楼什么样，什么格局，什么设备，多少间屋子，多大面积，朝哪个方向，都在他肚子里装着。真比房管站有些白吃饭的干部还'专业'呢！交际广，认识人多，办法又帅，嘴还能说。你想想，十来家一起换房子是件容易事吗？全凭他的嘴说得家家认可才行。我和他是老邻居，有点交情。他打床用的角铁还是我给他办的呢！今晚我就找他去，叫他明天晚上去你家一趟。请他给你帮个忙，管保能成！怎么样，老冯？"

"太好了！太好了！"我高兴地叫着，真恨不得给老陈磕一个头，"明晚八点钟，我在家等他。他叫什么名字？"

老陈告诉我一个非常奇特、令人吃惊又充满魅力的名字，叫作："换房大王"。

二、换房大王

今晚，我和老婆都寄希望于这个将要来临的小"救世主"了。我们事先把房间收拾得整整齐齐，用湿布把小书桌擦得发亮，摆上高级香烟和水果，沏上一壶上好的香茶，并提前把孩子轰上床。八时整，换房大王准时到了。他一进门，就给我一种十分爽利和干练的印象。他个子不高，面皮疙疙瘩瘩，挺粗糙，干瘦瘦的身子。他动作利索地伸出右手，和我、我的老婆快速地握了握手，如同一名能干的外交家；同时，一双精明的大眼睛冲我脸上闪一闪，好像电筒照了我一下。

"我叫刘宝亮。"

他自我介绍一下，坐下来。我老婆忙把预备的香烟抽出一支递给他。他也不客气，很快地接过烟插在唇缝中间，对上火抽了两口，四下打量一下，便问我："你们楼上一共四间房子，两间朝东，两间朝北，一个厕所，对吧？"

我和老婆都吃了一惊。我不禁问："您怎么知道的？"

他笑了笑，没说话，露出一种老于世故和真正行家的神气。我和老婆相互望了望，交换了一下高兴的眼色；心想认识了这个家伙，就该有出头之日了吧！他又抽了一口烟，嘴里冒着烟雾对我说："听说你是研究无线电的。"

"是啊！"

"会修理收音机吗？"他感兴趣地问。

"我主要是搞线路设计的。"我回答。

他脸上感兴趣的光彩马上消失了，把嘴里的烟吐尽，说："你为什么不学学修理呢？那活计多有用！"

这时，我老婆狠狠瞪我一眼，似乎怨我反应迟钝，真不会来事。她插嘴对换房大王说："一般修理修理他也行。您的收音机坏了吗？坏了只管拿来。他们无线电研究所里的人净是内行！"

我一听老婆的话，立刻开了窍，马上搭讪着说："我，对！我行，能修理，有事您只管找我吧！"

"不用，不用。我没事……不过随便问问。"他满意地笑笑，一边摇了摇夹着烟卷的手，随后又问我，"修电视机行吗？"

"行，行，我行！"我迫不及待地回答。其实我根本不会修理电视机。

这时，换房大王就露出对我分外抱有兴趣和好感的神情。然后他又像鸟儿那样快速地转过脑袋，面对我老婆问："您在哪儿工作？"

"第四医院。"

换房大王像发现什么好处那样，紧绷绷的生着零乱的睫毛的上眼皮立即扬了起来，问道："您是医生，还是护士？"

"我在挂号处工作。您以后用得着我，只管来好了。"我老婆说，同时瞅我一眼，表示她在给我做一个处世为人的示范。

换房大王笑了，五官都凑在一起，仿佛卷起一个快活的小浪头，随即这浪头在他干瘦的脸上漾平，他的表情就变得很古怪，说不清是嘲笑，是同情，还是惋惜，叫人琢磨不透。可是他的话却把他的想法表达得很明确："老冯，我姓刘的一眼就看出你是个老实人。为什么呢？你瞧，你会修无线电收音机，会修电视机，你老婆又在医院工作。凭这些，你们早就不该住在这蹩脚的小黑屋里了。我姓刘的心直口快，咱们又是通过老陈认识的，都不是外人，恕我直言——我看你生活上可能没什么办法。"

"就是嘛！我也常这么说他，他还不服气！"我老婆好似终于找到一个强有力的支持者，从旁证实她平时责怪我的那些理由的正确。我担心，她激动起来，会当着外人呼出我那个不光彩的绰号

"笨蛋"。还好,她给我留了面子,只说:"我们老冯太死性。您就多帮忙吧!"

换房大王抽烟抽得真快,已经快烧到手指头上了。他一边不客气地从桌上的香烟包里拿出一支接上烟屁股,一边笑嘻嘻地,用一种规劝加上训导的口气对我说:"老冯,你太死性可不成!你要死性,你周围的一切事情也就死了;你要能活动起来,你周围的事情才都活起来,任你摆布,为你服务。我要是有你这两下子,会修理收音机、电视机什么的——我不是吹牛,我现在连小洋房都住上了。怎么,你认为我这人俗气吗?对,我就是俗气,庸俗,没学问,可是我有生活的能耐。你别看我学问一点也没有,比不上你,可我比你生活得好!你弄不来的东西我能弄来!我这个人最讲实际,吃好的、穿好的,是人本能的要求,你说说,难道你不需要吗?我没有什么资本可以自命清高,可我也不愿委屈自己住在你这样的小黑屋里自命清高。我这么说,你可别不高兴,我全为了你才这么说的!你也许会说,你是为了什么'事业'呀、'工作'呀!可谁为你想一想?我不信有什么好事自个儿找上门来。就拿房子来说,你准写过申请给过领导吧!他们的回答我也猜得到——他们准是告诉你房子少,没办法弄到是吧?!那才胡说呢!那因为你无权无势。如果你是市委书记试试看,甭打电话,一大套房子就给您预备好了!咱们平民百姓要想改善改善生活靠的什么,就靠自己,靠自己的能耐和办法!你信不信服我这个说法?"

我承认,我真被他这套理论说得心悦诚服。我没有事实可以驳倒他。我还感到一下子他使我变得聪明起来,脑袋开了窍,好像跨进了一个新世纪。但当我想到住房——这个具体问题时,我却又感到茫然，"办法？办法……可是……"

他那精明的大眼睛毫不客气地嘲弄地瞥了我一眼。对于他这样本领无边的人，像我这个无能的笨蛋，大概只配接受他如此的眼色。这时，换房大王向我老婆要了一张纸，一支铅笔，用歪歪扭扭、非常难看的字体，还夹杂着一些错别字，写下一连串地址和人名，递给我说："你抽空先把这些地方的房子都看了。看完咱们再谈！"说完他站起身来，又利索地和我握了一下手，就告辞走了。我和老婆把他送出大门外，手里捏着那张写满含着希望的密密麻麻像一群甲虫般的纸条，朝他连连鞠躬，道谢不已。他摇了摇手——手指中间夹着一支临出门时点上火的烟卷，说："别客气！说老实话，我对你们别无所求，只是看你们人太老实，不然也不会帮你们的忙。我过三五天再来。回见！"

我和老婆看着他的身影混进夜色，才转身进屋。我心想，这可是个难得的大好人！

第二天，我请了一天假，把换房大王开列的房子依次看过。处处比我的房子强，宽敞、向阳、舒适。想到我有可能住进这样的房子，心里真像开花一般。于是我天天像站在旱地里的老农盼雨云似的盼望换房大王到来。三天之后，换房大王果真来了。他真带着一种救世主的神气，兴冲冲的。只是由于他抱来一台大电视机，累得满头大汗。我对他说，我对他介绍的房屋都极其满意，只要换进其中任何一处，我都会像升进天堂一般幸福，而对这个世界再没有什么妄求了。他拍拍我的胸脯说，他将尽力而为，不过需要我拿出与他合作的唯一的努力，就是耐性。然后，他请我帮助修修这台电视机。对这个热心帮助我的人，我自然要更热心地报答他。我不会修理电视机,第二天就抱到单位去,请一位精通电视的技师代劳修好。换了两个管子,我也没好意思向换房大王要钱。从此,我就与换房大王这个非凡人物过往愈加密切起来。

他三天两头来找我,和我商议怎样用我的斗室换下那些可爱的殿堂。他给我许多希望、办法和许诺,教给我只有耐心和不断想方设法,才能愈来愈接近成功。他说,他打算指挥一次空前规模的十五家大轮换,而只有这样做,才能像用减法那样在一家家中间给我减出一个宽裕的余数。但这需要十五家的户主全都乐意加入这次大轮换,那就要靠他的能耐、口才、时间和精力,靠他在这些方面的自我牺牲。他以他老于此道的经验和意志鼓足了我的信心。同时,他把各式各样的收音机、电视机、助听器、电熨斗、电风扇、电吹风等等拿来请我帮忙修理。据说这都是他至爱亲朋的。我为了表示自己很懂得社会上所流行的那套互相协作、礼尚往来的人情世故,便毫不推托地把这些东西抱到单位去麻烦我的同事们。换房大王还常常要求我的老婆为他的亲友们请医生、办理住院、买贵重药品和血浆。有一次,他一星期内急急忙忙来了三次,托买急用药品,使我觉得他家里有一个快死的病人。

开始,我们以一种感恩报德的心情不辞劳苦地为他办这些事。后来,在换房大王所给我们的许诺总也不能兑现而渐渐变得对他失去魅力之时,我老婆忽然认为换房大王是以房子为诱饵来利用我们替他做事。我不同意老婆用这样的脏心烂肺去猜度一个热心的好人。为此我俩又吵了一架。但事后,我冷眼一瞧,竟也对换房大王产生这样的看法了。我却没有办法摆脱他。几次我想拒绝他的要求,但总是给他几句话说得最后不得不顺从他。但我已经模模糊糊地感觉到他像一条缠身的蛇了。

一天晚饭后，他又驮来一架二十英寸的大彩色电视机请我修理。我老婆的脸上一点热情和欢迎的意思都没有。她在给孩子打毛衣，头也不抬，半开玩笑半讥讽地说："老刘，您该给我们见点真东西了。不然我家快变成电视机修理部了！"

我当时真怕把换房大王惹恼了。谁想他竟毫不介意，非但没有一点不快活的神气，反而哈哈笑了起来，说："这台电视机还非得老冯帮忙不可。至于房子——你们问的真是时候。有一套新单元，马上就能到手。不过你们得咬咬牙，出点'血'！"

我和老婆听了都怔住了。不知是他又下了什么新钓饵，还是凑巧真有其事。他的话叫人莫名其妙，摸不着头脑。我请他说说究竟，他先嘻嘻哈哈把我和老婆说了一顿——他说我俩不够朋友，他为我们的住房几乎跑断了腿，而我们不但不知情，反出口伤他。他说，之所以这么长时间没换成房子，是因为我这间小房换出去要比跛腿的老姑娘出嫁还难。随后他告诉我，他弄来一套新房子，两间一个单元。但是——他朝桌上的电视机努努嘴说："你们得狠心拿出这么一个玩意儿来！"

"送一架大彩色电视机？"我吓了一跳。

"不，不。"换房大王嘲弄似的笑一笑说，"瞧你们吓的。用不着这么大的，一台十二英寸黑白电视机就行！这个数目——"他把大拇指别在掌心里，朝我们伸出四个短短的指头。

"四百元？"我问，我已经不惊讶了，而想到家中的存折上刚好有这数字。

"四百元嫌多？哈！老冯，如果我在大街上一叫'谁出四百元，我给他一套新单元房子'，我保管人们一拥而上，能把我活吃了。你要花四百元买房，只能买间厕所。你去外边问问行市，有人把儿子的户口从农村办回市里还得花千儿八百的哪！"

其实换房大王错领会了我的意思。我听了这个消息，心里已经激动得了不得。但我老婆比较冷静。她用一个眼色制止我说话。她问："这是哪儿来的房子？"

换房大王稍停顿一下，略带些神秘感，正色对我们说："我拿你们不当外人。事情成不成，你们可不准往外说——这是市里房屋分配部门的房子。不是这部门的人，谁手里有新房？你们花四百元钱也不是给我，而是给人家。我纯粹是给你们跑腿，拉个关系。"

"市里的房子能分给我们吗？"我问。

"唉！老冯，你真死心眼儿，房子在他的手里，还不想给谁就给谁……这里边的戏法儿你不懂。"

"可是我们真给他们一台电视机，他们能收不？如果叫别人知道了，岂不是给他们找麻烦？"我又问，好似一个笨学生向博学的教师发问。

换房大王突然爆发出朗朗的笑声。在这笑声中，我显然是个愚蠢无知的书呆子了。他说："他要是不能收，我对你们说这些干什么。你给他电视机，他给你房子。至于他怎么给你房子，他自有办法。至于你给他电视机，你不说，谁也不会问。万一有人问到你，你就说是借给他看的，谁能怎么样？！明白了吗？嗯，这不是万无一失？！"

我明白了，笑了。心想：他们真有办法！

我老婆在这个时候的沉着和稳重，使我佩服。她追问换房大王说："老刘，你说这件事可靠吗？这个人有这么大的权力？"

换房大王犹豫一下，放低声说："你们得注意保密——我实告诉你们，这个人是房屋调配处处长！怎么样？所有新盖房子的钥匙都在他的口袋里哪！你们只要肯出这点血，保管马上能住进新房子。眼下就有，就是红旗路上新盖起的那片楼，任你们挑。再告诉你们，这台电视机是给他儿子结婚张罗的。他自己什么也不缺，他的电视机是日本二十四英寸彩色的。这是个千载难逢的好机会！你们可别犹犹豫豫，倒叫别人抢了先。再有，电视机得你们买好送给他，他不要钱；办这种事最怕动钱！"

"可是我们到哪儿去买电视机呢？电视机这么紧张。"我又高兴又感到为难。

换房大王用手指了指他刚来时放在桌上的那台大电视机说："你把它修好我就有办法。这台电视机主人的小舅子，在百货公司电器批发站当会计。托他买不成问题！"

我恍然大悟。原来换房大王所办的一切事，对他都是有利的，有关系的，也有牵扯的。于是我和老婆都沉浸在一种快乐的气氛中。我俩一起生活了将近二十年，如今吉祥鸟才飞落到我的肩头，如果真是这样，一切为时不晚。我老婆喜气洋洋，却仍不大放心地说："老刘，这事什么时候开始进行？"

换房大王忽来了一股冲动劲儿。他站起来一拉我的胳膊就说："走，老冯，咱现在就往调配处的李处长家里去一趟好吗？"

"呵？噢！好，好！"我立即站了起来，并说，"明天早上我就把您这台电视机抱到单位里去，三天内准保修好！"

换房大王眼睛一亮，兴奋而惊奇地对我说："老冯，你外场可比先前漂亮得多了！"

　　在受到他称赞之时，我瞥见老婆也朝我投来一个少见的欣赏和满意的目光。我心里美滋滋的，感到自己已经从生活的阶梯登上一层，冥顽的脑袋开始像个球儿转动起来，变得聪明和能耐了。我决心要与这位将要见到的油水肥厚的李处长打一次成功的交道，用刚刚学到手的本领为自己谋求生活幸福，把压在头上多年的那顶不光彩的"笨蛋"的帽子甩掉！

三、李处长

　　李处长的家叫人眼花缭乱。一套四五间宽敞的房间，灯光明亮，墙壁雪白；沙发、地灯、电视机、风扇、录音机等等所有时髦而标志一个家庭富有的物件，这里一概齐全。那些电镀的、玻璃的、塑料的部件闪着刺目的光彩，五颜六色，晶莹闪亮，真如同进了水晶宫一般。细看之下，大部分物品都是最新式的，在市场上还不曾见到过，就好像一个新婚的家庭。其实处长的几个儿子都不小了，穿得漂漂亮亮。他最小的小儿子把一个橘黄色的大皮球从这间房子踢进那间房子，再踢回来。我想到自己的儿子在床上玩乒乓球，掉到地上就找不见了，不知钻进哪堆杂物里。因此，我对他们的生活真是羡慕万分！

　　这位处长和我没见到之前想象的样子完全不同。我原猜想他是一位脑满肠肥、颇有资历的中年以上的人，谁想到他不过四十多岁。一副苍白而带些病容、过分严肃而缺乏表情的面孔，中间分开的头发，乌黑发蓝，像两片乌鸦的翅膀。他毫无风趣，好像对任何事物都没有兴致，斜坐在一个漂亮的大沙发上，也不说话，显得无聊。而且总用食指去搔他右边的鼻翼。那儿微微发红，大概有些发炎。他用这种神气待客就使我们很不自在，有话也不好开口——尤其是他对我看也不看，连我的姓名也不问，好似根本不打算搭理我。多亏换房大王健谈，和他扯了许多人和事情，大多是托什么人、买什么东西、办什么事之类的话。换房大王一边夸口，逞能，自吹自擂；一边用些不知从哪里打听来的可以买到什么廉价货色的消息，想引起这位李处长的兴趣。他的神态中略显出一些殷勤和讨好的意思。可是这位李处长总是斜着眼瞅着一边，爱搭不理，偶尔才反问一半句话："什么皮鞋？哪儿处理的？"

"外贸局，半价处理，质量是一等的。优质牛皮，像缎子那样软。这可是难得的机会，大伙儿都抢着要。不过您愿意要却不难办。我和外贸的许副局长交情很深。上个月，他老婆有病，我一个星期里给他买过三次药，还都是外边根本不能买到的进口特效药！"

我在一旁，想起换房大王曾求我老婆买药的事。原来如此！

"那你先拿一双样子来看看。"李处长对换房大王淡淡地说，如同下命令。

"好！包在我身上。只要您要，来一箱都不成问题。"

这时，我感到三头六臂的换房大王比起这位李处长，却是下人一等了。换房大王好比是李处长一名自愿的业余的办事员和勤杂人员。或者说，他就像一个买空卖空的捐客，靠着勤快的腿儿，替人家东奔西跑，取长补短，满足别人欲望的同时，自己从中捞点好处。而李处长才真是一位资本雄厚、把握实权的大东家。国家给予人们的福利竟要通过这些人的手，他成了恩赐者，施财的富豪；如同一锅油味浓厚的老汤，沾一沾就会得些油腥。来找他的人，大都是有求于他的人。难怪他用这种古怪又冷淡的神气对待别人。权力不是最容易培养出高傲的性格吗？他就是穿着三角裤衩接待我，我也不会或不敢怨怪他。因为他手里有房子——生存的空间掌握在他手里。他是得天独厚的。于是我下决心要和他成交一笔交易了。这时换房大王把话题转到了我的身上："这位是无线电研究所的老冯。他一直想来看您。他对电视机很有研究。您的电视要出了毛病，尽可找他。"

李处长听了，抬起他一直低垂的眼睛漫不经心地看我一眼，什么话也没说。我见是时机，鼓足勇气，硬装出一种老于世故的油滑劲儿，满脸掬着笑说："有什么事，李处长只管招呼。我听说处长缺台小电视机，正巧我刚买了一台，是全新的，放在家里没人看，处长要是肯……"说到这儿，我戛然而止，因为我看见换房大王冲我丢来一个焦急和责怪的眼色，阻止我说。看他的眼神，好像我闯了什么祸似的。

我正感惶惑不解不知该怎么接着说下去时，只见李处长站起身，含着一股愠怒，对我说："我不需要什么电视机。"然后脸色难看地面朝换房大王说："你们回去吧！一会儿我还要去市里开会。"随后他走到另一间房门口，召唤出一个胖胖的、耷拉眼角的男孩子。他叫这个男孩子送我们走出了他的家。这个男孩子大概受了他父亲地位的影响，态度很生硬。等我们刚出门，就啪的一声把门关死。

在门外，换房大王就和我闹起来，责怪我莽撞，胡来，没头脑，不通人情。他朝我叫着："老冯！你怎么能这样说话？这种交换怎么能明说出来？！人家是领导干部，能和你明着谈这种事吗？

你这么一来把我也卖了，叫李处长认为我这个人不牢靠，在外边把他的底牌随便泄露给人家！你让我今后怎么和李处长再来往？你这纯粹是断了我一条路子！"

我再三请求他原谅我无知，不懂得说话里还有这么些轻重、深浅和利害。但换房大王只说："算了，算了！"就一赌气走了。

我没想到，他这么老练的人也会大动肝火。回家后，便没敢把这件事告诉老婆。第二天上班时，却接到换房大王的电话。他告诉我，昨晚他又返回李处长家去，向李处长解释说我是他的表弟，并非外人，担保不会给处长惹事。他说了不少好话，才把我闯下的祸事挽回来。经李处长再三考虑过后，答应由我用电视机换取房子，要我三天内把电视机交给换房大王送去。他不再见我面了，一切事由换房大王在中间办。房子得等到下个月才能办妥。李处长保证了他的对换条件不会落空。

我在电话里向换房大王又道歉，又致谢，声音禁不住快乐得发抖。下班回家后，便把今天电话中的内容——包括昨天所隐瞒的那个过失——都如实地告诉老婆。老婆骂过我一顿之后，就叫我赶紧去银行取款。我刚要走出家门，老婆又把我叫住，不准我去了。她顾虑重重地对我说："换房大王是新交的朋友，不知根底。几个月来与他的交往中，除去受利用外，从未得到过他的帮助。他的话可靠吗？再说，昨天李处长否定了他需要电视机，怎么李处长又说要了呢！"她沉了一会儿，接着说："他又说，李处长不再与你见面了，事情都交给他去办理。我想，这里边别是他耍什么花招吧！咱家多年就这么点积蓄，万一受骗，没招没对，哑巴吃黄连，可就遭殃了。钱先不取了！除非你和李处长见一次面说清楚了再去取！"

我老婆说着，从我手里拿回了存折。

此后，换房大王一天一个电话催我赶紧取钱，他说他已经为我联系好一台电视机，交了款就可以取货。他催促得愈紧，我们反以为他图谋不轨，贪财心切，就是不给他送钱去。换房大王紧着催我，我就告诉他，除非我再见一面李处长才能付钱买电视机。这下子可把换房大王惹恼了。他在电话里气咻咻地骂起我来："好呵！你不信我！我一片热心，你却当作驴肝肺。你认为我想骗钱花吗？我不管了！"从此，换房大王像飞走的一只苍蝇，再也不露面了。

我们失去换房大王，连那点靠不住的渺茫的希望也失去了。我担心老婆又要开始与我闹纠纷。奇怪的是，她没有闹。在一段时间里，她显得十分沉闷。

四、想不到是这样……

事过两个多月的一天晚饭后，有人来敲门。我出门一看，从没有点灯的走廊的晦暗中，透出一张苍白、无表情的脸。这脸上闪出的一种特别的冷淡漠然的目光，使我认出了来客——

"呀，李处长呀！您怎么来了？快请进屋！"

我完全想不到，也弄不明白，这个把握着能给予成千上万个家庭幸福的人，怎么会找到我的门上？我再三请他进屋，他不肯，只淡淡说一句："你要没事就跟我出去一趟。"

"好！好！"我巴不得和他拉拉近乎，来不及进屋跟我老婆说什么，就带上门随他走。

这个人可真古怪，也不说是什么事，又不告诉我到哪里去，甚至一路上什么话也不说。我呢，鉴于上次唐突地提起电视机而惹恼他的教训，再不敢多嘴。心里边满是大大小小的问号，中间裹着一点点朦胧的幸福的预感。同时我也猜测他是不是叫我去修理电视机？如果我真的能为他所用，倒也不是坏事。

我们走了很长的路。前面的夜色里渐渐现出一大片黑乎乎大楼的影子，中间亮着几扇窗户。我忽然意识到，这就是红旗路上新盖起的那片大楼呀！

他领我走到第二排楼中间的一幢前，便进了大门。在黑暗里摸摸索索上了二楼。这时他从衣袋里掏出一把钥匙插进锁孔，"咔嚓，咔嚓"转动几下，打开门又拉开灯，照见一套两间崭新的房间。墙壁白得耀眼。空气里充溢着一股令人喜悦的刚刚粉刷和油漆过的新房子的气味。他不等我明白过来是怎么回事，就平淡地说："你看这房子，满意吗？"

我一听，心顿时都发慌了。这套房间给我了？我简直不敢相信。我给这意外的突如其来的幸福弄得发呆了，差一点儿把这位古怪而不可理解的处长抱个满怀。我竟然叫了起来："给我？这套房子？为什么？这怎么可能？"

李处长没回答，他把我留在屋子中间傻站着，自己到另一间空屋里转了两转，然后走回到我面前，说："我是给你单位打电话，才打听到你的地址。我有件事，请你帮忙。"

"什么事？"我急渴渴地问。那口气仿佛说，你要天上的星星，我也给你去摘。

"我急等用四百元钱。你能不能明天一早给我。至于这房子……没多大问题，我尽力替你办。不过，得等统一分配时才能办下来。最多一个半月，我就能给你办下住房分配通知单！"

"太好了！钱没问题，明天一早我取了钱，就给您送到家里去。"

"不用送。明早十时，我在你家门口等你。咱还有话需要说在明处——我可不给你开借条，三个月内准把钱还你。你信得过我吧！"

"那还用说！干什么提'借'呢，您就用吧！"我看着这漂亮的房子，心里涌满欢喜和对他感恩不尽的激情，但我嘴笨，说不出一句使他高兴的好听的话来。

他只嘱咐我这件事绝对不能叫换房大王知道，然后我俩走出大楼，分了手。

我急着跑回去，把这件喜事告诉我的老婆。不想在路上被地面凸起的一块石头绊了一跤。但我从来没有这样机敏过，像一个摔倒的运动员那样一翻身就蹿起来。待我到家，把这番神奇的经历一五一十告诉给我老婆之后，我老婆竟要我带着她到那片黑洞洞的楼里，认一认将属于我们的那套房间的门儿；我们又在这片大楼前张望一阵子，十一点钟才回到家。当晚我俩谁也没睡着觉。

转天我去取钱。十点钟准时在家门口把钱交给了李处长。他接过钱，一句感谢的话没说就走了。这反而使我更为心安。因为只有他确实想帮助我弄到房子，他才会如此不客气地理所当然地把钱取去。

此后一个阶段，我的家庭进入了一个充满欢乐、希望与和谐的时期。我老婆脸上也现出多年来未曾见过的松心的笑颜。那些怪心烦的唠叨从她嘴上绝灭了。她对孩子也有了耐心。尤其令我高兴的是，她对我晚间忙些工作上的事也不再加以干涉和责难，甚至表示体谅。我的家庭要总是这样那会有多好呀！心中快活，我在单位工作起来也分外带劲，并使我的领导们大为惊奇。他们绝不会知道，生活的希望会给人鼓起多么大的力量！

一两个月过去了。李处长还没把新房子的钥匙和住房分配通知单给我。我有种因怕麻烦他而弄坏这件大好事的胆怯心理，一直没去找他。实在按捺不住时，我就去红旗路那幢房子前看看，那套单元有没有人住？那里一直黑着窗户。这等于告诉我——希望还在，耐心等待。

又过了两个月，冬天了。晚饭后有人叩门。我开开门，进来的是一个胖胖的陌生的男孩子，奋拉着眼角。我觉得好像在哪儿见过他，但一时想不起来。这男孩儿从怀里掏出一个厚厚的纸包递给我。他口气生硬地说："我爸爸叫你收下后，签个收条。"

哟！我认出来了，是李处长的儿子。我忙接过那厚纸包打开。原来是一沓一元钱一张的人民币。怎么？还我钱？我翻了翻这沓钱，里边没有夹着任何纸条和短信，以及我追切期待的"住房分配通知单"。于是我有种不祥的感觉袭上心头。我扭头见我老婆的眼里也有这种神情，并因惊疑不定而眼瞪得圆圆的。我急切地问这男孩子："你，你爸爸没对你说别的吗？"

这胖男孩子的表情像他爸爸一样冷淡。他说："我爸爸说，你托他的事，他正在给你办。他说这种事现在很不好办，叫你耐心等着。我爸爸还叫你把钱当面点清。"

一听这话，我就感到事情不妙。这沓钱对于那套房子，好比拴着一只鸟儿的绳子。现在绳子送回来了，鸟儿就抓不住了。我心里急糟糟，没有办法，真恨不得把这辛辛苦苦积蓄起来的钱，白白地塞在眼前这男孩子的怀里。这时，胖男孩子有些不耐烦了。他说："你快点清了钱，签个收条。晚上我妈还带我们去看电影呢！"

我没心思点钱，草草签个收条给他，并禁不住用一种可怜的哀求的口吻对他说："你回去问问你爸爸，我那房子……"

"我不管，你有事找他好了。"胖男孩子生硬地打断了我的话，拿了收条就走了。

于是，我和老婆又好像当头挨了一个闷棍，半天说不出话来。心里都有种可怕的落空之感，却谁也不肯先说出来，好像一说出口，就要把几个月来的全部希望毁掉。那非要大哭一场不可了！正在这当儿，"当啷"门一响，一个人带着外边的凉气闯进来。我抬头一看，来人棉帽檐下的一张瘦瘦而精明外露的脸，便叫出声来："呀，是老刘！"

换房大王来了！我忙张罗他坐下。我老婆乘机把桌上的钱收起来，好像这钱要泄露出那件不该叫他知道的事情似的。换房大王半年没来，却还是老样子。厚厚的棉衣穿在身上显得臃肿，但他的眼神、口气、动作，依然带着一股爽利劲儿，还是满口滔滔不绝地自夸他如何神通广大，但又并非全是不着边际的吹牛。据他说，他新近又换了房子，住房条件已经能与地位显赫的李处长相比美了，并且还添了一架杂牌的大电视机。

"是李处长给你调配的房子吗？"我问。

"不，不是！他现在办事胆子小了。前不久，他上了一次当，要不是我帮他了事，他的乌纱帽都险些丢了。"

"什么？怎么回事？"我听得莫名其妙。

"你还记得吗？前半年，我叫你拿电视机和他换房子。你当时不肯。如果你肯了，你新房子住上了，他电视机也落到手了。可是你信不过我，不照我的话办——过去的事先甭提了。李处长呢，他急于搞到一台电视机，不知打哪儿认识了一个市公安局的小干部。两方面谈妥了。那个小干部抱一台电视机给了他，他也设法弄一套房子给了人家。可那小子住进新房之后，不到三个月，突然找他要回那台电视机。并且说，如果李处长不还电视机，他就去告李处长。你说这小子厉害不？"

"哟！有这种事？"我大为惊异地说，"他要是告了李处长，电视机弄回来，房子不也得退回去了吗？"

换房大王接过我让给他的烟卷，一边点火，一边撇撇嘴角，似乎讥笑我全然分不出其中的利害。他使劲吸了两口烟，说："你连这个也不懂！那小子根本不会去告李处长。只不过拿这话吓唬李处长罢了。李处长也明知那小子不会去告他，可是他害怕，那小子嚷嚷出去，闹得身败名裂。他只有认头吃亏，设法把电视机还给那小子。"

"这个人可真厉害呀！"我听了毛骨悚然。我老婆在一旁也惊骇不已，瞪圆眼睛瞅着换房大王。

"厉害？不厉害行吗？我倒挺佩服那小子。一分钱没花，把房子弄到手了！真有办法！治治李处长那种人倒挺不错。要不，那些人太神气了！社会上有些事就是这样：谁厉害，谁有能耐，谁吃香；谁软谁受欺侮。否则就心甘情愿喝自己锅里的白菜汤！"

"李处长真的把电视机还给人家了？"

"没有。李处长已经把电视机给儿子结婚用了，怎好抱回来？他要是抱回来儿媳妇还不和他闹翻天？他还那小子钱了！"

"还钱？"我老婆一听，大叫一声，仿佛发觉自己上当而发出了惊叫声。我从这声音中猛醒过来，感到事情不好。我老婆说话时舌头都打战了："他拿自己的钱？"

"谁知道！他当时拿不出四百块钱来，找我借，我也没有这么多钱，谁知他打哪儿弄来的！"

我和老婆听了这几句话，顿时变成两个木头人。换房大王探索似的目光在我和老婆两张痴呆呆的脸上移来移去，不解地问："怎么了，老冯？"

我觉得事情再没有瞒着他的必要，就如实地把李处长找我去看房子，借钱，取钱，以及刚刚李处长的儿子来还钱的全部经过都告诉了他。说话之间，我不时有种因曾经瞒过他而发窘和不自在的感觉。但我更想从这个在社会上阅历很深的人的口中证实一下我们是否被李处长欺骗和利用了。换房大王听着，他丝毫没有因为我瞒过他而责怪我，也没有为此感到吃惊，好像人之间这些欺瞒诳骗都是习以为常的。他听完我的叙述，便把手里的烟头贪婪地吸几口，直抽到根儿，几乎烧到手指尖才按死在烟缸里。这一次，他没有对我表示出任何嘲弄的笑意，反而以一种替我着急的口气，断然说："老冯！你上当了！你等于白给李处长帮一个忙。他拿你的钱先还了账，事后再凑齐了钱还给你。你什么也没落着。"

我急得叫起来："我找他去。他答应过我！"

"他答应过你又该如何。谁叫你当初不趁机搬进那套房子里去。你应该拿住他——他不给房子，你不借给他钱。现在……嘿！你再找他也白搭，你们已经没有任何关系了嘛。"

"我去告他去！"我吼着。

"你告他？他借你钱又没有借条，他还你钱却有收条。再说人家已把钱如数还给你了，在你手里没有短处，你还能把人家怎么样？认头吧！老兄！你不是没有过好机会，只不过没有抓住就是了！"

我恼火、后悔，还有种受骗后愤怒的感情，搅拌在心里，火辣辣的；同时又束手无策。我不敢扭头看我老婆，怕看见她狠狠地怨怪我的目光，也怕看见她因希望落空而懊丧无望的表情。这时，换房大王说了许多安慰我的话，重新给了我一些希望和许诺，并借机向我表示，只有他才是应予信赖、依靠、有办法和肯帮助我的人。然后他又托我老婆帮助他买五个安宫牛黄丸，便抬起屁股走了。

我和老婆送走他后，面对面坐在房里，半天谁也说不出话来。我把这件事反复想过两遍之后，弄明究竟，更加深深痛恨自己坐失良机，忽伸出拳头凿了自己脑袋一下，从肺腑里发出对自己的骂声："我这个笨蛋！"

同时，我感到，我的家庭从虚幻的希望里又要重新返回到麻烦、困难和纠纷中；事实验证了我的蠢笨无能，将会增强老婆要与我分开生活的决心，日子会比以前更难过。可是这时，我发现老婆站在了我的身旁。我抬头一瞧，不禁感到吃惊。我从来没见过她用这样的眼睛看着我——她圈在发黑的眼眶中间的一双眼睛，竟晶晶莹莹含着泪水，闪动着一种女性温柔怜爱和同情的目光。好像她发现了我这个"笨蛋"也有什么值得疼爱之处似的。

啊！我多么幸福！

1979 年 12 月 12 日

早起跑步

一

当今的世界，戒烟、清除污染和早起跑步三件事，已渐渐列入人类生活最关心的项目中。犹如有了燧人氏，人类便不再生吞活剥腥臊带血的动物，但愿烟卷在下世纪到来之前禁绝；世间的空气也回复到中世纪田园时代那样清洁纯净，氧气过剩，供人舒畅而放心地大口呼吸。而早起跑步——这种可以延年益寿的好习惯，成为人们的共同爱好，却是在本世纪内衍习成风的……于是现在愈来愈多的人起早、使用闹钟、买下球鞋，高高矮矮、胖胖瘦瘦地出现在晨雾弥留着的大街小巷、郊区笔直的公路上，或是公园的四周。人们怀着长命、强身、消瘦等等各不相同的愿望，跑起步来千姿百态，谁也不管谁。那一片划破晨寂的脚步声，把城市的喧闹都提前了。

某一天，胜利公园外那条被此地诗人们称作"大自然的画廊"的绿色林荫道上，出现两个颇引人注目的跑步人：一个戴眼镜、细长干瘦的男人，穿一件浆了硬领的雪白的衬衫；另一个绯红滚壮的女人，一对膨胀饱满的乳房，像两只活鸽子在胸前跳动。他俩年纪都在中年以上。好像童话剧里的竹竿大叔和番茄大妈。两人并排跑，速度极慢，看上去有如电影上的慢镜头。他俩没跑多远，就大汗淋漓，气喘如牛，显然这两位都是初试腿脚的新手。在旁人眼里，还像是一对下决心同来锻炼的夫妇。

其实则不然。他俩偶然并肩跑了还不到三分钟。那瘦男人是化工研究所的工程师，姓陶，曾在一座制碱厂担任过总工程师，人们习惯称他作"陶总"。他在"十年灾难"中，"被革命"的处境里搞坏了身体，虽然将将六十岁，脸皮满是深深的皱纹，浑身上下都可以看见骨骼的形状，秃了一半的脑壳上更显出早衰的迹象。他多年不敢在人前露面，很少上街，去年被"解放"了，恢复了工作，从家里走出来，步履蹒跚竟好似娃儿学步一般；眼睛盯在图纸上，只消十分钟就混沌一片，什么也瞧不清。但他却有个雄心勃勃的大计划，想搞个难度很高的研究项目。时间大约需要七年，而且是精力充沛的七年。原先那些精力都给应付各种威胁和惊吓用尽了，哪里去找？

他有个好友，姓李，是位医生，眉毛又粗又黑；你在远处看不见他的五官，却能看见他脸上这两条黑色的短线，就像熊猫眼窝处那两个黑点儿。他爱开玩笑，嘴头尖刻，但心地十分善良。多年来，陶总有什么肉体，乃至精神上的痛苦，都要告诉他，请求良方。眼下，陶总把自己的新苦恼告诉给李医生。李医生听了，先吓唬他："你这样下去，就是什么不干，最多也就再活五年。"

"那我怎么办？"他说，眉心好似上了一把锁。

"你先把烟戒掉！"

"这没问题。你能保证我再活七年吗？我有七年就足够了。"

李医生浓重的眉毛向上调皮地一挑，嘴角上旋着一个逗趣的笑窝，两眼转来转去，心里在盘算什么，好似他这里控制着陶总生命的总开关。他说："你早起跑跑步吧！"

"跑步？每天跑多长时间？"

"一个半小时左右。但必须天天跑。"

"能多活几年？"他像是在同李医生商量什么价钱。

"十年吧！"李医生认真地开着玩笑。

"十年？"陶总惊喜地一叫，跟着用他足以同电子计算器媲美的脑袋算了算，嘴里念出声来，"每天用一个半小时跑步，占一天能用来工作的时间约十分之二。医生说，这样可以再活十年。十年中跑步占去两年，还剩八年。哈哈，富富有余呢！"然后，他也用李医生那种含着玩笑却十分认真的态度说："好，我早起跑步！"

于是他起了早，蹬上儿子的旧球鞋，到这儿来跑步。今儿是开头的第一天。刚刚跑了几十步，就不知不觉与这个又红又胖的女人并排跑在一起。

人生获得任何东西，没有不需付出代价的。想多活几年更何其艰难。陶总一共跑出二百步，就觉得身上有限的一点力量全部消失了，脚脖子上像挂了一对大铁球，拖也拖不动。气管也变得铁丝一般细，吸进来的每一口气，才到喉咙又折过头跑出来，肺里仿佛没了空气，难受得要死。他站在那里，像一条出水的鱼，瞪大眼，张大嘴，费劲地干喘着。

那胖女人停在他身边，脸儿像熟透的吊瓜那样红。她手叉在啤酒桶似的又圆又粗的腰两边，使劲而出声地大口吐气；如果她口对一个汽车轮胎的气嘴，保准能吹起来。但她笑着，好像得到什么似的，得意地笑着。不像陶总表现的那样痛苦。

他俩相对喘息良久，谁也说不出话来。

"头次跑吗？"胖女人挺挺胸，较先地恢复了常态。

"嗯，是，是的。"陶总还没有完全从难受中间挣扎出来，话声中伴随着从支气管钻出来的尖音。

"我也是头一次。"胖女人又问，"累吗？"

"累倒是累。不过……据说可以延年益寿。"陶总喘吁吁地搭讪着。

"我倒并不图长命百岁。只要能再痛痛快快活上七年就心满意足了！"胖女人抹一下汗说。

陶总刚应酬地点了一下头就怔住了。怎么，她也想把生命延长七年？这位仅仅同他跑了不到一百米的伙伴，竟然连所期望的生命的前程都和他一般短长？

二

从此他俩搭上伴，大概由于都是新手。胖女人一身多余的脂肪，松松软软的肉，身子一动，便到处抖动摇颤，好像一个装满了油的大塑料袋；停下来，一时还颤动不止。这成了她跑步的重赘，却正好与体弱力衰的陶总所能达到的速度相协调。

搭伴有个好处，可以互相带动、牵制和督促。他俩约定每天凌晨五点钟在道口上见面。见了面，相互笑一笑致意，溜达十来步，再相互点一下头，就如同两个上了发条的玩具人晃晃悠悠地跑起来。然而每次先到道口等候对方的总是胖女人。胖女人爱穿一件墨绿色的运动衫，立在那里很像一个邮筒。陶总呢，常常迟到。往后竟然三天打鱼、两天晒网，断断续续。他俩熟了，胖女人便客气地批评他一句："您缺乏恒心。"

陶总干巴巴、缺少油水的脸上抱愧地一笑。其实，他迟到并非由于懒惰，而正是因为跑步激发起的兴奋和工作欲，使他开起夜车来，以致常常早晨爬不起来。对于他，所要的是那项计划所必需的精力和时间。一旦有了精力，哪肯不用？往往待精力用尽，疲惫难支，才想起那位李医生的话，想起了跑步。这时，他才重新回到林荫道口，对那像日头一样天天准露面的胖女人，带着歉意和一点点尴尬说："从今天起，说什么也要坚持下去了！"

他没能兑现自己的誓言。而那胖女人却如同优质的时钟一般准时，像机器人一般按照规定的程序一丝不苟地操作，严格听从自己的意志。除去瓢泼大雨或六级以上的西北风，她一日也不曾放松过。陶总羡慕她的毅力，同时又对她毅力的来源百思莫解，揣测种种。尤其那胖女人对他说，也要再延长七年的寿命，奇怪！这七年对于她也有一种特殊意义吗？

一天，陶总在家，手夹一支烟卷坐在一张带扶手的大藤椅子上，思考着他未完成的研究项目中的难题。忽然有人叫门，老伴去开门。他从老伴和来客在门外的说话声听出是李医生来了，便赶忙把手中的大半截烟卷掐灭，扔在痰盂里，走出屋门把李医生迎进来。

"怎么样，陶总？跑步的效果如何？"李医生边走进来边说。

"很好，很好，确实收效显著，精力充沛，连午觉都不想睡。"陶总笑眯眯地说。

李医生瞥了一眼身旁大书桌上堆积如山的书籍、图纸、资料和陶总由于缺觉而熬得通红的眼睛，他那浓眉又是调皮地往上一挑，逗弄着说："不睡午觉，我信。恐怕有点精力，连晚上的觉也不肯睡吧！我还料定你跑步纯属即兴式的。烟也没戒掉！"李医生故意用鼻子吸了两下，表示他从屋里的烟味中得到了确凿的证据。

"不，不！"陶总发窘地摇着瘦长的手说，"我承认，偶尔还抽几口烟，但跑步我坚持下来了！"

陶总的老伴在一旁说："听他的呢！一个星期跑上三天就算不错。"

李医生笑起来。陶总的脸红了，赶忙遮丑似的说："老李，你别听她的。我有个伙伴，和我约好天天在胜利公园外的林荫道上见，一起跑。不信，你可以去看。"

"是吗？那是谁？"

"在那儿碰上的。一个很胖的女人。"

"噢？"李医生似有所悟地，"是不是姓杨？"

"是啊！您认得她？"

"自然认得。"李医生的口气变得刻薄起来，"外形像一口大水缸是不是？不过说水缸，不如说油桶，因为她浑身上下都是脂肪。还是我建议她跑步的呢！否则她迟早会给脂肪淹死！"

李医生的话引起了陶总的兴趣。他禁不住问："您既然认得她，有件有意思的事不知您是否知道。她对我说，她跑步并不为了长命百岁，再活七八年就够了。而我也恰恰正为了这七八年，您说有多巧，多有趣！我只是不知道她究竟为了什么。"

李医生突然爆发一阵开心的朗朗笑声，笑得他两颊和下巴剧烈地抖颤，那浓眉就像一对跳动的黑毛毛虫。随即这笑颜就都收缩到他含着刻薄意味的嘴角上去。他给陶总揭开这有趣的谜底："她说她跑步能'再活上七八年'也是我告诉她的。凑巧的是，我对你也是这么说的。谁又料到你俩会碰到一起呢！这胖女人的老伴在解放前开油漆厂，很有钱。胖女人一直没工作，坐着吃。'文化大革命'初期，存款被银行冻结，去年落实政策又都发还给她了，大约有七八千元。她老伴没了，又无子女，有几家亲戚，关系也不好。她想自己把这笔钱消耗掉。她本来就不瘦，有了钱，愈发膨胀起来，胖得连系鞋带都困难。这可能就是列宁说的'胖得发愁'的那种人。她来找我，问我怎么办。我说：'你忌忌口，少吃油腻。'她不干。她说：'宁肯少活两年，也得吃点好的。连好吃的都不能吃，活着还有什么意思？'我说：'你这样下去，必然引起心脏负荷太大，活不过四五年。'她急了，说自己必须活七年以上，否则就得把钱剩给别人，但她谁也不想给。我便一本正经地对她说：'那你就早起跑步吧！跑跑步可以帮助你消耗身上的脂肪，还能开胃口。如果能坚持天天跑，再活七八年不成问题。你就不必再担心那笔钱，准能用净！'其实我这些都是玩笑话，谁想到她真去跑了呢！哈哈……"

陶总夫妇听着，笑得喘不过气来。陶总的老伴对李医生说："您太坏了，叫这么个胖女人天天起五更。"

"不，不，她跑跑，确实于身体有益。"李医生说。

陶总摘下眼镜，用一条细白纱的软手绢去擦挂在笑眼四边的泪花，说："不过她比我有毅力。天天准到，我真佩服她。"

"那当然！"李医生的表情忽然变得严肃起来，他似乎要说几句郑重其事的话，语调也庄重起来。他面向陶总说："一个为别人活着的人，常常会忘掉自己；一个为自己活着的人，时时都要把自己摆在生活的首位。在对待自己方面，你自然比不了她。”

素来爱说笑话的李医生口中，忽然蹦出这句颇含哲理意味的话，使陶总听得非常入耳，频频点头表示赞同。陶总的老伴在一旁说："李医生，您的话很有理。可是我们老陶借着您这几句话，就更不去锻炼了。"

李医生听了，把脸扭向这位经历了多年厄运摧残而依旧满腹壮志、引人起敬的老工程师，带着一股温情，深沉地说："陶总，我们也应爱惜自己，但不是为了自己，对吗？"

三

一年后，春天里的一个星期天，李医生在家吃早饭。从敞开的窗子吹进来的春风，夹着一股新叶的气息，撩动着他工作的兴致。他打算吃过早饭，利用难得的一整天时间，把外文医书中较长的一章翻译过来。这时有人来访，他开开门，堵着门站着一个满面红光、粗壮结实的女人，他还没来得及认出是谁，这女人就叫出声来："我姓杨呀！您不认得我啦？"

噢，原来是那早起跑步的胖女人。他把她让进房里，面对面坐下。上上下下一打量，这胖女人较以前竟有令人惊异的变化。好像一只在滚沸的开水里烫过的肥母鸡，浑身的肉收紧了，那鼓胀出来的肚子也缩了回去，再没有颤颤巍巍的感觉；原先那叠成两层的肥圆的下巴，也减去一层，显出形来了。两眼炯炯有神，有如宋人画鸟眼，用生漆点，乌黑闪亮。她脚上穿一双蓝色网球鞋，胳膊上搭一件外衣，一手提着的网兜里装着挺大的一块鲜牛肉。看样子，她刚刚跑步回来，散发着一股老树返青的生气和劲头，兴致勃勃地对李医生说："我听了您的话，早起跑步，真是太好了！浑身满是劲儿，坐不住，总去逛市场，一逛就是半天，并不觉累。胃口也很好，您瞧网兜里这块牛肉，我一顿就能吃下去。哎，您瞧，瞧我的小腿肚子——"她说着，挽起裤腿，露出粗粗的小腿，脚腕上一用力，居然在小腿中间鼓起一块橄榄球形的硬邦邦的肉疙瘩。她从李医生眼睛里看到一种吃惊的目光，很得意，自豪又自夸地说："我一直坚持天天跑。您知道，许多人没有恒心，跑了一段时间就不跑了；我不，我跑！"

"我知道。有个人和您一起跑了几个月就不跑了！"

"谁？"

"陶总工程师。一个瘦高的男人，戴眼镜。不知道您还记得不？"

"记得，太记得啦！您也认得他？这个人糟得很。从来没连续跑三天以上，一直断断续续。近一年来，连他的影子都不见了。这种人意志薄弱，没恒心，什么大事也做不成！"她轻蔑地撇了撇嘴角说，"我就瞧不起这种人！"

李医生瞅着她由于营养和保养得很好而容光焕发的胖脸，露出尖刻的微笑，"可是据我所知，他成了一件大事。"

"什么事？"

"他研究出一种制碱的新方法，而且全部采用自动化，产量提高的倍数十分惊人。"

"是啊。"胖女人毫不为其所动，随口问，"他还好吗？"

"不！他白天黑夜地干，累垮了。刚研究成功就得了脑栓塞，住进医院，恐怕连恢复健康都不大容易了！"

"那研究出来又该如何，人完了！我反正不糟蹋自己的身体。身体好也是一种享受。他要是和我一起跑，不至于垮，他应当跑！"胖女人说。她气力很足，说话和嚷一样。

"那倒是。前年他开始研究这个项目时，身体很糟。可研究这个项目，需要七年时间——"

"什么？也是七年？"胖女人一怔。联想到自己，感到事情巧得很。

"对！七年，和你一样，也需要七年——当然，用处却不一样。我劝他跑步，也对他说'坚持天天跑，可以再活七八年以上'，他就跑去了。可是后来他在研究中有了突破，用不着七年，大约用一年就足够了。他便舍不得每天拿出一个多小时的时间去跑步，恨不得尽快把研究成果搞出来。他不跑了。趴在桌上，一口气干了四百天，把身体干垮了！"

"这种人真是不可理解……"胖女人否定地摇着脑袋。

李医生却觉得这个把消化食物作为生活目的的胖女人的话，不单对陶总，即便对自己也是一种侮辱似的。他禁不住说："是啊！许多人对待生命的态度，在旁人眼里都是不可理解的。这由于人们对生命的价值认识不同。对吗？"

胖女人听了，在困惑中感到对方的话里和眼神里，对自己都有种明显的嘲弄意味。她在不快中告辞而去。

直到现在，每日凌晨，在胜利公园外那条给晨露沾湿的林荫道上，依旧可见胖女人在跑步。她已然是跑步的老手了。两条久经锻炼的公牛一般肥壮的小腿，迈起步子来，轻松、有弹性，又有节

奏；衣衫背后带着一块饼大的汗湿。而且仍是一天也不肯间断。在
蒙蒙的毛毛细雨里，还打着一张挂胶的黑绸伞跑，尽管这形象在路
人的眼里有些可笑。

1980 年 1 月

看一眼

一

　　她照例每月一次，来看一眼——

　　她手一甩，"啪"一声，熟练地关上车门，径直穿过一条打扫得十分洁净的林荫道。道路尽头是一座白色、雅致、两层楼的病房，这当然不是普通人的住院部。四周高高的杨槐上群蝉大噪，却显得环境更加清幽。楼门口通风的地方，放一把椅子，坐着一个看门老头儿，头靠门框，似睡未睡。她走过时，老头儿刚刚张开的眼缝又闭上了，显然，她是不需要阻拦和讯问的人。

　　她干巴巴的黄脸像纸板一样，毫无表情，微微抬着；发黑的眼圈中间，目光凝滞而淡漠，直视向前。她的步子追随自己的目光，仿佛这里除去她的目的，没有什么再值得看一看的。

　　走廊真静，水磨石的地面像结冰的小河那样光洁。一排病房的门儿都垂挂着白布帘儿，唯独走廊顶头一间病房的门紧闭着，门上有个镶玻璃的观察孔，玻璃外用一块白纱布遮挡。她在这门前停住，撩开纱布往里瞧，里面病床上躺着一个病人，容貌枯槁，面色死灰，闭合着眼，形同死人，身上插着许多管子。

　　她隔着玻璃，朝这病人看一眼。这一眼瞧向病人的胸口部位——那里正一上一下起伏着。病人在喘气。这就够了！她撂下布帘，走到病房医务人员值班室，问护士长："没问题吧？"她每月这样问一次。

护士长照旧这么简单地回答两个字："没有。"

"还能维持多久？"

"只要喘气，就是活着。"护士长完全懂得对方心理要求，答话直截了当。

她想了想，再没什么话可说。还是多年来每次来看一眼之后，临走时例行公事似的交代两句："要想尽办法维持。有什么困难，打电话给我！"

"嗯。"护士长低头整理床单，只出一声，头也没抬，显得有点冷淡。

她并不以为意，仿佛早就习惯了。转身走出来，在当院钻进等候她的汽车，对司机说一句："去市委！"随后头靠软软的椅背，脑子却像真空一样，什么也没想，因此也没有任何表情。

到市委。她直奔财务室。一个老会计正在噼噼啪啪打算盘。她从手提包掏出一块骨料的图章，放在老会计的桌上。老会计一见这图章，好似立即明白自己应该做什么。他拿起图章蘸蘸红印泥，盖在一张表格的空处，然后打开身边一个破旧而结实的保险柜，拿出厚厚一沓钱，连同图章一起递在她手里。她把钱放在手提包里转身就走，老会计也没说话，继续噼噼啪啪地打算盘；打算盘的声音单调、清醒、没节奏，也没感情，只计算金钱的数额。

二

今月今天，她手头宽绰。

富裕的日子就是快活的日子？反正今天孩子们对她会亲热一些。因为在这之前，她答应孩子们添置什么新东西的要求，今天要兑现。

这天，孩子们还打电话，约请几位要好的同学和朋友来玩。买罐头、啤酒、崂山可乐、小香槟、生肉蔬果，大家说说笑笑忙一阵子，就花花绿绿、香喷喷地摆满桌，然后是交谈、碰杯、逗笑、听音乐，像过节一样。

她呢，夹在这些年轻人中间也说也笑，心里并不轻松。孩子们正泡在蜜汁里，就很难把将来可能出现的困难想象得具体。她心里很清楚，此刻生活中的富裕、方便、福气、优于常人一等，都和她刚才看一眼的那个行将就木的丈夫直接相关。

五年前，她丈夫被落实政策，在市计委一次会议上讲话时，可能由于过分激动，突然昏厥过去，从此一直不很清醒。渐渐连张嘴闭眼、翻动身子，也不能自制。医生诊断为"脑干软化症"。这是饱受忧苦和刺激之后，积患猝发。病情难以制止地发展，最后连大脑的一切意识、想象、思维、记忆的功能全部消失，成了"植物人"。他活着，仅仅由于他在呼吸，她为他担心、掉泪、难过和着急。但几年过去了，现实是具有强迫性的，它凭靠着日久天长，往往能使人接受原先难以接受的事物。那样一个能言善辩、生气勃勃的男人，几年里已经变成这样僵直不动、抽缩干皱、奄奄一息、离奇怪诞的形象。她不怕他，因为这样子是一天天、一点点变成的。即使丈夫死去，她也不会大动感情，痛楚万分。这早已是注定的、迟早要发生的、有充足心理准备的了。

还说过去干什么呢？这不过是无希望的过去，孩子们却是满含希望的未来。

孩子们大了，上大学了，工作了，交朋友了，而且在家里的位置愈来愈重要。她的生活便逐渐与那个虽生如死的丈夫远远隔开，而和孩子们形成一个整体。孩子们有自己的生活内容和热衷的事情；那个长年住在病房、除去呼吸而没有任何生命机能的爸爸，似乎可有可无。但她明白，只要她丈夫胸口那地方不再一起一伏，她这幢由于丈夫的地位而安排的舒适的小楼，还有电话，随叫随到的汽车，都马上会被公家收回。她丈夫一月二百多元的工资也会戛然停止。那时生活将变成什么样子？

这一切都像赌注一样押在这个一息尚存的丈夫身上。利害能够褪掉情感，还能把世间的一切全都变成利害天平上的砝码，价值不同的兑换物。实际上，丈夫已经不是一个亲人，早已变成一份优等生活的活证件。他那看不见的体内呼吸系统真是一个奇迹，仅仅一口气，已经喘进喘出了五年。这是多么珍贵的一口气，每喘一下，都可以计算出价值来！他是为了她和孩子们，才这样艰难费力地喘息？不，不可能，他没有知觉，不会有任何想法。因此她是幸运的，又是不幸。这个日渐微弱下去的生命不会是一架永动机，迟早要停，一切了结，但哪一天？哪一天？

为了这个原因，她每月在领取丈夫的工资之前，来看一眼。只看胸口那地方。

三

今月今天，她又该来看一眼了。

她穿过走廊，直奔走廊尽头那紧闭着的病房的房门。忽见门前站着一个高高的男人，正撩开观察孔外的白纱布帘向里看。这人是谁？他穿制服，披一件深色风衣，不是值班医生，也不是医院里的人。

她走近。这人仍旧一动不动，目光专注地投向病房里。只见这人的侧影，脸颊垂着沉沉的肉，鬓角已然斑白，粗粗的眉毛还很黑。她不认识他。这个陌生人是不是出于好奇心向里边张望？

"你在干什么？"她问。

那人扭过脸。一张似曾相识的脸。肯定由于相隔日久，一时想不起来。

"你……"

"怎么？你不认识我了？"那人扬起眉毛问她。

一见这容易跳动的粗眉，一听这声音，唤醒了她如睡的记忆。她赶紧把脸扭向一边，低下额头，竟不敢看一看这人了——

那是因为过去——

三十多年前。她，眼前这男人，病房里的丈夫，都还年轻。他们在为心中共同的目标吃苦、奔波、打仗。她叫刘翠花，丈夫叫张天亮。不过那时他们还没结婚，是未婚夫妻。别人叫他们"小公母俩"还害臊呢！张天亮在一支野战部队里当排长；刘翠花是一个流动式的战地医院中的小护士。两人在两个部门，很难见面。

虽说人指挥战争，战争也折腾人。今天从南向北跑，明天又由东往西奔。他俩，有时一连几个月谁也不知道谁在哪里，是生是死；有时得到对方消息，相隔不远，却由于时间紧迫而不得相见；有时跑去了，对方已经开拔走了，黄土地上只留下人马辎重驰过的痕迹，还有一大片大大小小、深深浅浅的脚印，痴呆呆看半天，也辨不出哪个是自己亲人的……

有天夜里，刘翠花他们的战地医院转移，在河北泊镇边上的北三里村做短暂停留。她听到一个叫人心跳的消息，张天亮所在的部队，也途经泊镇，临时驻扎在镇西南的龙屯。她急渴渴地向医院的苏政委请假。苏政委也是个女同志，对她说："小刘，再过两个多小时，咱们就要走了。你到那里，来回就得两个小时，连话也不得说。"

她说："我跑着去！就看一眼，看一眼就回！"她的目光灼灼发亮，燃烧着一种渴望。

苏政委笑了。

同时，张天亮也得知刘翠花和医院在不远的北三里村逗留的消息。他向连指导员请假。

这连指导员就是此刻站在眼前的高高的男人。

那时他不过二十多岁，身强体壮，人爽心热，力大善战。大家亲热地称他"大老李"。一双黑眉毛随着感情跳动，十分突出。

大老李用粗大的嗓门对张天亮说："你去一趟，说不定她已经走了。再说，咱们队伍不定啥时候得到命令就开拔。"

"我就去看一眼。"张天亮说。

大老李朗朗大笑，浓眉上下直动，"看一眼干啥？打胜了仗整天看呗！"

张天亮心里矛盾了一阵子。他担心自己离开队伍时，队伍忽然开拔，他就掉了队。所以他没去。

刘翠花却从北三里村跑来了。那是秋天，风挺凉，天上有云，星月不亮。她在黑乎乎的大开洼地里深一脚浅一脚，几次差点踩进沟里。远处时有枪鸣狗吠，近处只有夜风簌簌吹动苇草的声音，总像有人躲在草里，还真有点儿吓人！她掏出驳壳枪，顶上子弹，一口气跑了十多里，到了龙屯一带，找到了张天亮的队伍。她找到了张天亮所住的一间老乡的土房，站在门外一瞧，里面十来个大兵都躺在一张大炕上，呼呼大睡。战士们你枕我的腿，我靠你的肩，有的放开手脚，把胳膊放在别人的当胸上，却都睡得好香。她从中一下子就认出张天亮的脸。

这张脸平时总是红红的，害羞时更红，此刻在绿衣服中间，就像叶丛中的花儿一样惹眼。不知他在做什么好梦，嘴角上浮出笑意。她正看得出神，忽然觉察出身边站着一条大汉，差点吓得叫出声来。原来是大老李！大老李面带笑容轻声问她："你干啥来了？"

她羞得脸发烧，小嘴一努，"我不兴来？"

大老李说："哟，还挺厉害。我马上就给你把张排长叫醒。"

"不！"她深知，战士们整天东奔西跑，难得躺下来好好睡一觉，哪怕几个小时也好。她说："我就看他一眼！"

"哦！"大老李的粗眉毛习惯地一扬，"你也看一眼？"他这容易跳动的粗眉，最能表达心里的惊奇。

她不明白大老李这话是何意思。她转身跑出去。在回去的路上，手里也没拿着枪，胆子似乎壮了许多，心里满满实实，身心都有一种甜醉的感觉。为什么，难道是刚刚看了这一眼吗？

许多年过去了。时过境迁，风云变幻；时间的尘埃覆盖了旧生活的光华，功利主义的诡辩搅乱了纯洁的真理。往昔留下了什么？那时，十多个同志睡在一张炕上，大家挤在一起，别提多热乎，睡得也踏实。现在似乎一个人非得有自己的一张床、一间房、一幢楼不可？可怕的变化！逝去的岁月里，那些宝贵的、动人的、甜蜜的东西都到哪里去了？到哪里寻找？

打胜了仗，他俩一直在一起，直到张天亮做了市一级领导。大老李在北京，先是一个司长，又升为副部长。他们都很忙，偶尔在什么地方开会时才得碰面。见面时，大老李总是要提起当年在泊镇那件事，说起来大家一笑，这仅仅是值得一笑的事吗？

"十年劫难"又把这一切打乱。张天亮在苦受折磨之际，恍惚听说，大老李被监禁起来——消息就这么简单，而且从此音信断绝。直至今年年初，她才在报上见到大老李的名字。他已重返原先的工作岗位，还升任为部长。谁想到今天他竟然在这儿出现。他为什么没打个电话给她就直接跑到这里来？他是否知道她和这位活僵尸般的丈夫现在的关系？因此，她不敢正眼瞧大老李。此时此刻，她还怕大老李又提起当年在泊镇的那件事。在他们中间，那是记得最清楚的一件事。

她怯生生地问："你怎么来了？"却一直没敢抬起眼。

没有回答。她等了一会儿，大老李依旧没出声。

她诧异地仰起脸来。只见大老李的双眼亮晃晃的包满泪水，目光穿过厚厚的泪水，说不清是难过、是惋惜、是谴责、是埋怨；然后回答她，一字一字有力地说："我——来——看——一——眼！"

她觉得突然给什么东西猛烈一击，身子摇摇晃晃站不稳，内心还有一种情感，像火山迸发时从地下释放出来的岩浆，热辣辣冲上来。她再也受不住了，转身跑去。多半生里，她受过不少次打击，但无论哪一次都没有这次来得强烈，深深震撼了她的心。

1982 年 12 月天津

酒的魔力

　　我向来滴酒不沾，因此不知这种辣嘴的液体里到底有什么乐趣。尤其是在饭馆里，常常看见被灌醉了的汉子，赤红着脸，东倒西歪，满口胡言，几个同伴对他拉也拉不动；更有甚者，喊叫闹骂，出尽洋相。我暗想，本来很体面、挺自尊的人，给这俗话说的"二两猫尿"一灌，竟变得如此可憎，在大庭广众中连颜面也不要了，可见这酒绝不是什么好东西。古人居然称它作"玉液琼浆"，我看说这话的古人也是喝昏了头时瞎讲的。如果有谁当我的面谴责酒，我便及时呼应道："对！"如果有谁对我自夸其酒量如何如何，我便报之以轻蔑的讥笑。就这样，我渐渐地发展到仇恨酒的地步。一九六六年闹红卫兵时，酒店一度被封闭"严禁喝酒"，酒鬼们敢怒不敢言。据说有的酒鬼犯上瘾来，按捺不住，就到医院偷酒精喝。我对红卫兵毫无好感，唯他们禁酒，觉得并非坏事。听人讲，喝酒过量，人身上就会产生一种放纵欲、破坏欲，我无此体会。不过，这话更加深了我对酒的仇视。可是，可是……世界上确实没有什么永恒不变的东西，思想是活的，成见更靠不住。偏偏是酒这玩意儿，好像有什么魔力，竟叫我对它早已定型的看法从根儿上扭转过来了。

我记得那是一个星期天，一位同事拉着我去看他过去的老领导。据他说，老领导待人极好，前十来年吃尽苦头，如今一切复原，而且他的职位反比先前更高。我这位同事说，他去看他，并非巴结大官儿，只是受一种怀旧的情绪所驱使。我一听，头皮就发怵，本来我就不善于交际应酬，平时也很少串门做客。到一位大首长家，我会很不自在的。

"我不去了。我又不认识。你去吧。"

我这句话说到第三遍时，他一只手紧紧攥着我的手腕不放，另一只手已经按响了一座漂亮的小楼门前的电铃。

门开了，一位勤务员板着面孔问过我们的身份和来意，并看了我们的工作证，然后说他要去问问他的上司是否想见我们。他转身进去时，把门"啪"地带上，把我们留在门外。面对着这新油过绿漆的大门，我已经相当不自在了。我那位同事倒不以为意，仿佛站在剧场门外等着被允许进去看一场精彩的好戏。当时我真有掉头跑掉的念头。

门又开了，我们被允许进去。穿过栽满花草的院子、安静的过堂，走进一间陈设并不华丽的客厅，我见到了这位身居高位的老领导，一位秃顶、发胖、动作有些笨拙的上了年纪的人，但却不失大人物的派头。他和气又威严地与我俩握握手，便指着沙发说："坐下，坐下！"

我很紧张，一种难以放松的约束力牢牢地束缚着我。我在与自己单位的领导坐在一起时，并没有过如此紧张和窘迫的感觉。只是一次一位局长到我单位视察，同我谈话时，我有过一些紧张。但与此时此刻的紧张比较起来就差得太远了。事后我想起这时的紧张便觉得可笑和不可思议。是不是见到官阶愈大的人就会愈紧张？如果见了一位部长，我恐怕弄不好就会神经错乱了。真怪！当时，我一坐在这位老领导面前，身体好像立即凝固了。我坐下时，屁股只落在沙发的前沿上。我的头转动不灵，脖子像一段死木头，一双胳膊也好似受了伤动弹不得，平行地放在双腿上。这样坐久了，浑身又疲乏又难受。后来，我觉得口干得厉害，只好竭力去想酸东西的滋味，糟糕的是我的唾液囊也枯干了，刺激不出一点唾液来。当勤务员给我端一杯茶放在身边时，我趁老领导与我那同事说话的当口，鼓足勇气，像小偷那样快速地把热茶端起，一口吞下。大概喝得太快了，并不解渴，只感到舌尖发麻，食管像穿过热铁条那样烫得生疼。

这时，老领导扭过脸来，用他滚圆、短粗、皱巴巴的手指慢吞吞地指了我一下，问道："你在哪儿工作？"

这直朝我来的问话，反而加剧了我的紧张。我差点儿想不起自己在哪里上班了。一时舌头也不灵，发音器官发生紊乱，连声音都出不来。多亏我的同事代为回答："我俩在一个单位。他是我厂的技术员老冯。他早就想来看您。"

老领导听了，对我点点头，五官之间出现一点隐隐而稀薄的笑意，似乎以此对我的专程来访表达一点客气。在我与他，地位如此悬殊的两人之间，他的笑便是一种难得的恩赐了。我不由得硬掬出一副笑容来。我看不见自己的笑貌，但我肯定这笑貌不会讨人喜欢。因为我感觉，我一笑，眉眼一动，扯得本来就因紧张而绷紧的面皮微微痉挛。这么一来，竟牵动右眼皮也跳起来，而且跳得相当厉害，好似不住地眨眼。我生怕这种样子招致老领导讨厌，但无论怎样也控制不住。

我心里只有一种渴望，赶快结束这种拜访，到大街上舒展一下僵直了的筋骨。再这么下去，身体不知要出什么毛病了。可是我那同事却正与他的老领导谈得热闹。他谈着离开这位老领导多年来的生活、工作，乱七八糟什么都谈；当谈到他所遭遇到的不幸和麻烦时，总不免夹带回忆起当年在老领导手下工作时种种可珍惜的快乐的往事，自然也谈到当时一起共事的人。这些人好比一伙散了的鸟儿，各有各的过去和现在，谈起来便没完没了——这些话大都是我的同事谈的。老领导却很感兴趣。老领导"退隐"多年，外边的事所知甚少，似乎什么都想知道。大概与领导在一起时，领导感兴趣的话题理所当然是最好的话题。于是，只要老领导从久远、混沌的记忆里找到一个有名有姓的人，我这同事就尽其所知谈上一阵子，好像一个惯性轮子，轻轻一拨就转半天。但我对这些谈话毫无兴趣；由于对他们的过去一无所知，无法插嘴，又没有勇气打断老领导兴致颇浓的谈话，表示要告辞的意思，只好作陪。我的感觉却同一个被囚禁的人等待被释放差不多。

我看看墙上的钟——十点五十分。天哪！如果等老领导吃饭时再告辞而去，起码还得坐上一个小时！这怎么受得了？！这又有什么办法？！我大着胆子悄悄地挪动一下胳膊大腿，改换坐着的姿势，身体的感觉还好了些，只是左腿被胳膊压的时间过长，放松开来还感到麻木。

这时，我就暗暗恨起我性格上的许多缺陷：脸皮薄、胆小怯弱、没有一点点不管不顾的硬气劲儿……似乎还有点奴。但正是我这些缺陷使我永远不能消除这些缺陷，我只能运用自己多年来在困境中唯一见效的、消极的王牌——忍耐。

我忍耐着。

最难受的是忍耐，最后的办法是忍耐，最习惯的也是忍耐。有人说，忍耐是弱者的本性，我听了并不自悲，因为我看见过不少强者有时也不拒绝忍耐。

不会儿，老领导家里来了一位客人。高高的个子，脸儿挺黑，眼睛挺亮，样子挺强悍。一身干净而熨得平板板的制服，套在他到了中年却仍不发胖的身子上，显得利索又精神；黑皮鞋头像涂了漆那么亮，显然是临来之前着意擦过的。看来他与老领导挺熟。进了门，他先与端茶来的勤务员开个玩笑，随后又跑到另一间屋子逗一个孩子——我始终没看见那孩子，大概是老领导的孙女儿吧！

不过，我看得出，他不是老领导的熟朋友，而是下级。上下级的关系不管多熟，一听、一看，甚至一感觉，就能明白无误地区分出来。比大人孩子还容易区别哪！

很快，我就从老领导和这位刚来的客人的谈话里，证实了我的判断没错。我还知道了这来客姓刘，是老领导手下的一位处长——因为老领导一会儿称他"刘处长"，一会儿叫他"老刘"。当老领导称他"刘处长"时，他就惴惴不安；当老领导叫他"老刘"时，他就又兴奋又快乐。这恐怕由于老领导是他的上级，如果他的下级叫他"老刘"，就不如叫他"刘处长"带劲了。他俩谈的都是机关里的事。老刘倒还正派，没有令人生厌的阿谀上司的神气。但他与老领导所谈的，都是老领导所不知道的新情况。这个人可真能耐，他似乎无所不知，知道得又极详细。一边说，一边加进去自己的理解、有条有理的分析和切实的解决措施。当他讲到某些事惹得老领导怒气满面时，只消几句开心的话又使老领导笑逐颜开。在我认识的人中，还没见过老刘这样能耐的人。怪不得他连外表都带着一股精明劲儿。

他俩谈着，没搭理我，连我那同事也撇在一边。这样，我们就有机会起身告辞了。但我那同事并无此意，似乎他被一位地位显赫的人物淡在一边是理所当然的、早已习惯了的事。我设法用眼神提醒他该离去了，他却笑眯眯地摇摇头，好像看戏入了迷。他在一旁听老刘谈话时，比老领导的精神还专注。老领导偶尔点点头，他也不自觉点点头；老领导摇头时，他也下意识随着摇摇头；老领导笑了，他也弯起眼笑起来。看上去，仿佛一个老演员在给一个小学员一姿一势地上课。

我真不耐烦了，打算再不管我那同事，于是鼓足了勇气，把因失陪而歉意的笑堆在脸上。刚要起身告退，勤务员进来对老领导说该吃饭了。我心想这正是我们告辞的时刻。出乎意料的是，老领导要留我们一同吃。我怎么能平白无故地在别人家吃饭，何况与这样一位大领导同桌进餐？我便推说家里有约会。但老领导用手指头朝下点点，郑重其事地说："在这儿吃！都在我这里吃！"他很实在，也无客套，却像长辈留一个小辈吃饭那样推辞不得；也像上级向下级发布命令那样必须服从。况且，我那同事使劲拽我的后襟，暗示我要识抬举，不要拒绝。这时我看看老刘和我那同事——他们的眼里有种兴冲冲的表情。看样子，在这儿吃一顿，能获得吃一顿国宴那样的荣誉。

我乖乖地跟他们进了饭厅。这是间不大却专供进餐的饭厅。绛紫色厚绒布的窗帘给一对亮闪闪的金属钩儿扯向两边。从窗外透进的光却被一道细纱遮住大部分，从纱窗细孔筛过了的光显得很柔和。一张圆餐桌蒙着雪白的桌布。靠墙还摆着一套沙发，是饭前饭后小憩的座位。沙发几上放着烟盒、烟碟和牙签筒。像我这样一个一家人整天挤在一间屋的小人物，来到如此气派的领导人家中吃饭，就使我一直松弛不下来的内心的紧张状态，升向一个更高的顶点。尤其我被安排坐在老领导与我那同事中间，就更不自在。我挨着老领导的半边身子像生了锈的半扇铁门，僵死难动；挨着我那同事的半边身子还自如些，有血有肉，比较正常——这真是一种从未体会过的十分奇妙的感觉。这时勤务员把筷子小碟摆在我面前，跟着菜来了，饭来了，汤来了。我那同事对我说："你夹菜呀！别客气。在这儿吃饭就同在我家吃饭一样。"

我觉得这话是说给老领导听的，而不是说给我听的。于是，我像害怕桌上这些菜似的，不敢把筷子伸出去。

坐在左边的老领导扭脸对我说："吃吧！"

又像是命令！如果他脸上多些笑容，他的话就不像命令了。但他没有什么表情。

我不自觉地却像接受命令一般地夹了些炒豆芽菜，拌在饭里一点点吃，菜夹得少，吃完了，我就夹着碗里的饭粒吃。我那同事与那老刘都顾不得我。他们争着和老领导说呀笑呀，还轮番往老领导的碗里夹菜。

这么一来，老领导高兴了！他一高兴，人就变得随和、亲近，连周围的气氛都变得轻松了。我感到自己也轻快起来，开始夹菜吃了。这时，老领导叫勤务员通知厨师添几个菜，再拿一瓶酒来。酒很快拿来了，老领导拿着酒，笑呵呵地说："我保管你们没喝过这种酒。这叫'刘伶醉'。嘿！刘伶，你们都知道刘伶是谁吧！酒鬼！但他一喝也得醉。我就喜欢喝这种酒。什么西凤、古井、茅台，一比就全都没意思了！"

"一看这包装，酒就不一般。"我那同事说。

他虽然是在捧场，但这酒确实装潢得漂亮——瓶儿是无色的透明玻璃，酒像液化了的水晶一般纯净；长溜溜的瓶颈与鼓鼓的瓶肚上，箍着一个横鸭蛋形的鲜橘红色瓶签，金花金字，正中嵌着圆月般的白纸，上边画着刘伶与一高士在林间的青石台上把盏对酌。画面虽小，笔法细致，人物的须眉可见，印刷得也甚精致和讲究，益发显得瓶中酒名贵、稀罕，来历不凡。瓶外裹着一层玻璃纸，光彩闪烁，夺目生辉。如果这不是酒，而是一瓶果汁，我对它的喜爱准会增添十倍，可惜这瓶里装的是我历来憎恶的东西。奇怪的是，此时此地，我的喜恶感情却不像平日那样分明、激烈了。这当儿，勤务员打开瓶塞，给大家面前都斟满一盅酒。

"我不会喝酒！"我忙说。

大家都劝我喝，这是在宴席上常见的场面。

"我真不会喝，我向来不喝酒！"

要是在别的场合，我又会把自己与酒水火不相容的感情表达出来。但在这里，我仿佛受到一种无形的强有力的限制。尽管如此，我却仍不想破例让酒沾一沾嘴唇。

可是，老领导说话了："少喝点儿。这酒不醉人。"

他笑呵呵地对着我，一片好意地劝我喝。为什么领导的好意比命令还难以推却呢！为什么大人物的关心比普通人显得珍贵呢？它甚至叫你诚惶诚恐，热泪盈眶！我没喝酒却好像有点醉了，不觉听命般地抿了一口，以答谢他的好意。

喝头一口酒是什么滋味？它真是一种燃烧着的液体呀！它一流进我的唇缝里，就像吞进一个火团，整个口腔都烧得火辣辣的——我当时真想把它吐出来，不知为什么反而"咕噔"一口咽下去，跟着，我感觉这灼热、苦涩的汁液从喉咙一直沿着食管流到胃里。它烧着我的喉咙，猛扯着我的食管，然后在胃里着起火来，整个胸膛都发热；又像喝了一大口烈性的硫酸，似乎所有胸部器官都烧坏了。我害怕了，把嘴张得大大的，拼命用嘴吸气，却觉得喘不过气来。

"吃饭、吃菜，吃一大口就行了。"有人说。

我忙大口吃饭，并无所顾忌地伸出筷子夹了一大块肉塞进口中。不过，我这莽撞、唐突和失规矩的举动，竟无人怨怪，反而引得同桌的人都笑了。老领导也笑了。这是种开心的、善意的、感到有趣而发出的笑。于是一种舒展的感觉使我浑身都快活极了。

酒能助兴——这是我先前不曾体会到的……在这杯中闪出的摇荡的酒光里，在飘浮流散的酒香中，在互相频频碰杯与祝酒声之间，桌上的气氛愈来愈轻快。大家的脸红了，眸子闪闪发亮，话也多起来了，声音愈来愈大，而且是随便抢着说话，竟然不管不顾地一次次把老领导的话打断；老领导的话也不像刚才那样威严、下命令似的了。此刻，所有碟子里的菜，都给大家渐渐把握不准的筷子头儿扰得乱七八糟。我被他们又劝、又逼、又闹着，头一遭喝起酒来了。我只在头一口酒时感到不适应，此后的感觉就不那么难受了。而且我没喝过酒，不知酒的厉害，一时喝得又急又多。不久，我就感到脸颊像在炉前灼烤那样发热。这时，我那同事站起身，拿着酒瓶对我说："好呀！你说你不喝，原来是装的。看来你的酒量比在座的哪位都大，你必须多喝！"

他的声音简直是喊，同不久前在老领导面前毕恭毕敬、小心翼翼的样子判若两人。他要给我再斟满酒，我忙用手捂住酒杯，表示不再喝了，对面的老刘站起身来，伸过胳膊一把拉开我的手，也叫着："能者多劳嘛！"跟着，酒又斟满，并溢了出来。

我感到脸皮发烫，无论他们怎么说，也不敢再喝了。老领导忽然把他热乎乎、软绵绵的手一拍我的肩膀，说："来，老弟，你这一盅算是陪我的，怎么样？必须干掉！"

怎么？这么一位高级领导居然称我作"老弟"？我既感动又激动，真有点受宠若惊了。我当即把酒盅一端，带着一股不知从何而来的冲动劲儿，仰起脖子，把满满一盅酒倒进喉咙。这次，我觉得酒不再是又苦又辣的液体，而是又香又温暖，还混合着快感与激情的溶剂；它是快乐女神、火神和爱神一同调制出来的仙汁……这刚吞下的酒往肚里一砸，却把酒劲激了起来。我忽地觉得一阵热烘烘的东西从腹部直蹿上来，一直蹿到脑袋里，脑袋顿感发涨，像蜂房那样嗡嗡发响。我再想夹起一块肉吃下去，压压酒，但手里的筷子不听使唤了，光溜溜的肉片像个活虫子似的，在我的筷子头上跳来跳去，怎么也夹不起来。我再一看，同桌每一张脸都通红通红，像一个个古怪的大红球儿，连老领导的脸也是一样。他们朝我笑，但我听不见笑声。他们在说话吗？声音好像隔着一间房屋听不清。我懵懵懂懂地意识到，自己已经醉了。醉了原来是这样的——自由自在、无拘无束，像在船里摇，像在天上飞，两只脚仿佛没站在地上，两条腿也像不是自己的了。我试着用脚去触一触桌腿，脚上没有任何感觉，却像是老刘的声音："桌子怎么晃起来了？"

"那是你喝多了！桌子哪里会晃？！"我那同事笑嘻嘻地说话。他的脸像熟透的柿子那般红。

老刘用筷子头指着我说："他才喝多了呢！你们看，关公，简直……简直是关公！"他的话含糊不清，好似舌头长了或短了半截。我还觉得他的大红脸在眼前晃动，但不知是他晃，还是我晃。

我要说话，只觉一只手重重按着我的左肩头，原来是老领导，他手撑着我的肩，像中了弹那样摇摆不稳地站起身。然后，用京剧念道白的调门儿大声说："关公，乃关羽；姓关，名羽，字云长——"跟着扯着难听的哑嗓子唱起京剧《甘露寺》里乔国老那一段："……他，他有个二弟汉寿亭侯，青龙偃月神鬼皆愁……"

他真醉了！

"唱的什么呀！全走了板！"我那同事叫着。他手一挥，把自己眼前的酒盅碰翻，湿了桌布。

他也醉了。

"重唱！重唱！"老刘竟用筷子头指着他的上司命令地喝道，筷子头还挂着几根粉条。哈！他也醉啦！他叫得好凶呢！

老领导却毫不在意。他的身子像失去重心一般摇晃不定，手一摆，笑呵呵地说："啥重唱。我五音不全，自小嗓子就像鸭子叫一样，那时……那时在乡下。嘿，我一叫，满河里的鸭子全都叫起来……"

我们谁也没因为老领导这样取笑自己而不知所措，相反一起大笑起来。老刘闹着非要老领导重唱不可。我那同事笑得流出眼泪，好像在和一个缺心眼的哥儿们寻开心。

老领导呢，笑得更凶。他扯开领口，露出通红的脖子，索性开怀大笑。那粗哑的嗓子还真有点像鸭子叫。他笑得前仰后合，最后稳不住重心而一屁股坐在椅子上，然后扭脸朝我说："你的嗓子怎么样？像驴叫吧！"

这时，我觉得自己的脑袋热烘烘的，身上有股按捺不住的迷迷糊糊的放纵劲儿，想胡闹，想喊，想叫，想干点什么平时不敢干的事。我听了老领导的话，就势一推他的肩膀，说："去！你叫吧！"我这一下，劲儿竟这么大，差点把这位胖墩墩的老领导从椅子上推下去。他刚拿在手里的酒杯也掉在地上。我究竟还没有烂醉如泥，残存的一点理智使我隐约产生一点害怕和惶恐的感觉。谁知老领导反而倒歪着身子对我说："老弟，你怎么这么大的劲儿？你……难道……难道还要再、再、再一次把我推翻在地……还要，还要什么'踏上一只脚'？嗯……我不怕你。今后没……"然后凑向我，"你说，我醉没醉……"

他的脸离我那么近，简直要贴上我的脸颊了。我的脸颊分明地感到他一下一下带着浓浓酒味的呼吸。突然，我朦朦胧胧觉得他变了一个人——不是刚才那个威严庄重、难以接近、令人拘束不安的老领导了。他给酒精刺激得红通通的脸好像夕阳照射的那样好看、透亮、鲜艳；再配上银丝般的白发，眼角、嘴角上细细而弯曲的皱痕，真是一位宽厚可亲的长者了。我刚才好像浑身上下都紧紧捆缚着的绳子，突然松解开了。我是那样舒坦、随便、自在，什么恭维呀，体统呀，分寸呀，装腔作势的那套都用不着了。没有限制了，人人平等了，随心所欲了，飘飘欲仙了……

这是怎么回事？

我使劲转动自己给酒精的分子吞没的大脑，终于找到一点答案、一点根据、一点理由——这也许像梦中的道理，在梦境中十分合理，醒来后想一想却不能成立，甚至荒唐可笑得很——是不是因为酒？难道酒有如此之大的魔力？它能溶解开早已成形、根深蒂固的社会症结？它能拆掉平时人与人之间那些不可逾越的等级的高墙？在酒里，人人都能够恢复本色吗？那么这种奇妙的液体便是我们的生活中不可缺少的了。大家都该猛喝它一阵子！在酒醉中快快活活地享受一下平等，享受一下真情，享受一下人味……哪怕这快乐只是一阵子，酒醒后再神话般地变回来……

　　多美妙的酒啊！

　　于是我自动斟满一盅酒，兴冲冲、摇摇晃晃站起来大声说："来，再干一杯！"

BOOK! BOOK!

一

"BOOK"!

"BOOK"是什么?

你先去查查《英汉小词典》,或者问一问略通英语的人,弄明白这个常用的单词当什么讲,再来读这个故事;如果你知道"BOOK"是什么,那就自管往下看。

不过,这里的"BOOK"除愿意之外,似乎还含有那么一点、一点……一点别的什么意思!这点意思在《词典》里可找不到,完全是下边故事中的人物糊里糊涂搞出来的。

二

他崇拜他。

前者叫曹大龙,后一个叫陈风。

曹大龙为什么要崇拜陈风呢?要是单看曹大龙,仪表堂堂,足能使街头巷尾、左邻右舍那些穿戴得花花绿绿的小伙子心悦诚服地跷起大拇指头来。他是电机厂的装配工,高高的个子,爱打篮球,这就使他不像一般不好运动的人那样骨僵肉软，动作不灵；他自小又爱好玩双杠，练就一种虎背蜂腰、所谓"扇面"的健美的肩身。再有，他天生一头乌油油的卷发，不用什么电烫、冷烫，只要早晨起来用梳子随便拢它两三下，满脑袋漂亮的头发就会像一堆崭新、发亮的小弹簧那样卷起来。他还有个更为得天独厚之处，便是在突起的前额和高高的眉骨下，有一双深深的眼窝……乍一看真有点儿像外国人。这可是旁人学也学不出来的。

大概近一年来，在崇尚时髦的风儿刮得许许多多少男少女晕头转向时，他才发现了自己这些先天赋予的优点。他到底是不愿意辜负自己独独富有的高个头、深眼窝、满头卷发，还是有意想叫那群扬扬自得的时髦青年馋涎欲滴，才穿上时兴的风雪衣、喇叭裤、鳄鱼头式通底的牛皮鞋，再把发根留得盖住后领口——这原因恐怕他自己也不知道。

反正他美：时髦美，洋味儿的美。

但是，无论什么东西只要是单独一个儿就好了。多了就要比较。比较常常招来苦恼。

比方说，曹大龙只要与陈风待在一起，假珍珠遇上了真珍珠，立刻显得寒碜、穷酸、没有光彩。这并非是旁人的评价，他自己就有这种感觉——

人家陈风才是真洋气、够帅气，十足的现代派！

可是陈风并没有深眼窝和卷发呀！个子也普普通通，人近中年，肚子软软地鼓出在腰带上边，相貌也平平常常。如果一位画家给他画像，尽管能画得形态毕肖，但也只能是一张司空见惯、平淡无奇的小职员似的脸。当然，人家陈风绝非凡人，曹大龙感觉到人家身上有那么一股劲儿。这股劲儿是从陈风考究的眼镜框，还是从最金贵、最新式的服饰上流露出来的？……似乎又都不是。在这之外，好像还有一点叫他怎么也琢磨不透的东西。曹大龙听人说了几次，才记住一个与此有关却含糊不明的词儿，叫作"风度"。这个词儿，难懂又难记，大概就是他们厂子里哥儿们常说的"派儿""派头儿""够派儿"吧！

你瞧人家陈风的一举一动，递烟、打自来火、转身儿、手托下巴、溜达几步、握握手……连跷起个二郎腿都不一般。派头儿是不好学的。曹大龙暗自对着镜子练习过，但总差那么一点劲，总显得生硬、假里假气，味儿不对；一人一个神气，根本甭想学会。但陈风这股子叫人艳羡的劲儿到底是从哪儿来的呢？

曹大龙费的劲比居里夫人从矿石里寻找镭并不小，终于找到了陈风这小子"派儿"的来由——这小子是制本厂的美术设计。那家制本厂又专门承做出口的笔记本和相册。陈风总到各地方跑。这个月去一趟上海，下个月又跑一趟南京，一年两次还去广州参加交易会。外边流行什么服装，时兴什么皮鞋、手套，新出品哪种化纤衣料……他都无所不知。再说，广州的市面上，什么海派、港派、欧派都有。新奇的式样层出不穷。五颜六色，珠光宝气，目不暇接。陈风在广州与外商洽谈买卖，整天与来自港澳和外国的阔佬打交道，见多识广，不单对国外流行哪种钱包、发型、拉锁、表带、打火机、领带、腰带等等一概清清楚楚；而且，近朱者赤，渐渐也就熏出点洋气劲儿。日久天长，陈风自然就比内地眼界狭小却硬要时髦的小子们高明得多了。

这样，在曹大龙的眼里，陈风就成了当之无愧的时髦典型，最有现代精神的标杆，货真价实的外国通。认识他便是一种福气。陈风当然看得出这个不开眼的傻小子对自己的欣羡。他不是个严肃的人，常常拿曹大龙的无知，当作奚落、取笑、寻开心的材料。曹大龙却不以为意。过分的崇拜会不自觉地压低自己的自尊心。崇拜者往往陷入痴迷，而不自知，他只是一个心眼儿地跟着陈风屁股后边，亦步亦趋、忠实无误地模仿。

可是这与"BOOK"又有什么关系呢？

三

这天，曹大龙下班后骑车拐个转儿来到陈风家。

一个真正时髦的人的身上或家里，随时都会有变化或出现点新玩意儿。为此，他大约每半个月来陈风家一次。来得太勤没多大用处，来得间隔太长，又怕落在时髦的脚步的后边。这次他距离上次来刚好是两周。

他一进陈风的屋内，一眼就瞧见墙上多了一件新东西。好像常逛书肆的人，对于书架上一个新封面有种本能的敏感。这东西是个崭新的挎包，光亮的湖蓝色的人造革上印着两条倾斜的爽目的白线，大胆又抽象，抽象才神秘。包是竖长方形的，不同一般，从后边翻过来一个盖儿；卡子和挂钩都新颖而别致。最动人、最惹眼、最精彩的地方则是包儿下端贴着一个硬纸商标，相当华丽，像一片翠绿色的柳叶，上边是一行烫金的辉煌夺目的外国字：BOOK。

"这包儿可太够样了！哎，老陈，快告我，这包儿是从哪儿弄来的？"曹大龙兴奋地叫起来。

陈风的表情挺神秘。他好像要笑却没有笑出来，反而一本正经地说："这是样品。"

"哪国货？日本货吧！"

"算你猜对了！"陈风说。

曹大龙听了有些得意。因为，他头一次在他所崇拜的人面前没栽跟斗。好像他挺识货，还懂得外文似的。他问陈风："你们不是制本厂吗？干吗做起挎包儿来了？"

"我们不做包儿。皮革制品厂打算引进一家日本工厂的制包自动化生产线。就是做这种挎包，包上的商标叫我们揽过来了。怎么样，漂亮吗？"陈风说着递一杯水给曹大龙。这杯子是直筒形的，出奇的长，深褐色的玻璃，装上普普通通的白开水，却像一杯可可。

"漂亮、漂亮！你家的坑意儿样样都够意思。这杯子拿在手里也是两样味儿的。"

"你想要吗？我可以替你买，这是玻璃六厂的新产品。"

"不，不，杯子倒不急。你先替我弄一个那样的包儿吧！"曹大龙指着墙上的挎包说。

"行是行，但现在不行。皮革厂的自动化生产线还在图纸上呢！你等等吧！等一出来，我准给你弄一个。"陈风含着笑说。

"这商标上边是嘛字？"

"商标？什么商标？"

"包上那几个外国字不是商标吗？"曹大龙问。

"噢……噢！"陈风明白过来，心想这小子真是蠢蛋，便耍起恶作剧来，忍着笑说，"'BOOK'！你不懂吗！"

"你不知咱是'老赶儿'，哪懂得洋文。是名牌吗？"

陈风简直要爆发出一阵大笑。但他努力把笑克制在自己白白的脸皮下边，一边用食指和拇指捏着无框的眼镜片帅气地上下挪动一下，似乎对正视角，看着裹在时髦的穿戴里、大脑和内心几乎都是空白的曹大龙，说："你怎么连'BOOK'都不知道？'BOOK'是日本一家大公司的名字。和'SONY''SANYO'一样。不过这家公司不单出电器，日用百货全出品。在世界上大名鼎鼎哪！"

"哎哟，敢情这么出名！"

"你才知道？！"

陈风用反问的口气使自己胡编的话显示得更加肯定，确凿无疑。然后他借口跑到屋外什么地方，痛痛快快大笑起来。因为，他那挎包上的"BOOK"，是从出口笔记本的封面上剪下来的，不过一时觉得好玩，才贴在新买来的挎包上的。"BOOK"明明是书本的意思嘛！哪来的日本公司？曹大龙却信以为真，那傻头傻脑的样子真叫他再也板不住面孔了。

屋里只剩下曹大龙了。他环视了陈风的房间，真恨不得自己也有这么一间体面的、诱人的、洋气十足的小窝儿——沙发、落地灯、录放机、组合柜、酒柜、吊灯和拖地的大垂幔……酒柜里陈列着满是外国酒。连酒瓶盖上也都印着外国字。但这一切并不像一般赶时髦的青年人的家那样单薄、虚夸，好似硬撑出来的门面。人家陈风见识广，又是制本厂的美术设计，画一手好画儿，懂得"艺术"什么的。家里的东西无论形状、样式，都不一般。显示得雄厚，富有实力，而且总添新东西。上边差不多都印着外国商标、外国图案、外国字儿。这小子打哪儿弄来这么多洋货！他想。

同时，他油然产生了一点点自卑感。

可是他眼睛一碰到墙上的挎包儿，心情就变了。他把那些引起自卑的、不实际的、力所不及的想法全抛开。心想只要从陈风手里把这挎包搞到手，背在身上，伴同自己的新婚不久的花枝招展的老婆在大街上一溜达，多么够派儿！"BOOK！"现在外边有几个人能背上名牌的日本挎包呀！

就在他动脑子想办法怎么从陈风手里把这包儿搞到手之际，偶然发现身边的酒柜上有一卷花花绿绿的东西。他好奇地拿到手里一打开，不由得吃了一惊。这可是个意外的发现！原来是各种颜色的漆面纸，印着各种形状、各种大小、各种字体的外国字，而且上边都有"BOOK"的字样。叫人眼花缭乱，称得上精美绝伦。他像诗人看见云端一群飞鸟而突然来了灵感那样，马上放弃原来的打算。他想，只要把这些纸上的"BOOK"剪卜来贴在自己的包儿上，不也成了"BOOK"牌的吗？在大街上，任何时髦的东西都是一晃而过，有个外国字就能叫人眼一亮，谁还考察你的货色实不实。这些商标准是陈风厂里印的样子，或是从日本人那里拿来的样子，外边哪儿也没有。真是天下独一份的。他来了机灵劲儿，侧耳一听，没听到陈风的脚步声，就赶紧麻利地在那卷纸中抽出一部分来。他不认为这样做是偷。他家里需要什么就在厂里拿什么，在偷和拿之间他没有严格的界限。当然他做这种事时也不免有点小小的紧张，但终究在陈风进屋之前，把事干完了。陈风一进门，他就站起身推托有约会而匆匆忙忙、慌慌张张地告辞而去。

他走后，陈风发现自己柜上那卷子印有"BOOK"的笔记本封皮少了不少张。他知道是曹大龙拿的，心想过几天一定要去曹大龙家串门，这傻小子准会出尽洋相——想到这里，他又笑起来，直笑得出声、流泪、腰眼酸疼。

四

曹大龙的老婆刘丽华自我感觉是个小洋人。

曹大龙也觉得老婆像个小洋人；在刘丽华的眼里，曹大龙简直就是洋人，只不过不会说外国话、不认得外国字、没去过外国罢了。这倒没什么，只要打扮得使陌生人看上去以为他俩像一对洋人就心满意足了。

也许为此之故，他俩才找到了一起。真的，你去瞧吧，多么相像、相称的一对呀！好像老式中国堂屋八仙桌上摆的花瓶，完全一样才是一对。不过要把他俩凑在一起又谈何容易，就像把左右两半虎符合在一起那么难。

洋人嘛！

当然，她每天也得双手去抓粗硬的煤块生炉子；也得上下班时在公共汽车上挤一身臭汗；也得拿粗茶淡饭去填饱肚子……因为她和曹大龙的生活是被限制在有限的薪金之内的。要想跟上日新月异的时髦，就得在自己的生活中绞尽脑汁地想办法。装饰在他们身上的每一件东西，都是从菜碟里节省和压缩出来的。减少多少顿饭菜里的荤腥和油花，才能在胸襟上增添几个最新式的衣扣。强压着肚子里时时作怪的馋虫，才得以享受在闹市的人群中招摇一下的快乐。时髦好比舞台上的灯光，一会儿红，一会儿绿，变幻无穷。今天流行，明天过时；今天还招来许多留意和发馋的目光，明天就像披在身上的狗皮，自己也觉得无趣、讨厌、多余、栽面子了。要想总站在时髦的潮头，只靠委屈肚子还远远不够，从房屋水电、柴米油盐中节俭下来的钱也总归微薄有限，这就多亏刘丽华长着一双能拆改翻新的、晴雯一般的巧手了。她当然辛苦，但人生中任何嗜好都是醉人的。你以为她在糟蹋精力，用金子般珍贵的时光去"画皮"未免可惜。可是，她由于疲倦而不小心叫针尖扎破了手指时所引起的却是兴奋，绝不是痛苦。

你以为她是不可理解的吗？其实她最简单不过了。她初中毕业后就再没看过书，向来没有什么责任呀、义务呀、使命感呀等等压在她心上。所以她才心宽体胖，胃口又好，很少得病，整天乐呵呵！

尤其是这位洋气十足的小女人并不知道外国是个什么样子。好像除去高楼大厦、超级商店、时髦服装、各式各样的洋货、川流不息的小汽车之外就再没有别的。她在外国电影里注意的也只是这些。她的审美能力一直很糟糕。几年前，她最喜欢用红毛衣、紫呢裤、黄袜套打扮自己，这是本地大妞们标准的土打扮，很像一只圣诞节的火鸡。这阵子，由于一阵愈来愈猛的崇洋的热潮直朝她冲来，搞得她眼花缭乱。她一下子从本地大妞的化妆台跳到这个光怪陆离的时髦世界里来，有如在烧茄子里加进去半包咖喱粉，自然不伦不类。

无知会丑化一个人。可怜的是，她并不自知。本来一个额头宽展、眸子黑亮、一双胖胖的小手并不难看的姑娘，硬把自己装扮得散着长发，裤腿下拖着两块多余的布，一副熊猫镜几乎遮住整张脸，好像她是费了很大的劲，才支撑住这堆假外国货似的。人在打扮自己方面，要有一点审美学问。同样一种衣服，穿在这人身上可能很漂亮，穿在另一人身上可能很丑怪；比如喇叭裤给短脚的人一穿，仅能起到强调这人脚短的作用。有的人适于盛装，有的人穿得愈朴素愈美；肥头大耳的留长发则像一头狮子，面孔清瘦的人梳个紧绷绷、油亮亮的小分头，却犹如一个光滑的小鼓槌……这里边大有研究的价值；其实真正的美乃在于人的风度，风度则是一个人知识、教养、趣味、经历流露在外的气息。而懂得美的人恐怕连风度都很少留意。因为世界上最美的乃是一颗真诚的、善良的、勇敢的和充实的心……

可惜，刘丽华不懂得这些。

她下班回了家，兴致冲冲，因她今晚又要在一个人多的场合时髦一下子——她的表妹今天结婚。她表妹是外语学院刚毕业的大学生，是个好学又很自负的女孩子，长得不好看，眼睛总盯着书本，很少留意街头人群里那些明显或微妙的变化。她与她表妹自然谈不来，平日也很少往来。不过，今天她执意要以自己的漂亮和时髦，压倒这位自以为是的表妹，报复一下平日对她含而不露却分明使她感到的一种隐隐的鄙夷。为了今晚的打扮穿戴，她已经想了两个晚上和一个白天了。刚才在公共汽车上她还在想。

她走进家，见曹大龙在屋里坐着抽烟。曹大龙斜倚在沙发背上，跷着腿，打弯儿的食指和中指夹着一根烟卷。嘴里吐着乳白色的、齐整的烟圈，一个追逐一个地朝屋顶上边跑去。不知他又在模仿哪个外国电影中人物的一个姿态，但他的自我感觉挺好，玩得也挺美。

"你还坐得挺稳，还不赶紧把昨天剩下的那碟烧萝卜和馒头蒸上。赶快吃饭，还得赶快走呢！"刘丽华说。

曹大龙没吭声，只看着她。

"你怎么啦？吃嘛药变傻了？家里的事你到底管不管？你要不管，我热熟了饭你可别吃呀！听见没有，你——"她说着忽然停住口。她发觉丈夫的脸有种得意：神秘甚至傲然的神气。

她打量他——黑鳄鱼头皮鞋、驼色喇叭裤、银灰色中间开襟的细线毛衣……还是老样子。突然，她看到了，在丈夫敞开的毛衣中间有一个十分夺目的东西。再一看原来是皮带卡子上的商标。鲜艳的翠绿的底色，上边是一行金色的外国字儿，写得流利又帅气。

"新皮带？真漂亮！是外国货，还是出口转内销的？"

曹大龙把刚才含在五官内的神气全部从脸上散出来，立刻把房间的空气搅热了。

"你真是'老赴儿'，怎么是出口转内销的？！这是地道的日本名牌货。'BOOK'，懂得吗？'BOOK'！"

"去你的。不定刚从哪儿学来的一句洋话，就跟我显示弄上了，还不定念得对不对呢！你从哪儿弄来的？花多少钱吧？！"刘丽华说着就要过去细看。

"别动！"曹大龙不叫她走近，然后神气地说，"花钱的事咱什么时候干过。一分钱没花！"

"那就是别人送的。"

"没有送我。谁那么好心眼儿，得到这么个好东西还肯送人？！"

"那……那你就是跟人家换的。你拿咱家什么东西换来的？"

"凭什么是换的……"

"准是换的。我得看看。"刘丽华说着四下环顾一圈，接着她就有了不小的、新异的发现。刹那间她觉得整个屋子都发生了变化似的，好些样东西——台灯、无线电收音机、床头柜，乃至桌面柜上的小东西，像什么茶叶罐呀、水杯呀、香水瓶呀、暖壶呀，原先都是国产货，现在都换成舶来品。她简直高兴得要惊叫起来。可是再仔细一瞧，那些收音机、香水瓶、暖壶、台灯等等还是原来那些东西，只是全都贴上新的商标，大大小小，五光十色，都是"BOOK"！可是这么一来，景象全然大变。好比给一群人每人戴一副熊猫镜，马上就像是群华侨或外国人了。

"噢！"她恍然大悟地拍着丈夫的腰间说，"你腰带上的外国商标也是贴上去的！"

曹大龙笑起来。

刘丽华说："你真行！刚才我一看，真以为咱家换了一批外国货呢！你够有主意的。你这条皮带这么一来，一点儿也不像国产货，把我也唬住了。哎，你刚才说这外国字儿叫什么来着？"

"'BOOK！'"曹大龙故意说得流畅迅速，好像他精通外文了，"中国名字叫'布克'。日本大公司的名牌。和三洋、索尼、日立都一样出名。不过人家'布克'不单出电器，日用百货全都出产。你要在挎包上贴这么一个商标，管叫人分不出是哪国货！"

"太够意思了。你从哪儿弄来这么多商标？"

曹大龙犹豫一下，还是把实情告诉老婆了。

她用手指轻轻羞了他脸颊一下说："没出息，拿人家的东西！"但脸上的表情却是高高兴兴、喜气冲冲的。她说着，眼一亮，问道："还有没贴的吗？"

"干吗？"

"我有用。晚上用。"

曹大龙明白老婆的意图。他摆出一副本领齐天的神气，从口袋掏出一大沓五彩缤纷的花纸片，像一沓新钞票那样啪的甩在桌上。瞧，全是外国字，全有"BOOK"！

这时刘丽华如果真是一个外国人，准会欣喜若狂地一头扎进丈夫怀里。但她只会兴奋地叫一嗓子："有你的！"就扭身赶紧生炉子烧饭去了。

夫妻俩草草吃过饭，便开始了生活中真正的大事——梳妆打扮起来。多亏他俩每人从头到脚只有一套最时髦的衣服。如果多上几套，便要在穿戴的选择上花费更多时间。刘丽华把曹大龙从镜子前推开，面对镜子先换上一件今年刚刚流行起来的"大翻领"的雪白毛衣——据说这种领子要翻三折，脑袋才能魔术一般地从厚厚的领口圈里钻出来。毛衣穿好，外边套一件浅蓝色棋盘格的尼龙外衣——这是她自己花费一周业余时间赶制出来的，看上去却像一家工厂正式出品；裤子当然是喇叭腿，头上扣一顶也是入冬以来才流行于市的西洋红的毛线帽。脖子上再圈一条芥黄的拉毛大围巾。一小块鲜蓝色绣金字的"海鸥牌"商标自然要朝外……此时此刻，她已经对镜子里的自己相当满意了。曹大龙在一旁也把自己最耀眼的行头穿上。当刘丽华从镜子里看到站在身后的曹大龙像一面华丽的屏风陪衬着自己时，她是幸福的。

下面的工作，该是把"BOOK"贴在什么地方了。

首先，曹大龙从那沓花纸里摘了两个字号最大的"BOOK"剪下来，在他夫妻俩的挎包上各贴了一张。但刘丽华不大尽兴似的，好像还要在自己身上哪个地方再贴一个"BOOK"才好。

两人想了半天，也没找到合适地方。曹大龙戴上一副信托商店处理销售的冰球运动员使用的皮手套——这手套的手背上有几条红白的皮块，这在曹大龙的眼里居然也同"洋气"的概念连在一起——他戴好手套，表明他等着刘丽华已经有些不耐烦了。但刘丽华大有不在身上再贴一个"BOOK"就不甘心的势头。她也有些心烦气躁。等曹大龙催促她："随便在哪儿贴一个。快点吧！"她便叫起来："你急得嘛，总不能贴在屁股上！"

　　"那就别贴了！"

　　"不行！"刘丽华冒起火来，"今天我非再贴一个不可，要不我就不去了！瞧我表妹平常那股臭气劲儿！我今儿非得叫她服了不行！你要去你先去。敢情你里边腰带还有一个，你美了，我呢？"

　　曹大龙见老婆火了，做些让步，他从老婆的帽顶直看到半高跟的皮鞋尖，真还没有一个可以妥当地安插下商标的地方。谁料到老婆突然像球场上的球迷那样叫一声："有了！"脸上立刻转怒为喜。她从桌上那堆印着许多外国字的花纸里，找到一个小号的"BOOK"，玫瑰色的底色，金灿灿的字，十分耀目。她把"BOOK"方方正正地剪下来，一边说："哎，这'布克'前边的外国字是嘛意思？"

　　"管他呢！反正'布克'是牌号，日本名牌，要就要这几个外国字，甭管别的。"

　　刘丽华满面笑容，用激动得发颤的手指在剪好的纸片后面均匀地涂上糨糊，然后竟然贴在自己围巾的商标上。纸片大小刚好把原先的商标盖住。"海鸥牌"一下子就变成"BOOK"了。贴好后，她手一背，神气十足地问："怎么样，大龙？"

"太棒了！"曹大龙叫道。他为老婆助兴，同时也确实认为老婆的想法极妙。这地方非常明显，正在当胸，迎面又能使人看个正着。

这样，两口子便兴致勃勃走出家门。

从他们的那间外表灰不溜秋儿的小破房里钻出如此艳丽五彩的一双男女，弄不好真容易叫过路人吓一跳。

这两人混成一团的色彩，如果出现在画家的调色板上，准叫画家极厌恶地用刮色刀刮掉，抹在废纸上。

他俩却得意非凡，并都把挎包贴有"BOOK"的一面朝外。还弯着胳膊肘，怕挡住挎包上的外国字。

走出两个路口，正路过一座中学。从校门里走出一群十三四岁的男孩子。有的背书包，有的拿着皮夹子。他俩和这群孩子面对面愈走愈近。这群孩子已经给他俩的时髦所吸引，那些带着调皮气的孩子的脸上却反映出惊异又好奇的神情，好像在看一对星外来客。其中一个瘦瘦的矮个子男孩眼尖，一眼瞧见他俩身上和包儿上的"BOOK"。这孩子指指点点叫他的伙伴们看。

"BOOK！ BOOK！"

这些孩子显然认得这个单词，都发出声来并露出奇异的笑颜。

刘丽华与曹大龙心里却不约而同地想："BOOK"果然是名牌，人人认得。便愈发高兴，不觉脸上都流露出一种享受到什么特殊荣誉而扬扬得意的表情，尤其他们是在这群小毛孩子面前，自然更是加倍地傲气十足地走过去。

那群孩子却一动不动，站在街心互相窃窃私语，不知嘀咕什么，还发出忍禁不住的怪声怪气的笑。等他俩走出九十步远，那群孩子突然齐声喊叫："一对大书本！一对大书本！"

随后是一阵起哄似的讪笑。

"大书本儿？他们干吗叫咱'大书本儿'？"刘丽华问她丈夫。

"谁知道。"曹大龙想了一想，也困惑不解，却说，"现在的人，无论大人还是孩子，什么都不懂，没见识，一群土包子，看什么都新鲜，甭理他们，咱们快走。"

刘丽华认为丈夫的话颇有见地。她哼的发出一个含着高傲意味的鼻音，附和着说："真的，没见识！中国人真是不开眼，照这样什么时候才能现代化？！"然后故意用手勾着丈夫的胳膊，给身后那群无知的孩子摆出一个具有时髦精神的架势，在不断的、渐渐离远的"一对大书本"的叫声中，他俩去参加表妹的婚礼去了。

他俩根本没把这群小毛孩子的起哄当回事。只是怀着一个强烈的欲望，一定要在那个举办婚事的外语学院的毕业生家里大出风头。时髦、现代派、"BOOK"。对，"BOOK"！"BOOK"！叫表妹家那群人见识见识"BOOK"！

1981 年 1 月 12 日于天津

二十万辆菲亚特

一、一位市长的苦恼

快！快！快！不能再自甘落后，老牛拉破车，迈着四方步慢慢吞吞一步步往前蹭。世界上最好的东西咱们都要有，世界上最先进的物品咱们都得享用。咱们要用第二宇宙速度向前飞奔，马上飞到物质世界的最顶尖。凡是最能代表当今世界的东西，什么摩天大楼、立体城市、高速火车、日用电器、电脑、私人轿车、音响中心、可口可乐、机器人、魔方、巨型和微型的电视机等等，以及各种各样新奇的小玩意儿，都快出现，立竿见影，说来就来！咱们再不能忍受这种钟摆式的慢节奏了。现——代——化！怎么天天喊，天天叫，见到一点新东西那么困难？市长真笨蛋！你不会给每人发一台大彩色电视，分一套现代设备的单元住房，或者一户一辆小轿车，叫人们先尝尝现代化生活的滋味？市长，你整天在想什么？难道你只想着怎么给你的大儿子调个好工作？只想着弄点进口药治好你的哮喘病？只想你的官儿做得稳当一点？谁不知道，尽量少做事，才是做好官儿的秘诀。

市长坐在办公室里，眉心像给神仙捏了一下，松解不开，本城市民天天对他这些埋怨、责怪、猜疑，乃至谩骂，他都能听到。他怎么办呢？如果谁能了解他的苦衷，他真能对这人痛哭一场。他已经快六十岁了。照他的话说，他像一条鱼，无情的时光把他饱满的大脑袋和鼓鼓的肚子都吞去了。现在只剩下一截又扁又短、可怜巴巴的小尾巴了。然而不久前，他被任命为这二百多万人城市的市长时，他竟是雄心勃勃来上任的。仿佛要凭这小尾巴跃一次龙门呢！他暗暗发誓要在他任职期间，叫这城市有个显眼儿的大变化，变成现代化！他虽然并不清楚这现代化是什么模样，但他浑身却热乎乎地带着一股猛劲。决心已定，倘若实现，死也甘休！

可是当他一坐在这办公桌前，心情就不是一团单纯的火了。各个机关、部门、系统，各种呈送上来的报告，全是无法解决的难题。依照习惯，一切问题好像必须开会解决；但会上所有问题又都得不到解决。清朗的脑袋很快就成了一个混沌、沉重的大球。而整个城市也像缠成一个死团的大线球，无从下手。从哪里开始？修一座立体交叉桥吗？又能解决多少交通问题！这城市的小街小巷如同一堆又细又乱的烂肠子，还不依旧是天天堵塞不通！盖一座摩天大楼吗？又有多少户人家能够有幸搬到半天上居住！进口些私人轿车吗？谁付得起？哪有那么多外汇？有一天，他梦见城市大变样子，美梦醒来，苦恼只能再加上几倍。人们需要理想，生活却面对现实。因此他不再理会市民们对他的埋怨和责难，更不去搭理某些人说长道短的小谣言。世界上最难堵住的就是人的嘴巴。如果他真要堵，拿什么去堵？老百姓不要空话和无法兑现的许诺，只要实实在在的东西，可是他手里没有这种东西！

一天早晨，他的小儿子说："爸爸，您知道您身上多了些什么吗？"

"苦恼！无法消除的苦恼！"他低头沉吟，仿佛自言自语。

"不，白头发。您头上多了百分之二十的白发。"

"去！"他一推孩子说，"刚学了百分数就用到我头上来了。"

可是他对镜子一瞧，白发果然多了。好像入秋的草，许多变了颜色，白发往往是苦恼的产物。苦恼的另一个产儿是失眠。当他把失眠的原因告诉给医生，医生断定这失眠症不是医院内所能治好的。

二、喜从天降

好事和坏事，有时都要来缠人。

一件天大的喜事，像飞碟一样，在他毫无准备时奇迹般地出现了。上个月，刚从意大利进口四套石油钻探设备，附带来二十万辆菲亚特小轿车。这些车是该国过剩产品，价钱便宜得出奇。一位高级领导人决定把这些车拨给他的城市市民使用，作为生活现代化的试点。车款分期付清。工资一百元以下者，每月从工资扣除十元；工资高的扣十五元到三十元不等。

一般说来，坏消息比好消息传得快，可是这好消息却反常地、神奇般地传遍全城。但是，并没有多少人肯相信这件事。也许因为这消息意外、辉煌、猛烈，比幻想还美妙，比梦境更离奇荒诞。可是当晚市长亲自在电视里对此事专题讲了话，第二天报上头版头条登载了这条喜讯，人们才相信。相信的同时，仍有种分不清梦境与现实的感觉。

现实就是由许许多多不能否定的事实构成的。过几天，全市各区都设了专点，挂出一块响亮的、耀目生辉的牌子："购买私人轿车登记处"。各处门前登记者的队伍立即排得像条无尾的长龙。许多人家都是全家人员轮流吃饭、睡觉和排队，一连两天三夜才登记上，领到取车证件。但人们不像平时排队买牛肉和黄鱼时那么怒气冲冲，而是个个喜气洋洋、兴高采烈，好似领取结婚登记证，还不时互相询问和打探。这几天，有关菲亚特的消息真不少，各种说法都有，有的说法就未免神乎其神了。居然还有人说这种车由电脑控制，无人驾驶，想停就停，想走就走，随心所欲，安全可靠。还有人说它水陆两用，下水如船，能像汽轮一样冲涛破浪……离奇的传闻，总是在人们知识的空白处流通。人们的大脑都在想，我的菲亚特将是什么样子的？这时，在自由市场上和市百货公司门口，出现了几个打扮时髦的小伙子，出售菲亚特汽车照片，也不知这照片上的汽车是否就是这批尚未运到的菲亚特，但他们却发了一笔不小的横财。

　　这期间，熟悉汽车的司机们都成了受欢迎的人。整天有人找他们，问他们，请他们去吃饭，一块儿谈谈菲亚特。见过菲亚特的司机，便高谈阔论。说这种车是名牌车，如何省油、出快、结实，外形如何漂亮；另一些没见过菲亚特的司机便信口雌黄，人们一样听得津津有味。反正大家都没见到那东西，怎么高兴就怎么说吧！

　　汽车当然也成了最受人注意的东西。一辆汽车在街上跑——

　　"瞧，菲亚特！"

　　"胡说！那是丰田！！"

　　事实才能消灭谣言。第一批菲亚特终于运到了，人们倾巢而出，去货运站观看。远远只见站内外成了一片汽车的海洋。五颜六色的小轿车挤得密密麻麻，好像玩具，好像小甲虫，好像花花绿绿美丽的小帽子。在阳光下闪闪发亮。生活马上就要现代化了。马上就要轮到第一批登记的幸运儿领取汽车了。人们像中奖者一样沉浸在兴奋的狂涛里。个个头脑发涨，夜不能眠。跟着，两天之内，所有药店的安宁片、安定片、利眠宁、速可眠等等有安眠镇静作用的药物均被抢购一空。据说市长也服用了安神片，但这一次不是由于苦恼，而是兴奋。

兴奋，有时也须医治。

三、举城若狂

市长这次要大显威风了。他的胸怀中好似拥有整座城市，真富有一位实干家的气魄。他所想到的问题和办法都十分周到，有条不紊，也实实在在够得上"煞费苦心"一说了。

早在汽车运到之前，他就与交通局研究了新的交通法和交通信号。这新的交通法，将适应尚未出现和可能出现的交通新情况，可以说是非常具有想象力的。这新交通法，通过广播、电视和布告等各种办法，整天二十四小时连续向即将拥有小汽车的二十万户市民做宣传。

同时，他指示所有业余大学、工厂夜校和文化馆，都举办汽车使用常识和驾驶技术的学习班。请来一批精通汽车知识的人和老司机们讲课。同时，利用学校的操场、广场、运动场和城市中所有空地，插上竹竿，画上粉线，调些公家的小汽车来，训练人们驾驶汽车的技术。必须考核合格，获得驾驶执照，方能去领取登记的汽车。这就使求车心切的人焦躁起来。为了人们早些快乐而悠然自得地开起自己的私人轿车，市长搬到市政府办公大楼里去住，把自己的汽车供给人们练习使用。市长的行为被全市人民传为美谈。但愿这种舍己为民的官儿能够像孙悟空一样，一下变出来千千万。

学习汽车驾驶的速成班期限最短也得一个月。但这时，本来就执有驾驶证的人已领到汽车。一辆辆崭新、发亮、撩人喜爱的菲亚特车，开始在市内街头和人们的眼前奔来驰去。这些众人企盼物品的最先占有者，总不免扬扬得意，时不时故意按响喇叭。喇叭声把那些尚没得到汽车的人们的欲望，刺激得发狂。不消很长时间，街上的汽车就愈来愈多，红的、黑的、黄的、白的、紫的、花的、银的、长车头的、矮车顶的、敞篷的、旅行式的、两人乘坐最小型的……随着汽车的增加，城市开始发生变化。

人们想的是汽车，坐在一起谈的是汽车，每天比吃饭还重要的似乎也就是怎么尽快领到汽车了。有了汽车的人便白天黑夜地围着车转来转去，擦擦弄弄，想方设法添枝加叶，把汽车打扮得更漂亮和更惹眼一些。夜里一些车主还睡在车里，有的防盗，有的爱车入迷，有的确实感到，躺在汽车的软垫上，比家里的硬板床更舒适些。汽车停在路旁时，车主把车内的收音机打开，音量放到最大，为了引人注意。一些时髦青年就在车前拍照，然后把照片寄给自己远方的亲友，为了叫他们开开眼，还在照片背面签上这样一句最流行和最自我满足的话：菲亚特和它的主人。

一天晚间，市长推开他办公室的窗子，城市不再是一片昏暗、灯光寥落，而是一片灿烂辉煌。车灯射出强烈的光束，互相交错，把远远近近的景物照得忽明忽灭，看上去眼花缭乱。汽车驰过时，带一阵轻匀的唰唰声；这中间喇叭声高低长短错落有致，此刻，人间的任何音乐，都不如这声音能满足人们的耳朵。偶尔一辆车拐弯时，把雪亮的灯光直照他的眼睛。他这双眼睛就像节日的灯泡，明亮又快活。脸上的笑意像一对无形的小钩，把他的嘴角钩起，就像一条轻盈的小舢板。瞧呀！城市一下子变成什么样子了？这究竟是梦境，还是现实？究竟是正常的事，还是奇迹？现代化，原来并不像他以前想的那么艰难复杂，就看你敢不敢大刀阔斧地猛来一下！叫那些把现代化料想得遥远、缓慢和困难的人自寻烦恼去吧！

他转身按了一下电铃。秘书小陈来了。他讲了此时此刻膨胀在心里的体会，叫小陈赶紧整理成文章，送到报社，明天就登载出来。题目叫作……叫作，他目光扫了一下灯火璀璨的窗子，突然来了灵感似的，一挥手，大声说："叫现代化马上实现！"

四、大紊乱

市长心里有个美好的设想。他打算在二十万辆菲亚特全部发放完毕的第三天，全城来个汽车大游行。这一天，可以作为这座城市现代化的象征和节日，年年庆祝。想到这里，他一闭眼，想象中的那一天的景象就升上眼帘——呀！全城的街道全是小汽车，往来穿梭，浩浩荡荡，人声鼎沸，喇叭齐鸣，多么壮观！简直成了呼啸奔腾的彩色河流了！转瞬间，他的城市有些巨变，真能成为本世纪的十大新闻之一了。

但是，一份送到他办公桌上的报告，撞碎了他这美妙的幻想。这份报告是交通局市内交通处报来的。报告统计了自从菲亚特汽车出现以来，这城市每天发生的交通阻塞和车祸事件，依照百分之五的增长率飞速提高，仅仅昨天一天，单是车祸就发生一百四十八起，死伤五人。其中一百二十一起是汽车相撞，十九起是汽车撞人，一起是汽车闸门失控，六起是由于驾驶技术低和车速过快，在急转弯时翻车。还有一起是酒后开车，汽车冲上人行道，撞坏一间公共厕所，砸伤一位正在上厕所的老汉。在厕所里横遭车祸，成了这个城市交通史上闻所未闻的一例。

随即，市长又见到市政府信访组呈上来的报告。报告中说，近一周内信访组每天平均收到二百封群众来信，一半以上的信件反映汽车喇叭声影响人们夜间休息，还有些破旧房屋和围墙由于汽车撼动地面而有倒塌危险。信访组考虑这一问题具有普遍性，故此报请市长考虑措施。市长的秘书小陈对这报告的真实性表示怀疑，未等市长做出判断，报告中反映的情况就得到市卫生局的证实。据卫生局得到全市各医院和诊所的汇报，最近神经衰弱、心悸和失眠的病人显著增多。医生们判断，这是在平日人们习惯了的宁静的空间里，突然增加数万喇叭声所致。

"怎么会有这种事出现呢……"市长的眉毛皱紧了。

本来，今天市长要去看病。他的哮喘病忽然发作，而且挺重，就像箍上橡皮筋一样紧巴巴难受。看来，他今天去不成了，必须把城市规划局的马局长和交通局的孙局长马上请来，研究解决街道加宽和控制汽车喇叭声的应急办法。负责城市规划的马局长没有接到电话就已经找他来了。听过市长焦灼不安的话，马局长说："您这想法我们昨天就在全局处长一级的紧急会议上研究过了。这根本不能实现！不是不想实现，而是根本没有力量来实现！咱们城市能够并行两辆汽车的街道，只占全市街道百分之三十七，其他街道都需要加宽。否则交通阻塞和车祸就难以免除。但大约有十万户居民的房屋拆迁工作怎么办？拆房居民往哪里安置？再说，按照每户三十平方米住房面积来计算，十万户居民需要数百万平方米面积的新住宅建筑。砖呢？水泥呢？玻璃呢？钢筋呢？木料呢？建筑工人呢？运输呢？扩建所需的地皮呢？还要牵扯修路、水电安装、商业和服务业网点的配备等一系列问题。牵一动百，要商业局、电业局、水利局、市政局、卫生局等各方面统一规划，协调一致才行。谁能拍板做主动手来干？哪儿来这么大的力量？如果真干起来，肯定麻烦更多，局面更乱，弄得不可收拾。因为，现在城市一切都是成龙配套，多少年来渐渐形成的，一环紧扣一环……别说这些不着边际的事儿，就说眼下吧！这么多车，没处停放，结果停得到处都是。有的街道甭说汽车，连人都走不过去了！我听说，前天早晨，市东区那条又窄又长的重庆道堵了上千辆汽车。交通大队派去一百名交通警察，用电池喇叭喊了一整天，才算疏散开，嗓子全都喊哑了……"

市长听了半天没说话。手里下意识地翻来覆去地摆弄着一支铅笔，他有种奇妙的感觉，觉得这铅笔就像他自己，给一只无形的大手来回颠倒着，不能自已，无能为力。忽然他好像想到什么，抓起电话，一连拨了几次号码，都打不通，一撂下电话，电话机内的铃声反而响了。原来有人从外边一直在往他这里打电话。

打电话来的是市工业局副局长。这位副局长说，由于交通阻塞，汽车开不动，行路也难，全市工人每天迟到率高达百分之四十，旷工率达百分之四。一月来，全市工业总产值下降了百分之二十七。

紧跟着商业局也来电话说，各个商店由于交通运输不畅，许多日用消费品货源接济不上，出现短缺，起哄抢购的现象也有所发生。

这些局向来是报喜不报忧，头一次主动来报忧，看来问题分外严重了！

"小陈！小陈！"市长忽然大叫，把马局长吓了一跳。

秘书小陈来了。他从来没见过自己这位向来稳重斯文的上级如此急赤白脸的。

"交通局的孙局长怎么还没来，你通知他了吗？"市长急切地问。

"您早上一说，我就打电话给孙局长了。交通局办公室的郝主任说，孙局长一上班就来市政府了，估计半路车堵，过不来了。"小陈说着把手里一份报告送上来，"这是刚刚公安局送来的，也是有关汽车的事。"

市长的目光落在这份报告上，莫名其妙、自言自语地说："汽车关公安局什么事？是不是发生了偷车？"

小陈没说话，因为市长正在翻阅手中的报告。这报告中的内容也一样大大超出市长的意料。最近公安局得到许多工厂的汇报，工厂发生大量窃取公家汽油事件。原因是，市内原有各种汽车两万辆，国家平均每月向每辆车供应汽油六十公斤到八十公斤，月计一千四百吨。现在突然增加了二十万辆汽车，等于原先需油量的十倍以上，如何能满足供应，各个加油站的油库早已无油。人们只有从本单位的油库中打主意了。尽管工厂想了许多办法，但办法总没有窃油的人们多。连许多正派人都干起这种偷偷摸摸的事来了。

"通知各厂，封起油桶，违者处分！"市长把报告往桌上一拍，大叫一声。这一声似乎要把滞结心里的烦恼和怒气一股脑儿撒出来。

规划局的马局长在一旁说："如果没有油，二十万辆菲亚特汽车全停在大街上，成了一大堆弄不动的漂亮的废物，交通可就更麻烦了！"

市长的眉毛都快挤在一起了。他想了一下，忽然又抓起电话，又急又快地拨了一个号码，问道："你们是汽车发放处吗？我是市长。我问你们，现在还有多少辆汽车没放出去？你听我说，从现在开始，一辆也不准放了！"

"剩下的车也无法放出去了。"对方回答。

"怎么？"

"剩下一百四十辆车，都是有毛病的。十九万九千八百六十辆车已经全部发放完毕。不过您的意思……"

市长不等对方说完话，就啪的一声把耳机使劲撂下，扭头对马局长和小陈说："咱们到楼顶上瞧瞧去！"然后气冲冲夺门而出。平时他很讲礼貌，出进门都让别人先走，此刻却一反常态，把马局长甩在后边。他由于哮喘，一向上楼很慢，此刻竟然从二楼一口气跑上七楼的阳台。马局长和小陈紧跟在后面，好似登高比赛。

他伏在阳台栏杆上，往下一瞧——

瞧吧！他眼底是一个多么混乱的世界！所有街道，所有空地，所有楼房中间，全都是菲亚特，五颜六色，花花点点。有的地方，汽车像五彩的小皮球儿似的飞跑，有的地方挤成一个个死疙瘩，好

154

像蚂蚁打架；到处人喊、发动机嗡嗡叫，不停地按喇叭……谁能想到，汽车会给城市搞成了这个兵荒马乱的样子，简直比洪水进城、大地震、台风登陆还可怕！这局面明摆着，已经无计可施，不能收拾，眼看着要发生大祸、大灾、大乱，面临着无法挽救的崩溃的局面。市长心里一急，忽然感觉胸口窒息，好似空气突然没了，他使劲呼吸几下，胸膛里不多的空气好像也只出不进了。他有种死神忽至的感觉。

"您怎么了，怎么了，市长同志？"马局长惊慌地问他。

"您哪儿不好受？是不是哮喘病又犯了！"

"很可能。"旁边有一个人说。这人长得年轻干练，不知他什么时候站在这里的。小陈认识他，他是环境保护局的刘副局长。这位刘副局长说："目前城市空气污染早已超过指标。今天医院就有不少病人发生呼吸困难。我看要马上送医院，勾起心脏病就麻烦了！"

市长的脸白得像面团。他已经站不住了。马局长扶着他，一边对小陈说："小陈，快打电话要救护车，愈快愈好——哎，不行！马路车多，救护车恐怕开不过来吧。这附近有没有医院？快要一副担架来！"

五、这样结局

市长也不知道自己身在何处，睡了多久，醒来后，发现自己是躺在医院的特级病房雪白柔软的床上。病房相当舒适，但他感觉全身都非常难受。

他的呼吸道里好像堵了纸条，胸膛里如塞满棉花，腹腔里灌满石块。嘴巴里却奇怪地感到难以忍受的干渴。每隔五分钟就要喝上半杯水。他还觉得自己像个铁人，床板有磁，牢牢吸住他，死沉的身子很难抬起来。而且鼻子嗅不出味儿，眼前总飞来飞去一些彩色的小点点，脑袋如同蜂房一般轰鸣，还有许多汽车喇叭的尖叫声。他最受不了这种声音，这声音加重了身体各部分不适的感觉……

他认定这声音是从紧闭的窗外透进来的，就叫医生给他两块棉花，塞住耳朵。耳朵堵住了，那声音反而更清晰，不知这声音来自窗外，还是自己的脑袋里。

一周过去，他觉得好一些，就问医生："我这是什么病？脑神经坏了吗？哮喘吗？还是心脏出了毛病？"

医生微笑着摇摇头，然后告诉他："您全身器官没有任何毛病，只是一次功能性的大紊乱。"

"什么叫紊乱？"

医生告诉他："每个人在正常情况下，都有一种均匀和稳定的循环规律。如果突然遭受到外界压力，力量又过猛，吃不消了，就会打乱，或破坏这种正常循环，出现紊乱。比如人体的神经受中枢神经的支配，互相就有一种十分协调的关系，如果你过度用脑，大脑中枢对兴奋与抑制的平衡作用就会失调，而影响到其他器官的神经的正常支配能力，失眠、心慌、胃部不适、便秘等等现象都会发生。再比如，你想锻炼身体，练习跑步，头一天跑一百米，第二天跑二百米，一天天加长跑步量，你不会感到不适与难受，但如果你头一天就跑一万米，超出身体各种器官的负荷，非但不会达到强身健体的作用，可能还会大病一场。你别小看'紊乱'。它虽然不是器官的毛病，却能使你体内七颠八倒一团糟，比得大病还难受。"

"那我怎么办？"

"就看你造成紊乱的原因了！"

市长想了想，说："我的病有可能是汽车喇叭声造成的。因为我现在一听汽车喇叭声就难受。"

医生耸耸肩。最近不少神经衰弱的病人都与汽车喇叭声有关。没想到市长的病例最为突出。噪声致病还是这城市医学界尚未提到日程来的课题，但它一下子由冷门变成热门。这当儿，秘书小陈推门进来，笑眯眯地对市长说："听说您的病见好。半个多月了，医生头一次允许我进屋来见您。"

没想到这一病居然飞快地过了半个月！半个月的时间，就像丢掉什么东西似的，转眼就不见了。市长想到自己的心事，不禁说："小陈，汽车……"

小陈一听就笑了，不等市长说完这句话，就说："十天前——也就是十七号那天，几位副市长开了一次会，向上级打了一个报告。据实汇报了二十万辆菲亚特已经把我们的城市搞得一团糟，如果再那样下去，整个城市的工作就要瘫痪了。那天，我拿着报告来请示您，医生说您需要镇静，不准见任何人，尤其不能接触工作……"

"我对几位副市长的决定没有意见。中央的意思呢？有什么具体指示没有？"

"二十万辆菲亚特，全部都调走了。分配给全国各城市和乡镇。"

"太好了！"市长感觉身子下边的磁力陡然失去，一下子坐起来，"什么时候调走的？"

"昨天下午都走完了。今天上午各局打来电话，除去医院里还有些神经衰弱的病人没有很快治好之外，一切都恢复正常，一切问题都没有了。据环境保护局说，空气污染现象也消失了，今天已经回到正常指数上来，你出去呼吸一下新鲜空气，保证舒服极了。真怪！一下子又都变回来了！"

市长觉得自己体内所有难受和不适之感，都突然从身上飞走。轻松，惬意，精力充沛。他跳下床来，推开落地的玻璃门。手扶平台的铁栏杆，四下一看，城市好像和他一样，闹了一场大病，此刻又康复了。平静、正常，相安无事。现在正是早晨九点钟。工厂烟囱静静冒着烟儿；绿树丛中的空隙里，可以看到一处学校的操场上，孩子们正在上体育课。宁静的街道反射着阳光，像一条条冻结而发光的河，偶尔驰过一两辆自行车；老太婆们提着菜篮，缓慢而悠闲地走着。这一切，街道、商店、树木、光线、空气，都是老样子。舒适、自然、亲切、习惯，连前些天给汽车吓得不知飞到哪里去的麻雀，也都飞回来了……

三天后，市长出院了，回到市政府机关的办公室上班了。一切如旧，他身上各种难受的感觉都没了。只是在夜晚似睡非睡之时，偶尔耳朵里还响起一两声汽车喇叭声。此刻他便像过电一般，骤然惊醒，略略感到一阵子说不出的难受的滋味。这感觉断断续续持续半年多，才渐渐消除净尽。由于他知道这不算什么病，也就不放在心上了。使他反觉轻松的是，从此市民们责怪与埋怨他的那些话，很难听到了。

1982 年 9 月 20 日

三十七度正常

一、四十度

我头一次见到他时，是在五年前。

那是个深秋。我正在门诊室给一个病人检查心脏。院办公室的干部小李来找我，说有要紧事，要我立即放下病人，马上就去。我不敢违抗，急急忙忙去到办公室，只见屋里边除去许主任之外，靠墙的沙发上坐着一位中年的陌生人，穿一身蓝色的公安制服，戴一顶半新不旧的军帽，一张浅黑色、普普通通、紧绷绷的脸。他见了我，在严肃惯了的脸上露出那种显得不大自然和有些勉强的一丝笑容。如果没有这笑容，我倒以为自己出了什么事似的。许主任叫我赶紧去拿出诊器具，随这位陌生人走。此外没对我说别的什么话，也没给我和这位陌生人互相介绍一下。

我当然懂得，遇到这种事还是不多嘴多舌为好。依我的经验揣测，多半要我去给某位要人看病——我曾被接去给一位胖胖的、左鼻翼上长一颗黑痣的人看病，至今却不知道他的姓名、他是何人；只知道他的地位相当不低。我是内科的主治医生，不客气地说，我的医术在我们这座市级的大医院内是被公认为首屈一指的。别看我在医院的权力部门里是不受信任的，但在一些要人的生死关头，却还只是信任于我——这当然是个奇怪的逻辑！

当时，我很快就去把出诊器具塞进手提包，转回来，准备随那陌生人走时，那人忽指指我说："请你把它脱掉，换便装！"

他叫我脱去白大褂！为什么？当许主任对我说"你脱下它吧，这样方便些"，我就更加不解。连我对此行去做什么的猜测都发生怀疑了。但我没说什么，服从他们，换上了便装。

院里停着一辆中型的军用吉普车，我们上了车。在路上，那人待我倒还客气，让我烟抽，偶尔还问我一两句医院里的事，却闭口不谈请我去的根由和任何有关的内容。只告诉我，他姓刘，但没说他的名字。我稍稍留意一下，便发现这位刘某对我的客气很是虚淡，不大像替某位要人请医生那样热情。他的寡言，像是在守口如瓶，生怕从唇缝中走漏出什么似的，等等。这一切，和我往常经历过的此类事情相比较，显得很反常，甚至有神神秘秘感。

汽车跑了长长的路。路愈长，我脑袋里的问号愈多。可是当汽车前面弧形的风挡玻璃上出现一座高大、灰色、墙头装着电网、戒备森严的监狱时，我那堆模糊不明的小问号，就顿时融汇成一个实实在在惊诧的大问号了。同车这位刘某探头到窗外，对大门前持枪站岗的警卫摆了一下手，车就"呼"地开了进去。在这一刹那，不知为什么，有一种紧张的感觉布满我的全身。

汽车绕过两幢楼停下来。我们下了车，刘某仍然一句话没说，引我穿过前面空荡荡的操场一般的大院。院内无树，地上连一片落叶也没有，扫得异常干净。我跟在刘某身后，走到一座水泥罩面、相当坚固的二层楼前，登上一道露天楼梯，上了二楼，是一条长长的廊子。一边是用粗铁管焊成的栏杆，下临大院；另一边是一色的单扇铁门，涂着黑漆，每个铁门上有一个方形的监视孔。廊子两头各站着一名持枪的木偶似的呆立不动的看守——从这景象里，我头一次感到监狱所特有的严酷的气氛。

刘某带领我走到靠近西头的第二扇铁门的门口站住。他从衣兜里掏出一把钥匙打开门，里面又出现一道铁栅栏门。当刘某将另一把钥匙插进铁栅栏门的锁孔"喀嚓喀嚓"转动的时候，我已明白，我是被请来给一个犯人治病，但这是个什么犯人而需要把我——通常是请去给要人看病的医生——请来？而同时，隔着前面一条条结实而竖直的铁柱，我已经看见里面墙角一张简易的木板床上斜卧着一人，面孔朝里，弯曲着双腿，拦腰裹着一条不灰不绿的毯子。也就这在当儿，从这间光线晦暗的窄小的牢房里，有股浊重而难闻的气息迎面扑来。

刘某推开铁栅栏门，一边扭回头低声对我说："你给他做一次全面检查，什么话也不要对他说。有什么情况，等完事后对我讲。"这是他有关叫我来做什么的第一句话了。

我点点头。

刘某对那人招呼一声："喂！起来吧！"他没有叫那人的姓名。

那人浑身惊栗般地一抖，被惊醒了。跟着以一种非常迅速的动作翻身下地，直条条地恭顺地站在我们面前。他的容貌令我吃惊。我凭着一双老练的医生的眼睛，从他这张生着很长胡须的没有血色的瘦长脸上，看得出他极度缺乏营养而处于病态中；颧骨处有两块红晕，那是肺部炎症的征兆，可能在发烧；一双黑黑的外突的大眼睛没有光泽和表情，痴呆呆地直视着我，显出他的肉体和精神都受过长期非同寻常的折磨；他的双手紧贴着两条大腿的外侧，努力立

161

正站好，但身子禁不住左右微微摇晃——我断定，他若不是脑部有毛病，就是身子虚弱得厉害。本来医生见到这样的病人，应在态度上分外温和，多给些安慰。但我不敢。他是双重身份——病人和犯人。我只对他摆摆手，叫他坐下。

但我发现，刘某对待他并不严厉，严肃中比较平和地问："你需要什么吗？"

这不像是对待一般的犯人。

这犯人用他迟钝的目光凝视刘某一眼，随后以一种试探和请求的口吻说："我要喝点热水。"

刘某朝我点一下头，意思叫我照他的嘱咐行事。刘某便从墙边提起一只竹壳的暖水瓶离开屋子。

我开始给这犯人仔细地做周身检查。他十分顺从地依照我的要求去做，不只像一个求医心切的病人那样听话，还有种犯人的卑躬和依顺。但他不对我说一句话，似乎他不敢；只是不时地用他那黑黑的外突的眼睛打量我；那是一种探究的目光，在我脸上掠来掠去。好像一只遇到生人的猫，由于摸不清陌生人对自己有无恶意，而不敢接近，犹豫里含着三分警惕。但我从他这双眼睛里，看不出任何凶狠邪恶的影子，也没有一般犯人那样的阴沉和自惭的精神。他不像犯人。

当我掀开他的衣襟叩诊时，不禁大吃一惊。他瘦骨棱棱的后背上满是横竖交叉、红肿未消的棍伤。一股怜悯之情涌满我的胸膛。我把一支温度计塞进他的腋下，轻声问："你感觉什么地方最不好受？"

他直怔怔地足足看了我一分钟，似乎想从我脸上察看出有多少可以信赖的成分。跟着，他的目光变了，好像冻结的冰球儿融开了，变得有表情了——有种恳求我帮助和同情的意味。他发白的嘴唇嚅动几下，发出轻微的话声："我身上一点劲儿也没有。"

我点点头，表示明白和相信。这当儿，刘某提着暖瓶回来了。这犯人立即收回他眼里的表情，重新变得木然和呆滞。我不动声色地继续给他做检查。我从他腋下抽出温度计一看，呀，四十度，他果然发烧而且还挺高哪！

我把温度计递给刘某。刘某看了，并无任何表情，什么话也没说，把温度计还给我，说："还需要检查什么吗？"

"全查过了。"

"好，我们走！"

他等我收拾好出诊器具，就领我走出来。他把铁栅栏关上时，对那犯人说了一句："你需要什么，可以叫看守人员找我去。等一会儿，有人来给你打针。"

从刘某的话里和口气里，我已明确感觉到这犯人绝不是一般人。可是当这犯人见刘某对他说话，就再一次从床上跳到地上，驯顺地站直身子——这是在监狱里训练成的规定动作——由此看来，他又分明是个犯人。他是谁呢？

我们走出来后，刘某对我说："这里不好请你坐坐歇一歇了。我马上送你回去。有话咱们在车上说吧！"

在汽车里，刘某问我："你认为他有什么要紧的病吗？"

"他发烧，肺部有湿性啰音。这是肺炎的初步征兆。"

"这我知道。监狱医务所的医生能解决。你看他有什么会要命的病没有？"

我听了，眼前忽地掠过刚才那犯人对我表露出的乞求帮助的目光。我想了想说："经我检查，心脏血压等各方面都还正常。但他身体过于虚弱，再经不起折腾（我是在暗示，不能再对他用刑了），否则很容易出生命危险。我可只是从一个病人的身体状况考虑——应当给他增加营养。以他现有的抵抗力，连感冒也会要他的命。不知你们对犯人能否这样做。"

刘某盯着窗外迎面疾驰而来的景物，沉默了一会儿，眼也不瞧着我而问我："营养的最低限度是多少？"

"至少每天半斤牛奶，一个鸡蛋。"

刘某不再说话。汽车在奔驰。我脑袋里的问号非但不比来时减少，反而增加了。从一个多小时来颇有些离奇的所见所闻，我怎么也想不出那个神秘的非同一般的犯人到底是个什么人。我又不敢问刘某，但当刘某又让我一支烟时，我就禁不住一松口，把弄得我心里发痒的这个疑问吐了出来："老刘，有句话不知该不该问？如果您不便回答，自可不回答我。您得叫我明白明白，刚才那人是谁呀？"

刘某瞥了我一眼，吸两口烟，忽把嘴唇凑向我的耳朵："吴大夫，咱们可哪儿说、哪儿了，这话只在汽车里说，出了汽车就不准再说了。他是——"

他告诉我这人的姓名，我吓了一跳。

二、一百度

我再见到他时，是在两年前。

那是个初夏。上午十点钟，我去院办公室送一份有关心血管病研究的论文，准备打印成材料送到有关部门。办公室的干部小李一见到我就笑嘻嘻地说："吴大夫，我正要去找您。咱们到'乙＝'病房去见一个人，他是您的老相识。"

"谁？"我问。

小李不说，表情挺神秘，好像非要我去见了大吃一惊他才称心。到了"乙＝"病房。直走到顶头那间单人的小病房门口——一般病号是住不进这间单人病房的。这是谁呢？小李已推开门。透进大玻璃窗的阳光把以白色物品为多的病房照得雪亮。只见病床上躺着一人，枕得高高的，正在读报，双手张开报纸，半透着阳光的报纸遮住他的脸。他脑袋的影子却在这光亮的报纸上。

"喂，您瞧谁来了？！"小李冲着他叫道。

那人撂下报纸，现出一张瘦长和没有血色的陌生的脸，刚刮过的光滑的下巴隐隐发青；一双黑黑的眼睛直盯着我，眼皮一眨一眨的。我不认识他呀！可是，这时他却大叫一声："吴大夫！"跟着以迅速的动作翻身下地，对我直条条站着。

一看这下地的动作，我立刻想起他了！正是三年前在监狱里见到的那个人！

他显得分外冲动，从窗根儿拉过一把椅子，那椅子上有尘土，他忙不迭地用手掌抹了抹椅子面，请我坐下。他坐在床上，伸出双手紧紧握着我的手。他的手在抖，目光跳动，下巴微微发颤，说出的话混在一股抑制不住的激情里而哆哆嗦嗦的："吴大夫，多亏您救了我！"

"我？"我不明白。

"对！自您那天走后，我每天就吃到一个鸡蛋、一杯牛奶。而且从那天起他们再不……"他犹豫一下说，"我再不受折磨了。这个我不说您也会明白，因为您那天从我身上全看到了……吴大夫，真的！要没有那些营养，我绝顶不到今天！我想，这肯定都是您那天对他们提出来的。是不是？肯定是！"

我恍然大悟，却含笑不语；心里有种做了好事之后见到效果时的幸福感。

"我一直从心里感谢您。因此昨天从监狱出来，住到这儿，马上就向人打听您。谁想凑巧您就在这医院里！您说，我得怎么谢谢您哪！"

我摇摇手。救死扶伤是医生的天职和崇高的义务；医生是从不要病人道谢，甚至感恩报德的。我关心的只是他目前的身体状况，我便向他仔细询问；我俩说着话。他却怎么也不能由一种热烈的冲动中平静下来。好像一时不知怎样报答我才好，急得他一忽儿抓着我的手，一忽儿站起身，眼睛四处看，仿佛要找到一件稀世的珍宝塞进我的怀里，他才能安心地坐下来。这时，他瞧见床头柜上的一个小纸兜，忙过去从纸兜里掏出一个东西来，原来是只红苹果。他向小李借一把小刀，对我说："我来给你削皮！"

我不要。并告诉他，医生不能在病房里吃病人的东西。他不肯。他说，我不是他的医生，而是"救命恩人"，执意叫我吃，还非亲自为我削皮不可。他的手抖得厉害，等他削好，这苹果却成了一块小小的多面体了。我不吃，最后还是他硬塞进我口中。

这当儿，病房值班的赵医生带着一名护士查房来了。他一见赵医生，马上站起来，就像当年初见到我那样子，这大概是多年严酷的监狱生活给他留下的下意识的条件反射。赵医生见他就说："哟！您怎么下床了呢？您身上的温度计呢？给我！"

他听了一怔。忽然想起什么似的惊呼一声"坏了",就用手抓腋下,似乎没抓到什么,又赶忙慌慌张张摸索自己的上身,一边低头在地上寻找,嘴里嘀咕着:"瞧我,记性多糟,给忘了,准掉在地上了,可别摔坏了!"他像不小心做了一件大错事那样焦急和不安。后来他找到了,在内衣里边,幸巧卡在裤腰处。他拿出来递给赵医生,苍白、带病容的脸上还挂着歉意和发窘的笑。赵医生把那灌着水银的亮晶晶的玻璃棍横在眼前,转动一下,遂对他说:"您还有低烧,必须卧床。没有我许可不准下床!"

"我,可是,我们——"他指着我说,却不知怎么说才能解释清楚我们之间非凡的关系。他还是那样激动。

赵医生笑了笑说:"我都知道了。可是您得明白,情绪也会影响体温。看您现在的情绪,估计有一百度了!"

大家都咧开嘴笑了。他也笑了。

走出病房时,小李对我说,他是昨天下午四点钟给从监狱接出来送入院的。听说很快就要落实政策,官复原职。小李拍了一下我的肩膀,眼角朝我一挑,半开玩笑地说:"老吴,这回您可行了,救了这么一个大人物。他上了台,还少得了你的好处!无论你有什么难处,找他去还不是一句话?!"

我听了,笑笑而已。老实说,我讨厌小李这句话。因为,他对于我来说,仅仅的和全部的,都只是一名病人。

三、三十七度

我第三次见到他,是在他离开医院那天。他从病房打来一个电话，请我去一趟。这次见到他，事隔前一次已经三个月了。这期间，我被借到另一座医院协同搞一项有关血流动力学的最新科研项目。上星期才回来。我回来后就听说他已经官复原职，而且已在报纸上露过一次姓名。他早就从"乙＝"病房搬到高干病房去了。我却一直没去看他，原因是医院里不少人都知道我与他那段奇巧和特殊的关系。我不愿意因去看望他而引起别人产生其他想法，甚至招惹出一些流言蜚语，好像我想借着这层关系与他亲近，以便谋取什么个人的私利。

　　那天极热。我进了高干病房。他正在会客室与几个人坐在沙发上谈话。我远远看见他，吃了一惊，他完全不是个病人了。人见胖了，面颊泛着健康的血色，配着他那件雪白的衬衫，显得容光焕发；手里还夹着一支烟卷，谈笑风生。立在屋角的一台漂亮的立式电扇，转来转去，把凉爽的风送到屋子的各个地方。

　　他看见我就站起来——但不像前面两次那样迅速地直立起来，而是动作稳重地站起身。他过来主动地同我握手，笑吟吟、埋怨似的问我为什么一直没来看他。他没有把我介绍给那几个人（看样子，那几个人绝非一般人物），拉着我坐到另一边一张双人沙发上说话。他那一双黑黑的外突的大眼睛炯炯有神又亲切地盯着我，关心地询问着我各方面的情况。一边叫人给我倒茶，让我抽一种高级香烟。我注意到，他除去眼皮稍有些浮肿之外，已完全恢复健康。精神也完全恢复正常，再没有上次所见到的由于多年低声下气地生活所致的谦卑的神情；他的情绪也稳定下来，不像前次见他时那样冲动了。他好像一架坏了的机器，乍一恢复功能时，会止不住地震跳发颤，现在已经按照它固有的速度和功率平稳地运转了。我还感到，他身上出现一点点大人物常有的威风和气度——不过，这一点点，对于我这样的普通人来说还是完全能接受的。何况他待我真心实意，还小声对我说，今后我碰到什么难处，可以去找他；随后他在我的小记事本上，留下他的电话号码和家庭地址。

门外一阵喧哗，进来许多人，有男有女，年纪都不小，由我们医院的院长陪同，大概都是些领导。跟着就有一个样子挺精悍的小伙子进来说，汽车在门口等候。他要走了，便主动和我、和病房的医生护士们分别亲热地握手道谢与告别，并且还同一个小护士开开玩笑："怎么样？我能走了吗？"

那小护士笑嘻嘻地说："可以走了。您的血压一百三、九十，心律七十八，体温三十七度，一切都非常正常。"

"好，我被准许走了，起程！"他哈哈笑着说。扭脸时瞧见了我，他便说："吴大夫，可来看我呀！别等我病了再来！"

我点点头，笑着说："不，愿您总是三十七度。"

大家笑着，簇拥着他离去了。

四、三十度

我以为从此很难再见到他了呢！可是，半年之后，几个省市搞联合卫生大检查时，我被调到前来我市的外省市卫生检查团所住的宾馆里，担任临时的保健站的负责人。检查工作完毕那天，市里领导前来宾馆接见大家。我在走廊里突然遇到他。他穿一件薄黑呢大衣，面皮滋润发亮，显得胖多了。我竟看了两眼才认出他来。他那处在腹部位置的大衣扣，给微微隆起的肚子，顶得亮闪闪地翘起来。他变化真大，很显著！当时，我就像遇到久别重逢的老相识，两步跨到他面前。但首先，他给我一个意外的感觉是，他和我的情绪不大相同，没有主动地伸出手来，而是我热情地向他伸出手，我们才握了握手。随后我两站着谈了两三分钟话，我关切地向他询问身体情况，他一一回答我。我却觉得，他总像有什么事要去办似的，目光并不集中在我的脸上，而是不住地左顾右盼。跟着就对我说一句："有空好好谈。"便和我握一下手走了。

我站在走廊上，心里有种隐约不明而又说不出的不快之感。当时这种感觉在我心里好像一团迷雾，琢磨不透。等我晚间下班骑车在路上，给凉风一吹，脑袋渐渐清朗起来，我才惊讶地发现，在我们这次谈话中，他竟没有一句主动问到我的情况的话。我自寻安慰地想，是不是在当时那场合里，他不便与我多谈，或是人多又乱，无法同我专心专意地谈话？不，当我在记忆中重现一下刚才他那张脸时，这脸上不但看不到老相识偶然相逢时的惊喜与亲切之情，竟连笑容也有些勉强和应付的意味。不单丝毫没有当初他在"乙＝"病房那热烈的冲动劲儿，就是上次在高干病房所表现出的同志之间正常的温度也降下来了。难道、难道、难道是……我不愿意往下想了。我拼力地快蹬车，想把那会令人伤心的想法甩掉。

五、十度

此后仅仅过了一个月，我再次遇见他是在市医学工作者代表大会上，他来接见我们。我在人群中，他看见我了，只对我点一下头。由于上次见面那个缘故，我特意冷静地观察他对我的态度和表情。我感觉，他想对我笑一笑，但仿佛要完成这个表情都那么费力。他来不及破颜而笑，就已经走过去了。这一次还不如上一次。

我不禁打了一个寒噤。

六、零度

前两个月，我去看戏。戏还没开幕。在门厅里，我挤在人群中争购一张节目单时，忽听有人小声喝道的声音。我扭头一看，从大门外走进几位很有气派的穿大衣的人——我知道是些什么人。偶然间，我与那其中一人的目光相碰。似曾相识的目光，但我很快就认出来，是他！我又见到他了！可是在这一瞬，我感到他的目光正要避开我——他连施舍似的对我点一点头都不肯了！自尊心使我提前把自己的视线飞快地移开，眼瞧着大厅的右角昂头走开。但这一忽儿，他给我的印象多深！一张降到了零度的甚至像结了冰的脸！这张脸深深刺痛了我。我受不了！好像我硬要去巴结他、接近他、迎合他，想在他那里沾到什么好处似的。而我需要他什么呢？究竟是什么呢？其实不过要一种普通人之间的感情。我并不想再重温一次他经过痛苦的磨难之后，而迸发出来的反常的热烈的激情；我只要人正常的温度——三十七度。

1980 年 1 月

金色的眼镜腿儿

嘿嘿，多漂亮、多讲究、多稀奇的眼镜腿儿呵！真是神啦，绝啦！罗金贵人活了四十岁，还是头一遭见，可算开了眼！俗话说这叫作眼珠子走了运。

今儿打早，他换一身干干净净、压得平平整整的制服，跟着几个县领导，乘着那辆新买来不久的"面包车"，去火车站迎接下到县里来视察的农业厅的郭厅长。他听说这位郭厅长上个月刚从加拿大访问归来，心想厅长身上必然带着点什么洋气儿。这几年海禁大开，他们这个素来偏僻闭塞的小城，什么洋裤洋褂、洋机器、洋音调儿，就像春天草地里的虫子，各种各样，愈来愈多。对这些洋玩意儿的好奇便成了此地生活中的新内容。瞧，他猜得不错！当厅长从车厢门走下来，他一眼就发现厅长那副金光闪闪的眼镜绝非一般。他料准这是打国外买来的洋物件。

此刻坐在汽车里，天赐良机，他与郭厅长中间只隔一条二尺多宽的走道，使他能借着厅长与同座的县委马书记谈话的当儿，把这洋眼镜看个仔细。

好家伙！他只用眼睛一扫，就敢说，全县、全地区、全……干啥提这些，他打小长大，压根儿就没见过这种眼镜，尤其是那极其特别的眼镜腿儿——这腿儿连接镜框的一端足有量布的尺子那么宽，见棱见角，然后忽然变细，成了一根圆溜溜、蚯蚓般粗细的棍儿，末尾说弯不弯，轻巧又恰到好处地架在厅长那红厚肥软的大耳朵上。别看这式样怪得有点出奇，却总勾着他扭头去瞧，不瞧心里就痒痒得慌。这眼镜腿儿到底是啥料做的？他琢磨不透，外表好像罩着一层亮晶晶的玻璃，里边有种金煌煌的东西在闪耀。他想再仔细地瞧瞧，又怕让坐在身后的人看见，笑话他没见识。他回过头看看，厅长的随伴正和其他两个县干部聊得热闹，并没注意他，他索性放心大胆地把这眼镜腿儿看个透彻。这仔细地一看可就更出奇了。水晶般透亮的眼镜儿里竟然好像含着无数牛毛一样细碎的金末末，特别是当厅长和马书记谈得高兴时，大脑袋一动，里边所有的金点点都调皮地、兴奋地、活灵活现地闪出光来。就像他家门口那条小沟，在阳光透彻、微风吹拂时那样炫目，又像黄昏时蜻蜓的翅膀闪动时那样绚丽，好家伙！他真是琢磨不透了。这究竟是啥料做的？牛角的？塑料的？玻璃里加进去碎铜丝，还是树胶里掺和了金粉？虽然他搞不清，却愈看愈喜欢。多么神气、贵重、讨人喜爱呀！表面溜光细腻，好像小闺女娇嫩的脸蛋儿，真叫人想去摸一下，于是他就生出要摸一下这眼镜腿儿的念头。

摸一下，摸它一下，他想。

这么新奇的东西，摸一下值得，摸一下心里就更有数了，也好对旁人说呢……但当他看一看厅长——这位高高的领导，红润的脸上一副沉着庄重、不可触犯的神情，心里这念头就给一种不知从何而来的怯懦感压住了。

汽车在乡间柔软的土道上飞快地驰跑。马达像蜂房一样发出均匀的令人陶醉的嗡嗡声；车厢里有股淡淡而好闻的皮革气味；松软而有弹性的椅垫，坐上去真舒服。这些舒适的感觉催人昏昏欲睡。在长途行程中困乏了的郭厅长合下眼皮，疲倦在厅长宽大的脸颊上勾成几条又弯又长的皱纹。坐在厅长身旁的县委马书记是个深谙世事的人，此时自然也就不拿话去叨扰这位需要休息一下的上级领导了。

罗金贵却精神十足。

念头不死，就总要钻出来，折磨着他。他心想，为什么我就不能摸一下他的眼镜腿儿？如果这眼镜架在我的耳朵上，他不是说摸就摸吗？不是说，真理面前人人平等吗？在眼镜面前人人就不平等了？在区区一个眼镜上都不能平等，还提什么真理面前人人平等？这时，他所关心的，已经不再是这眼镜腿儿究竟是哪种原料——牛角还是塑料的了。自我的尊严感跑到第一位。他想，自己——一个四十岁的男人，连摸一摸人家的眼镜腿儿都不敢，笑话！真是白吃了几十年粮食和咸盐。摸一下又会怎么样？怕什么？废物！不行，非摸一下不可！

手伸过去呀！怎么啦？

奇怪！自己的胳膊像挂了八个大秤砣似的举不起来，无论心里怎么鼓劲，可他的手最多只能抬起十五厘米，就再也抬不动了。随后……随后他对自己让步了，他像有什么灵感似的，忽然生出一个非常巧妙的办法：等待汽车在道上遇到坑坑洼洼，借着车身一晃的刹那，他假装身子失去重心，往厅长坐着的方向一斜，胳膊顺势一伸，手不就正好碰到那眼镜腿儿了吗？这法子的确极妙，完全可以骗过厅长，合情合理地达到目的。

可惜车子驰行了很长的道儿，一直很平稳。大概司机小刘知道车里坐着省一级领导，开得格外小心，不像平时出车那样不管不顾。他拉罗金贵他们这些机关干部就像拉猪崽一样，坐在车里能颠起半尺来高，屁股拍得坐垫啪啪响。看来今儿专挑好道走了。不过，沉住气机会总是有的！罗金贵暗暗安慰自己。

绝好的机会终于等到了！车子行到一个拐弯处，可能是碰到地面上一个土疙瘩，忽然车身上下一颠，然后猛烈地左右一晃。罗金贵立即装出控制不住平衡，就势把身子向郭厅长那边一歪，同时眼角迅速瞄准那金色的眼镜腿儿，手就果断地伸去，双眼一闭，跟着，他感到自己的手指尖触到了一个滑溜溜的东西上。摸到了，这下子摸到了！可是当他睁开眼一瞧，哟！他的胳膊并没有伸直，手指抽搐般地打着弯儿，指尖距离厅长的脑袋足有半尺远呢！哪儿摸到了？根本没有，怎么感觉竟然如此逼真？奇怪！难道是错觉，还是幻觉？那么真是不可思议了。

这时司机小刘回过头来，向郭厅长歉意地笑笑。坐在厅长身旁的马书记用略带批评的口气嘱咐小刘："小心点儿！"汽车继续前行，由于加倍谨慎而速度明显减缓了。

罗金贵却懊丧极了！他虽然依旧直板板地坐着，全副精神可都垮下来了。

他并非仅仅因为失掉一次摸一摸眼镜腿儿的绝好机会，而是这么一来，竟使他顿开茅塞般地悟到了什么——

原先，他总觉得自己属于世界上得意者中的一员，至少在县里是个叫人艳羡的人物。虽然他只有初中文化程度，但在县机关里算得上文化人。领导信任他，因为他脑筋灵通，会说话，懂外场，跑跑颠颠肯卖力气，一般小事都能处理得挺好，在县机关里有"外交官"的响亮称号。几位县领导外出开会办事或到各公社搞调查，都争着带他去。于是无论全县哪个公社哪个村，无人不知罗金贵的大名。谁要在县领导那里碰上麻烦，有时甚至是公社书记，也得求他活动、疏通、垫上几句话呢！本来他工作挺清闲，但他一刻也不闲着，上上下下地跑。他喜欢这么忙忙碌碌，似乎只有在这忙碌中才能证明他是这个世界上不可缺少的。别看他这个不挂"长"字的小秘书，在县城里的生活并不低于高薪的县领导们——无论吃的、用的，他向来没犯过愁，连电影票戏票都场场有人往他家里送。他在县城大街溜达时，经常还有些面熟或脸生的人朝他嘻嘻哈哈地点头招呼。他便不觉敞开外边的褂子，挺起胸脯，拍着吃得油水挺足而透着光亮的圆下巴，着实有点小气派。这种良好的自我感觉好似一股气，把他自己像球儿一般打得又圆又鼓，好不得意！每个人都有自己活动的小天地；有时这小天地的佼佼者，也会有君主、国王那样的自我富足感。是啊！谁离得开罗金贵呵！谁料今儿，拿这眼镜腿儿——不过二两来重、上年纪的人多半有一副的眼镜腿儿一试，居然全完了。现在看来自己不过是个可怜虫，小跑腿儿，嘤嘤乱飞的小虫子！有什么劲，连人家的眼镜腿儿都不敢摸一下，还神气什么。人家求他，不过为了利用他。那些在街上主动和他打招呼的人，也不过为了碰到事情来求他。但他如果离开县机关，谁还理他？屁！嘿，这些可是他糊里糊涂多少年来不曾想过的。一旦发现，身上所有的良好感觉，所有扬扬自得之处，所有的支撑力仿佛顷刻消失不见了，他好像一下子找不到自己了。先是沮丧，后是茫然！

汽车喇叭一响，把他惊醒。原来车已经开进县机关的大院里，一群早就站在那里迎候的县机关男男女女的干部，都迎着开来的汽车哗哗响地拍手欢迎。车子在没有明显的感觉中停住。车里的人们起身时，马书记招呼大家请郭厅长先下车，同时起身搀扶厅长的胳膊。这当儿，罗金贵想到这可能是他最后一次机会了——如果再不敢摸一下厅长的眼镜腿儿，就会失掉良机，抱憾终生，而且他这辈子将再也挺不直腰杆，够不上一个完整的"人"。于是他决心冒险——冒着可能触怒这厅长的危险，非摸一下眼镜腿儿不可。就在他鼓足勇气、毫不迟疑地抬起胳膊直伸过去的一刹那，不知为什么，突然脑子习惯似的，机灵地一转，变了个方式，笑嘻嘻地对郭厅长说："厅长同志，您有根白头发掉在耳朵上边，我给您拿下来好吗？哈。"

厅长听了一怔。跟着就明白了这个陌生的小县干部的话，马上对他和蔼又亲切地笑笑说："噢，好，好，谢谢！"同时朝他俯下那庄重而沉甸甸的大头颅。

他就在虚拟地摘去那根不存在的白发时，小手指尖顺势在这金色而光滑的眼镜腿儿上飞快地一抹。

于是，他手上有种妙不可言、无比畅快的感觉，心里同时感到一种实实在在的满足。

像章

乘着这种事过去不久，记忆犹新，回味一下总有益处。

——作者

他发誓今天下班后非弄到一枚超级的、惊天动地的、特大号的毛主席像章不可。

本来，他今早上班，胸前别了一枚个儿不算小、式样新颖、足以令人眼馋的像章。

这枚像章是他小舅子从海军某部特意给他搞到，昨晚才送来的。他全家大小都争着要戴，争执了大约半个小时，还商定了一个公约：全家轮流佩戴，每人先戴一天，轮流一圈后，每人戴一周。他头一个戴，并非由于他是一家之主，而是他太想拿这枚像章到机关里显显威风去了。他那种非争着先戴不可的势头使全家依了他。那就别提他今早有多得意了！

可惜，至今还没有一位心理学家或社会学家研究这个题目：究竟为什么，那时人们竟然都对像章如此如痴如狂？男女老少人人佩戴，相互争奇斗艳，而且愈搞愈大，以致出了许许多多旷古罕见的奇闻奇事。

就说他吧！今儿他在机关大楼的确大出风头。无论谁见了他都把大拇指竖起来，"今儿你算把大伙都给'镇'了！老孔！"最后低头凑到他胸前，磨磨蹭蹭不肯离去，瞧来瞧去端详不已。真像他戴了什么宝物。

这种不断地向他胸前抛来的发馋和艳羡的目光，弄得他如醉如痴。他确信，至少是今天，他是全机关佩戴像章的冠军。故此，吃午饭时，他扬扬自得地挺着胸脯在食堂里转来转去，生怕漏掉某一位对他的注意力。可是他突然发现迎面走来的生产科的老陈，在熨得板平的制服上别着一枚比他更大、更新、更辉煌夺目的像章。这枚像章以一轮涂着"帽徽漆"的大红日头为背景，中间是领袖的浮雕像，下边是一艘金色的破浪前行的大轮船。这领袖像绝不是一般常见的侧面像，而是正面像。头戴军帽，还有帽徽和领章。所有金属部分的镀膜加工工艺都甚为高超。上面红金相映，熠熠闪光，逼着人必须眯起眼才能细看。简直是像章中少见的珍品。霎时间，他感觉自己胸前就如同关掉一盏灯那样黯然失色了。而且相比之下，自己这枚个儿又小得多。单是人家像章中间的头像部分就抵得上他整个像章大小。看上去，直径总得有八十毫米，大约像烧饼那么大。

老陈这人素来沉着得很，忧喜全不在脸上表露。此刻，老陈与他交错而过时，只拿眼睛瞄了他的胸前一下就过去了，好似国家健将碰到一名少年业余体育学校的小学员，全不以为意。这使他不但懊丧、生气、妒忌，简直要气疯了。当时他就下了决心，今晚就是倾家荡产也要弄一枚特大像章来，压压老陈目中无人傲然自得的气焰。

下班回家，他就把白天的失败告诉家中人。然后草草吃了晚饭，便将家里积存的像章统统翻出来，用手绢包了一大包塞进口袋。又把老婆孩子胸前戴的，连哄带夺硬摘了下来。随后一溜烟儿跑出去，直奔本市最热闹的、店铺集中的东方红大街走去。他知道，那儿大百货公司旁边的停车场外的阔地是人们自发交换像章的场所。据说那里各种各样、新鲜奇特的像章都有。他还是头次来换。

　　他走在东方红大街上，天色方暗，华灯初上，逛商店的人依然川流不息。来来往往的人们，几乎无不在胸前佩戴一枚像章，这东西似乎成了每人身上必备的或天生的一个部件。所戴的像章各不相同，真像个流动的像章大展览。有人居然一排戴着四五个，有如上世纪功绩累累的外国大勋爵。他感觉，那些戴着花样特别的像章的人，脸上显出分外的神气，似乎高人一头；凡戴一枚普通的、早就流行过了的小像章的人，就显得黯然失色，灰溜溜地在人间穿行。不管这些人身家地位如何、工资高低如何、职权大小如何，在此时此地，似乎一切都以所佩戴的像章如何来划分。这像章好像是那么一种用来鉴定佩戴者的政治态度、对领袖忠诚程度的试剂？观察点？心电图？真是莫名其妙！

　　他走着，也不顾看迎面走来的人，只看像章。他觉得一片五彩缤纷、晶莹闪亮、大大小小的像章源源不断朝他涌来，好似坐着飞船在满是星星的天宇飞行。这时他看见朝他而来的一枚像章恰巧与老陈那枚完全一样。他一伸手正抓住佩戴这枚像章的人。

　　"你干什么？"这人显然给他吓了一跳，气恼地问。

　　他定睛一看，原来是个上了年纪、凸起肚子的矮胖军人。可能是个军官。

"您，您……"他笑呵呵地问，"您愿意让出这枚像章吗？我有各种各样的，随您挑选，咱们交换，好吗？"

那矮胖军人冷冷一笑。似乎那枚像章是他的家宝与骄傲，怎肯让给别人；又好像是给他唐突的举动惹恼了——因为他现在还在牢牢抓着人家的袖子——军人猛地甩开他的手，怒气冲冲对他说了声："不换！"就挺着肚子走了。

他碰了钉子，挺生气。可是转念一想，他就不气了。因为即使他得了这枚像章，不过与老陈平起平坐一般高。他需要的是更大更好的。想到这儿，他已看见停车场外黑压压一片换像章的人群。他像捕鱼人见到鳞光闪闪的鱼群一样，心儿跳着，张开大网似的朝那边跑去。

他在人群里挤了一身臭汗，可算真正开了眼儿。甭说像章千奇百怪，就是换像章的人也是千奇百怪。有的人把自己的对换品别在胸前，嘴里吆喝着所需的种类："谁有武汉钢铁厂'六十圆儿'（即直径六十毫米）的？我换！"

有的把像章都别在一块手巾上，任人选看；有的则陈列在一个扁玻璃盒里，四边围了彩纸，底衬绿绸，艳俗不堪，却自以为美观……还有的把要换出的像章都别在帽子上边，引得人们引颈翘首探望着；这一大群人把停车场东南两边围得严严实实。一部分人还延伸到停车场内，挤在车辆中间。为了争执交换条件，讨价还价，又吵、又闹、又叫、又笑，比一个菜市场的早晨买卖最兴旺的时候还热闹。

这当口，忽有人一拍他肩膀，"你想换什么样的？"

说话这人是个高大结实的中年汉子，袖着双手，晃着肩膀，笑呵呵咧着嘴，带那么一种小商贩似的老练油滑的神气。可是再一看这人外穿一件宽大的蓝布褂子，胸前只别一枚酒瓶子盖儿大小的像章，不像有什么特别货色，就说道："我要大的。'八十五圆儿'以上的，你有吗？"

　　"好嘛，张口就要这么大的！活儿粗点行吗？"这人问。看样子这人倒真有。

　　"我看看。"

　　"你先说，你有什么？"那人依然袖着手，不动声色地说。派头挺足，好像他是个像章的富翁。

　　"我有几十种呢！"他说着刚要掏兜。那人却迅速一按他手腕说："你别在这儿露，这儿太乱，弄不好叫人给抢了。你跟我来！"

　　他便跟着那人挤出人群，走到街对面革命鞋帽店旁那条又黑又窄的胡同。那人引他走到第二根挂着路灯的电杆下，用命令的口吻说："你有什么全拿出来看看。"

　　他把衣兜内的手绢包掏出来递给那人。那人把他的像章一个个翻来覆去地端详过，不满地摇着头，咂着嘴唇，然后把这包像章都还给他。那人寻思一下，说："还有再好点的吗？"

　　"没有，都在这儿了。"

　　那人又沉吟片刻，用手指点着他这包像章说："你要拿这包像章换一个'八十五圆儿'的可够呛，反正你知道，现在人们都争着要大的。"

　　"不管换得成换不成，我总得看看你的。看完了再说。"他说。因为直到现在，他并没瞧见对方的像章。他的口气反有些看不起对方的意思。

那人没说话，抬起右手极快地把中间一排衣扣解开，将双襟往两边唰的一拉，登时叫他惊异得上眼毛都直立起来。原来这人里边一件褂子上别了大约一百多枚各类像章。那架势，就像打开一个像章宝库似的。瞬息之间，他觉得这些像章都是不曾见过的新样式，但不等他饱览一番，只听那人说："这还不算什么，你再瞧里面的，都是大号的！"说着又解开挂满像章这件褂子，哪想到里边又是一排排锃光闪亮的像章。这可真是大号的，个个都像拳头大，其中一枚大约像个茶缸盖儿，鹤立鸡群一般，叫人一眼就先注意到它。

"我要这个。"他惊喜地叫道，同时连自己激动的心跳声都听到了。

"什么？你要这个。"那人嘿嘿笑了两声说，"你知道这个有多大吗？'九十五个圆儿'的。你看见这上边三个镀金的'忠'字吗？这叫'新疆三忠于'。咱们这里压根儿就没人见过。你大概不知道市面上的行市，甭说是拿你手里这些，就是再多上三倍也换不下来它。你这些归在一起，顶多也只能换一个'八十五圆儿'的。这还是跟我换，别人才不跟你换呢！要个儿没个儿，要特别不特别。"

"您就换我这个'九十五圆儿'的吧！我这一包总共有四五十个呢，再说……"他的确对这枚像章心爱如狂。有了它，明天戴在胸前保准能压倒老陈，并叫机关所有人的眼睛里射出惊羡的光芒。迫切的心情使他的口气变成一种恳求了。

这时，左边出现了一个短小而黑黑的人，凑上前来看那人挂满胸前的像章。这高大个子看了那小黑个子一眼，忽地把最外边的褡子双襟一合，声调粗鲁又坚决地说一声："这种换法，我不换！"说完转身就走。由于他两层褡子都没扣好，发出一些金属片片互相碰撞的叮当乱响声，好似跑走了一匹带铃铛的马。

他想，不能叫这大高个儿走，怎么也得换上一个"八十五圆儿"的。他刚要跑去追那人，却被刚刚站在左旁的小黑个子一手拦住。小黑个子的下巴上满是短毛刷一般的黑胡楂，深色裤褡，如同一块煤精雕的人儿；那双圆圆的眼儿却分外亮，好像全身乌黑的光泽都从这双眸子里放射出来。这人声音沙哑。

"你别跟那家伙换。他专门赚外行。那种'三忠于'满街都是，早不新鲜了。你有什么，我跟你换。我有一个像章，保管你从来没见过。"

"大吗？"他问。

"大！比他那个'三忠于'还大。并且何止于大，新奇得很。可是，我得先看你的。"

于是，他又把自己那包像章掏出来，叫小黑个子像入关检查一般挨个细细查看一番。随后，小黑个子拉着他往胡同里边走。里边的路灯坏了，黑得很。他有点怕，他怕这个黑生生、不知根底的陌生小子打劫他。这时，四边愈来愈黑，如果再往里走，这小黑个子的身形就快融进周围晦暗的黑影重重的空间里去了。

"就在这儿看看行吗？"他问，一边极力抑制着内心的怯弱与暗自的惧怕。

"行！"小黑个子说了声，也像刚才那大高个儿一样解开褡子，可是胸前黑乎乎一片，一个像章也没有。他刚要问，只听那人身上不知什么地方"嗒"地一响，突然在那人的左胸部上出现一个分外明亮耀眼的圆圆的月亮似的东西。当这神奇的现象出现的一忽儿，他竟感到是对方的胸部出现一个明亮的洞口，又像是心脏突然亮了。里边还有画！彩色的，还有一个人，竟是毛主席，在天安门上招手……在这使他惊讶莫解的瞬间过后，他才明白，原来这人胸前挂着一个通了电、带小灯泡而发亮的圆玻璃盒，里边放一张领袖挥巨手的彩色照片，照片前是一层硬纸卡片剪成并涂了红色的栏杆。他可能是把小灯泡放在了画片和硬纸片中间。电池藏在身上，电线从玻璃盒后穿出来，开关在手里。只要手指一按开关，小灯泡一亮，就出现如此奇特的效果，如同彩色电视的屏幕。这可是开天辟地的一件发明。

小黑个子"嗒"地关上灯，在黑暗里响着他得意并诱惑人的沙哑声："怎么样？神不神？怎么换法，你说吧！反正你明白，单这一套电池带开关也得不少钱！"

他的确认为这东西新奇得很。但再想一想，就对它无大兴趣了。因为它毕竟不能算是一个像章，而且带着手工制作的非正规的痕迹。再说，戴上它，还得跟着带一套电器设备。电线、电源、开关，好像自己是台电风扇似的。而且也只能在晚间显出点新鲜劲儿，白天毫无光彩。他考虑一下便客气地说："你这个虽好，但不是像章，我不想换。如果你有'八十五圆儿'以上的像章咱就换。"

小黑个子再三哄他换。他执意不肯。小黑个子着急地一拉他手腕，使他本来就有点心惊而这下子便陡然警觉对方真要动手抢自己的像章了。他猛地挣脱了，朝着灯光闪烁的胡同口跑去，一边跑，一边听小黑个子在后边大叫："截住他！"

他更感到小黑个子可能还有什么同伙藏在附近，便拼命跑出胡同。穿过大街时正赶上一辆自行车，他一急之下，竟像兔子一般从行进中的前车轱辘上蹿跃过去，然后一头扎进停车场处换像章的人群里。他生怕小黑个子看见他，便猫着腰儿，低头藏脸，像做贼一般在人缝中疾疾钻行。幸好他再没遇到什么麻烦，脱开险境，匆匆忙忙回了家。

他进了家门，老婆见他神色不对，脸色也不太好，还不住地吁吁喘气，以为他得了什么急病。待一问他，他便把刚才的遭遇原原本本地照实告诉老婆。老婆骂了他一顿后，斟一杯热茶给他压压惊，并说："你每天下班什么事也不干，一脑门子全是像章，居然又跑到大街上换去。你知道那儿都是什么人？刚还把我和孩子的像章都拿去了。要是真叫人抢走，我们明天戴什么？人家要说我不戴像章是不热爱毛主席，把我打成反革命，你天天回家就再没人给你做饭吃！想搞来好像章得有办法，你瞧人家老董，那才是手眼通天哪！别看人家不声不响，像章比谁都多。"

"哪个老董？"

"就是住在咱前楼三楼上的老董，怎么，你还不认得呀！不就是董婶她爷们儿吗！你怎么啦？是不是刚才叫人吓傻了？"

"噢，对、对、对，他哪来那么多像章的？"

"人家是证章厂的业务员呀！证章厂现在专门做像章。人家每次出差，领导都叫他带上几百个。现在，在外边办事，住旅馆、买车票、托人办事，都得送像章。连钱也比不了像章！刚刚董婶对我说，老董人家用像章生给厂里换来一辆'解放牌'大卡车呢！"

"那得多少像章？"

"人家有能耐，不见得非得用得多。你想想，这种精明人，还不一半私一半公，乘机给自己也弄点儿。要不我总见董婶戴新样的像章呢！我问她，她只笑笑，从来不说。其实全是她爷们儿给她弄来的。可巧我刚才去收水费，他夫妻俩在摆弄像章呢。叫我一头闯进去看个满眼儿！"

"你真看见了？什么样子的？"

"那我哪里说得过来，人家的像章少说也有千儿八百，摆了满满一床，还一桌子。"

"有大的吗？"

"大的？告诉你，最大的像小锅盖一般大！"

他听呆了。原来他寻遍海角天涯也得不到的东西竟在身边呢！他手里满满一杯热茶连唇也没沾，就撂在小桌上，跟着抬起屁股用救火般的速度直奔前楼。他才跑到二楼就抬头叫起"老董"来了。喜悦如同无数无形的指头，抓得他的声带哆哆嗦嗦地发颤。

他进了老董家，再三恳请老董拿出全部珍藏，叫他饱饱眼福；老董碍着旧邻的面子，勉勉强强把全部像章给他过目。这才是集天下像章之大成呢！老董才完全称得上像章的"百万富翁"呢！他不由得产生一种自卑感。然后，他看见了他老婆所说的那枚锅盖大的像章。据老董说有"一百四十圆儿"。他放在手里掂了掂，居然压手。总有四五两重，只是图案简单和平常一些。一个大红圆日，中间是领袖的侧面像，下面一串九朵葵花。花不像花，像九个粗孔的筛子。漆质、镀膜，以及上漆电镀之前毛坯的抛光很不讲究。不过，论其面积无疑是天字头号了。如果他得到此物，老陈那枚像章相比之下最多落得一个"小巧玲珑"。还是应当要大的。大的好！大的明显！大的说明问题！于是他软磨硬泡，向老董求换这枚像章。他再次把自己的家当展示给对方，多亏他有一枚带地球图案的像章，名为"世界人民心向红太阳"，是一套四枚。老董正好缺少这枚，他又添上两枚别的像章，才算把这枚半斤来重、开天辟地以来从未有过的大像章弄到手。当他双手颤颤巍巍捧着这件罕见奇物走进自己家时，从他屋里立即发出大人孩子一阵"呀！呀！呀！"惊喜的叫声。

第二天他特意早起刮了胡子，把脖脸洗净，换身整齐衣服，如同将要受勋似的郑重其事地把自己修饰一番。然后不管老婆怎么叫，硬拿她一条细软的新手绢把像章擦拭一遍，再薄薄上一层凡士林油，好增加亮度。但是他把这大像章戴在胸前时就很费一番周折了。首先因为这东西太大，戴在一边就要盖住他本来就很瘦窄的半个胸脯，戴在中间又未免像古代大将的护心镜似的，不够严肃和美观；而且这像章过于沉重，戴上后把衣服坠下一撮；尤其是像章背部的别针正好居于圆形的中间部位，挂在身上后，上半部分倾斜向外，贴不上胸，像个油画框子。这使他相当为难。最后他老婆想出个办法，叫他换上硬质的劳动布外衣，虽然按天气说，穿劳动布衣为时早些，但究竟能使像章十分合适而平板地贴在前胸上。

他戴好像章，在穿衣镜前摆摆姿势，自我欣赏一番。孩子立刻鼓起小手掌叫道："好呀，我爸爸最棒！我爸爸第一名！"

孩子真可爱。这话好似给他甜滋滋的心里撒上一些糖渣。

是呵！他今天真是不凡。骑车走在街上，处处引来好奇惊讶的目光和眼色；有的人招呼身边的同伴看他——他不等那些人看得明白，就已腾云驾雾一般得意十足地纵骑驰过。为了多尝尝这种包裹着虚荣心和自豪的快感，今天他在上班的路上多绕了几条街。一辆公共汽车开过他身边时，车上不少人看见了他胸前的奇物，都把脸紧贴在车窗上看，几个人的鼻尖还给车窗玻璃压挤成圆圆的小平面。当他快要到机关门前时，心里不免有点紧张，就像一个头次上台的演员看见光亮的"入相"门儿那样，马上他就要在机关里大出一下风头了！

他进了机关，在当院把车锁上。不知哪里传来一声："快来看呀！老孔这像章呀！"于是从四面八方拥来一堆人，顷刻把他围在中间。这些同事互相挤着，摩肩擦背，伸头探脑地来看。大家吃惊、羡慕、眼馋，连看他本人时也好像高看一眼似的，还不住地叫，叫声引来更多的人。

"好大的像章。你从哪儿请来的？"

"老孔，你可真有能耐呀！"

"嘿！忠于毛主席嘛！"他美滋滋、笑呵呵地说。一边用手按着像章，生怕同事们硬摘去死皮赖脸地不给他。

于是有人为了看清像章就掰他的手指；还有人要看背面出品的地名和单位名称，而使劲把像章向上掀。他不撒手地按着像章，还大声叫着："后边没有字，是一家军工保密厂出的。哎，你们别硬扯好不好，后边的别针太小……"看来他挺着急，心中却得意非凡。看今天的火热阵势，他不单要稳稳当当坐上机关像章佩戴者的头把交椅；恐怕在这座城市里，都不容易再出现一个与他旗鼓相当的人物。除非有人再造一枚缸盖大的像章，那也非得一名大力士才戴得了它。这时，他想起老陈来了。那个昨天的获胜者今日在哪儿？

把他围挤在中间的人足有三四十个了。人们嚷呀、叫呀，对他说话呀、称赞他呀，乱糟糟混成一团，他什么也听不见。身上那件厚厚的劳动服已经使他额头往下淌汗了。他再也受不住了，使劲摇动着瘦肩膀，想摆脱人群，摆脱开扯着他的手，摆脱开压挤他周身难以支撑的力。

"叫我出去，快挤死我了。"

实际上他快乐至极。

终于，他像一根面条从"面条挤轧机"里那样钻出来。当他钻到人群外边时，身形都快成一根细绳或一张纸片了。他有种爽快感。可就在这当儿，只听当啷一响，像什么沉重的大铁盘子在地面上滚动的声音。开始他没想到这是什么声音，随之就发现自己胸前那大像章没了。"哎哟，我的像章掉了！"他这一叫使大家都愣住了。他赶紧找。眼前的地上没有；他后退一步，想转身看看身后。忽然，他觉得自己后退的脚踏在什么鼓鼓的、光溜溜的硬东西上。还未等他明白过来脚下边是什么东西，只听一个女人的声音："哎呀！你踩着毛主席像章了！"

他吓坏了！低头一瞧，那大像章正踩在自己的脚后跟下。本来，他完全可以机灵而迅速地抬起脚来，但不知为什么，他的腿突然变成一段木头似的，没有神经，失去知觉，不听支配了。相反，他在这一瞬间变得瘫软的整个身体的重量，也都卸在这条腿上、这只脚上；在众人目光集中的地方，他这只脚反而抬也抬不起来了，死死地踩在像章上！

这件事构成了他的弥天大罪。罪过几乎把他送进死亡的深渊。这些过程和细节自不必多说了。反正此后他再不是一个"像章迷"了。本来是崇爱如狂之物，经过此事使他一见就胆战心惊。对于现在的他来说，过去的事终归都过去了。但有一个疑团至今他解释不通。

　　为什么在那时，无论官民，无论男女老幼，无论一个白痴或一个博知的智者都对像章产生过那么狂热的兴趣？都以此为荣？有谁例外，我看没有。这真是天大的怪事！恐怕这只能从当今走遍我们的九百六十万平方公里的土地、几乎看不见有人佩戴像章的"自然现象"中去找到解释……

喝啤酒

酷暑的毒日头把空气里的水分吸干，热风不停地往人们的喉咙里吹。于是，嘴巴像冒火苗的灶口，气管像热气回荡的烟囱，胸腔像灼烧的大炉膛。你难受得要哭却哭不出来——眼泪也早被晒没了。

这时候来一大杯冰凉的啤酒多痛快！

但这正是啤酒缺货的季节，只有阔气的"大华餐厅"才有。然而，餐厅的服务员已经拿很不客气的话回绝了这个来买啤酒的小伙子。可这小伙子仍不肯走。

餐厅这个细高细高的服务员，身穿银灰色的西装，喉头下边系着一个黑蝴蝶似的领花。不知是由于这颇具气派的环境，还是这个洋打扮的缘故，他显得神气十足。他用睥睨的目光瞥着这个布裤布衫、脑门上汗津津、土里土气的小伙子，仿佛说："你这份德行也想到这儿来喝啤酒？"

他的脸儿好冷，简直像冰箱的制冷板。

冷脸儿不但不能给这个买不到啤酒而恼火的小伙子降温，反而把他的火气加倍激起来，他似乎犯了犟劲，冲着这冷脸儿服务员说："为什么不卖？今儿我非喝不可！"

冷脸儿服务员嘲弄似的打量着他，理也不理。

如今东西归谁掌握，谁就大权在握，神气一时。求人的事，嘴硬可就甭想得到便宜。这样，小伙子只能和这冷脸儿服务员面对面站着，谁也不理谁，可他仍旧不走。

胖胖的餐厅经理走过来。老于世故使他的腔调随和些，啤酒却一滴不舍。

"走吧，小伙子，这酒不供应。"

"供应谁？"小伙子挑战似的问。

不等经理开口，玻璃门"吱"一响，走进一个高高的外国青年。满头乌黑的卷发像歪七扭八的小弹簧，方格衬衫包裹着他壮美结实的身子，肩挎一个带许多口袋和拉链的紫红色皮包。一副特大的深棕色眼镜几乎盖住上半张脸。弹回来的玻璃门从他身上扇出一股外国人身上常有的香水气味。这气味钻进冷脸儿的服务员的鼻孔里，比鼻烟更快地使他振奋起来。这时，外国青年已走到柜台前。他先用一种特别的、神秘的、自信的神气打量了小伙子一眼，跟着就对冷脸儿服务员帅气地一扬手打个招呼，用流利的英语讲话。

冷脸儿服务员的面孔立刻变了。笑，和蔼，亲切，礼貌，谦恭，都奇迹般地回到他脸上。脸皮的"温度"随之上升，变成热脸儿服务员了。

随后他用结结巴巴的英语请这位外国人坐下，身子灵活地转来转去，眨眼工夫，餐桌上便摆满了花花绿绿的酒菜：色拉、酱牛肉、白鸡和皮蛋，再有便是啤酒！一瓶、两瓶、三瓶！这些特制的青岛啤酒，在那细长的纯度很高的玻璃瓶里闪出诱人的光亮！

冷脸儿服务员，不，现在是热脸儿服务员了，一边勤快地给这外国青年摆好吃喝，一边还没忘记朝站在那边的小伙子瞥一眼。仿佛有意气气那小伙子，又像回答刚才那小伙子的问话：这啤酒是供应谁的都不知道？瞪大眼瞧瞧吧！

奇怪的是小伙子依旧站在那里不走。他是不死心，还是下不了台？这热脸儿服务员神气够了，脸儿唰的重新变冷，走过来打算轰他了。哪料，这小伙子看也不看他，突然直奔那外国青年对面坐下，什么话都不说，拿过叉子就吃，端过酒杯就喝。冷脸儿服务员惊呆了，上来要干预，外国青年对服务员微微一笑，摆摆手叫他别管，同时又对这小伙子客气地打个手势，请他随便吃喝。

疑团在冷脸儿服务员脸上转了几圈，就转到他心里，这小子怎么敢吃外宾的东西？他是想胡闹，想占外宾便宜，还是……要搞什么坏事？人家外国人就是有钱，否则怎肯任凭陌生人随便吃他的东西？可是这外国人为什么连丝毫惊讶也没表现出来呢？他琢磨不透这是怎么回事，忙把情况报告给胖经理。胖经理眨了眨胖嘟嘟的眼皮，看看眼前的情景，也找不出准确的答案来。瞧瞧！这小伙子居然与外国青年同用一个酒杯——你一口，我一口，难道他们认得？可他们谁也不搭理谁呀。对，肯定这小子不会英语，没法开口。可外国青年却不时抬起头对这小伙子露出难以理解的一笑，是开心的笑？客气的笑？谦让的笑？猜不准。看样子他俩绝不认识，这外国青年不是傻瓜就是阔佬，这小伙子没准是个……是什么呢？冷脸儿服务员打定主意，要在这小子离开餐厅前，把他扣住盘问一番，如有问题，便扭他到派出所去。胖经理同意这么做。他们就倚着柜台等候，目光双双紧紧盯着小伙子的一举一动。

小伙子看到了那边一胖一瘦两个投来的目光，表现得若无其事，索性放开肚子大吃起来，直把一桌子酒菜一扫而光。外国青年站起来付了账。两人一前一后向门口走去。

冷脸儿服务员再也按捺不住了，几步蹿上，好像手执着"逮捕证"一样，冷冰冰的脸皮又降下五度。他伸出胳膊阻截这小伙子。忽然外国青年开口冲冷脸儿服务员说了一句地道的北京话："你干什么？"

"他……"冷脸儿服务员没法解释自己要做的事。

"他是我朋友，我请他，怎么样？"

"你？"冷脸儿服务员莫名其妙地看着这个突然讲起中国话的外国青年。

忽然，这外国青年把棕色的大眼镜一摘，呀！哪里是什么外国人？分明是中国人！

"你！你！怎么……"冷脸儿服务员蒙了。

这假外国青年一条胳膊搭在那小伙子肩膀上，笑呵呵冲冷脸儿服务员说："你干得蛮好！啤酒并没卖错人！"

吃惊的目光就像一对惊叹号停在冷脸儿服务员瞪圆的眼睛里。他望了望胖经理。胖经理满脸迷惑的表情，完全弄不明白是怎么回事。

两个青年得意扬扬地推门走了。

三个要死的人和上帝

有三个人跑到圣殿里，找到上帝，要求赶紧结束他们的生命。这三人中，有两个男人和一个女人。两个男人中，一个胖子，一个瘦子。胖子肥头大耳；瘦子细如干柴，只有一对鼓鼓的大眼睛灼灼地闪着一种焦急的恳求的光芒。那女人穿戴艳丽五彩，脸上罩一块半透明的面纱。他三人满怀着焦渴得要死的愿望，并排站在至高无上的上帝面前。上帝先问瘦子："你是做什么的？"

"我是农民。"

"你为什么想死？"

"啥？对！我必须马上死，不然也得被气死！我有个邻居，真是混蛋透顶！他有五个身强力壮的儿子。每天我还没起床，他一家人就已经在地里干上两个小时了。他家挣的钱多得能打成一捆捆儿。他家的东西样样齐全，件件漂亮，恨不得把他家变成百货商店，他才可心似的。养的那些猪啦、羊啦、鹅啦，又肥又大，大得吓人，再长就成精了！上个月，居然又盖起三间高高的大瓦房，这不是成心显他有钱吗？也不怕哪一天着起火来，烧得净光光。瞧他一家人那股兴致勃勃的劲头，个个吃得满面红光；一伸胳膊，手腕上便露出亮晶晶的手表，直要把我的眼睛照瞎他才得意！昨天他还招呼我到他家去吃炖肉，哼！好像我穷得连肉也吃不起！气得我昨天一夜没合眼。这半年，我已经给他气垮了。每天下晌饭后，小肚子都胀得像个球儿，必须想办法把肚子里的气放出来才好受些。可是再这么下去，我一天也活不成了。我干脆死掉，好叫他称心如意！"

上帝听了，端庄肃穆的脸上没有任何表情，转而问胖子："你是做什么的？"

"画画。我是画画的。"

"你为什么要死？"上帝盯了一眼他油光光、气鼓鼓的胖脸问道。

"我受不了啦！我画了二十来年画儿，到现在也没画出名。有人说我没有画画的才能，我不信。老实说，我只不过画得呆板些、慢一些，有人就讥讽我说：'画成一个人，还不如真人长得快呢！'还有什么'活人给他一画就成了死人'！您说气人不？！可是偏巧在我身旁出现那么一个家伙。他好像发了疯，画起画儿来，一幅接着一幅，也不知哪来那么多构思和形象，技巧上也总有新东西。在画展上，招来许多不懂眼的观众围在他的画前，像一群馋婆娘吃过蜜糖那样吮着嘴唇啧啧作响，赞赏不已！这些观众对我的画却冷淡极了，最多扫上一眼，撇一下嘴，就走过去了。出版社和报社全是势利眼，看那家伙有点臭名，都去瞎捧场，争着发表他的画，对我理也不理。我长期憋着这么一口气，得了病，手发抖，现在连直线都画不成了，变成锯齿形的曲线。近半年来，不知怎么回事，画也不想画了，好像没了灵感，脑袋像真空了一样。拿起笔，竟不知该画些什么，愈急愈气愈画不好！我下了决心——有他没我，有我没他；除非您让大家都一样，谁也别压过谁。既然这家伙还是那样没完没了地画，我就一死了事。我相信，早晚会有个更能耐的人把他也气死！"

上帝的嘴角微微向左一歪，左边的鼻唇沟弯成一条短短的半圆形的线，这分明表露出一种嘲讽的意思。他没搭理胖子，而是把脸扭向第三个人，即那个蒙面纱的女人，问道："你……"

那女人才听上帝吐出一个字，就急不可待地叫起来："我，我是个丑八怪！"然后她扬手一把将面纱扯下来，果然露出一张丑脸儿；在她艳丽的衣饰的映衬下，这脸反而显得更加难看。她很冲动，不等上帝问她要死的原因，自己就一口气说出来："您看我这丑模样怎么活？如果所有人都长成我这样的相貌，我绝不会想到死。可是有个女的，和我年龄一般大，住在同一条街上，她长得赛过天仙。上帝，我只对您这么说，我还是头一次称她长得漂亮哪！她俊俏、苗条、细皮嫩肉，风度翩翩，说话声音像画眉鸟叫得那么好听。最气人的是，无论怎样普通的衣服，穿在她身上也变得不一般了。可我呢？恰恰相反。您尽可仔细看我两眼！尖嘴猴腮，整个身子像个枣核儿，单眼皮，嘴角怎么也挑不上去，总像哭一样。人说'一白遮三丑'，可是我却长了一张发黑的驴脸皮，上边还有许许多多小雀斑，像个发霉的麻饼。我想了好多办法，也改变不了这倒霉的长相，只好整天遮一块面纱。但天热时，脑门上就要闷出一片片小红点点儿，全是痱子！我讨厌看见自己，最怕照镜子。有一天我看报纸，上边有这么一句：'丑陋的人最怕照镜子。'气得我把这张报纸撕得粉碎。我怕人瞧我，因为我不止一次发现，人家的目光只要碰到我的脸，就要赶忙移开。好像我脸上埋着会炸坏他们目光的地雷！可是那个美丽的女妖，无论走到哪儿，都有许多双眼睛跟着她。我还最怕在街上和她碰在一起。如果这时有一个人看过她，再看我，我就想自杀！她虽然不是故意气我，但她的存在就是对我的一种耻笑，给我难看，叫我痛苦。反正我又不能把她的脸蛋抓破！这种痛苦我早已经受够了。请您快快结束我的生命吧！"

上帝听罢，竟然好笑似的做了一个怪相。好像这三个人不是找他来谈死——这样一件极其严肃又可怕的事，反倒像对他说些荒唐话，逗逗趣儿。上帝搔了搔后脑壳，一边问他们三人："你们真要离开人间吗？"

"我们要死，愈快愈好！"三人同声说。

上帝先是怔了一下，随后露出他惯常的仁慈而宽厚的微笑说："为了这些原因去死，太不值得吧！不行，你们不该去死，完全可以好好活着。"

"不，我们生气。生气最难受。反正迟早要被气死，不如由您来给结束生命吧，总比气死好受！"三人嚷嚷着。

"你们不会不生气吗？"

"我们做不到！"三人的心情一致，吐字相同又齐整，口气十分坚决。

上帝现出了他本来的庄严的容颜。几条皱痕浮上他高贵而明洁的前额——他皱着眉头沉思片刻，随后便伸出白皙、柔软和巨大的手摇了摇。他的声音在无边无际的空洞的天宇上响着：

"不，你们应该做到，也可以做到。依我看，你们的痛苦是多余的、自找的，只不过是被一种狭隘和自私的心理和感情——嫉妒缠住罢了。虽然你们没有像某些人因嫉妒旁人的地位和权力而置人于死地，但嫉妒会渐渐把你们引向极端。那样，瘦子你就有可能烧掉邻人的房子，胖子你就有可能设法去陷害那个有才能的画家，姑娘你也有可能想到用剪刀去毁掉那美人的面孔。嫉妒是一条毒虫。我记不得它是什么时候来到人间的了。可是它到处为害，我看得实在够多了。人间许许多多本来很美好的事情给它扰得一团糟。人类发明了很多药物杀除病毒，却还没有一种特效药能除却这种毒虫。因为它是无形的，会钻进你们心里，噬食你们的心灵，使你们痛苦；你们心里的自私会把这种毒虫喂养得愈来愈大，痛苦也就要随之每时每刻地加重起来，直到把你们的心变得抽缩、冰冷、狠毒、可怕，甚至引起犯罪的动机，但你们常常不知道这一切都是它带来的、它造成的……如果你们想摆脱各自的痛苦，我倒可以教给你们一些做法，既简单又实际。你，瘦子——不要把眼睛总盯在你的邻人身上。你只要每天多干些活，勤快一些，就能像你的邻人一样富裕。你，胖子——如果你发现自己确实缺乏画画的才能，可以换一种工作做。工作勉强是一种负担，也是一种痛苦。去做你力所能及、能够胜任的事情吧！你就不会再有那样的纠缠不休的苦恼，双手发抖的毛病也会不治自好。至于你说：'有我没他，有他没我；除非您让大家都一样。'我可不能照你这愚蠢的意思去做。你想，如果我把所有人都改变成你们现在这样懒惰、丑陋、无所作为而又自私和专门嫉恨别人的人，世界会有多么糟！这等于要我去毁灭地球。还有你，这姑娘——"

丑姑娘仰起她黑黑的、带雀斑的尖脸儿，恭聆上帝对她的教诲——

"你虽然没有一张动人的脸儿，却可以有美好的灵魂。如果你心地纯洁、善良、真诚、友爱，豁达无私，乐施善助，见义勇为，你会成为大家所尊敬、所喜欢和所愿意接近的人。那时，你就会觉得一张脸好看与否是无足轻重的，还会觉得自己轻松快活，心安理得，无比幸福。你们说是不是？我说的这些可都还是凡人的道理呢！"

上帝说完话，瞧着他们三人，等待回答。

1980 年 2 月

两医生

一

钟敲十一点，深夜来临。

它是大千世界的休息时。它使纷杂、紧张和激动的万物得到充足的缓冲，并在这日日一次的缓冲中，补足能量，以便在白天到来时更加充沛、昂奋和淋漓尽致地发挥。于是，此间一切事物啦、声音啦、灰尘啦，乃至思绪和气温都沉歇下来。

有人说，白天是感性的，黑夜是理性的。这话并不对。因为在白天，人与人的接触里，理智、心术、计谋、韬略，常常打败感情，扼制感情，封锁感情，致使这些真情只能在更深夜半时，才冒出头儿来，主宰人们的心灵；良知也会跑出来，检验自己白日的种种过失，触及到埋藏心底的亏心事……当然，有人从不自省、不自悔，白天干的坏事都是夜里精心安排好的。这是另一种人，至少与此刻坐在屋里的两位医生毫无关系。

两位医生，胡医生和林医生，一对知己好友。林医生在胡医生家做客。这时候，桌上的杯水只剩下残根儿，烟碟里满是烟头和烟灰，在半明半暗的灯光里，弥漫烟雾的空气隐隐发白。两人闲扯了三个钟头，有用和没用的话都已扯尽，做客的林医生早该回去了，

202

但他几次抬起屁股要走，都给主人一种莫名其妙的目光牵住，似乎主人有什么难言之隐，非吐不快，又很难张口。林医生等不及，站起身，才要说告退的话，胡医生忽然带着一股按捺不住的冲动，向林医生打了一个坚决又急切的手势，要他坐下来，一边说："我要告诉你一件事！"然后胡医生抓起桌上的杯子，把杯中残水倒进口中。他很激动。可是随即他垂下脑袋，脸埋进灯光的阴影里，满脸的皱纹顿时显得更深了。该是把心里的话捧出来的时候了。他讲了这么一件事——

二

"昨天我在门诊值班，将近中午，慢腾腾走来一个老头儿，坐在我面前就说：

"'我头晕得厉害，脖子发梗，右半边的胳膊和腿发麻。您说这是怎么回事儿？'

"这是个普普通通的老头儿。病历本上写着六十五岁，我问他看过病没有，他摇摇头。他黝黑的脑门都是紫色的指甲印。

"'这是怎么回事？'我问。

"'掐一掐还好受些。医生，您瞧——'他说着猫腰卷裤腿。

"他的动作好慢！一双颤抖的手，像卷一张质地变脆的旧画一样，先卷起外边的黑布裤腿，里边是条绿色的小方格的棉布衬裤。他卷衬裤时十分吃力，不得不直起腰喘几口气，脑袋只低下一会儿，脸已涨得通红。我伸手帮他撩起衬裤，露出的小腿像一块又粗又大的山芋，肿胀得可怕，一按一个深坑，半天不能消失。

"'俗话说，女怕肿脸，男怕肿腿。我这两条腿都像绑上沙袋子一般沉，抬不起来。'他面对我说，'您说这叫什么病？'

"我给他做了检查，血压二百、一百三，心率五十一次每分，眼底检查，明显血管硬化。我问他：'有人陪你来吗？'他说没有。我便毫不犹豫地从桌上拿起一张脑血流的检查单。我怀疑这老头儿脑血流阻塞，担心他脑血栓。

"你是知道的，医院里有三种东西可以送人情：药房掌握的好药，领导掌握的好医生，医生手里掌握的有限的先进仪器的检查表。我们科里，每天每位医生只能分到一张脑血流检查单和两张 X 光照相通知单。不少医生把这单子扣在手里，留给亲友和用得着的人，拿它照顾相识和送人情，换取好处。因此，真正有病的人往往检查不了，没病的人反而能受此优惠，乐哈哈地去掉疑心病。你那里是儿童医院，可能这种事不多。不过，朋友，我是从来没有这么干过的。我一直都是无条件把它给了最需要的人。但只有昨天这一次例外……"

胡医生说到这里，急渴渴撕开烟盒，从中挖出一支烟卷塞进唇缝里点着。他贪婪地使劲吸了两口，不知此刻需要镇定一下，还是需要更加激动，才能把心里沉重的东西直了了地抛出来……

"就在我刚刚要给这老头儿填写脑血流检查单时，一个人站在我面前说：'我来了！'我抬头看见一个目光明亮、面色红润的中年男人，朝我眯眼笑着。我马上认出他，并且就在认出他的一刹那，我填写检查单的笔尖停住了，心里立即迟疑和为难起来。

"原因很简单。我儿子今年毕业，工作分配好坏和这个人分不开。他是我儿子的系主任，主管分配。虽然我儿子学习成绩不错，分配原则是依照表现、成绩和特长分配，不徇私情，但私情都在暗中，你明明知道也没法子说。因为私情可以凭借各种理由和名义，何况有权的人，相互心照不宣，互开方便之门。如果你想沾点权力的好处，就得设法接近有权的人，给他们点好处！唉，这就叫生活的逻辑吧！我儿子的不少同学的家长托亲找友，与这系主任拉关系。儿子磨我出面去找他，我不认识他，又没干过这种事，很为难，但为了儿子的前途只好硬着头皮去干。谁知这位系主任比我痛快得多。当他知道我是市总医院的脑系科主任，马上提出要到我们医院检查脑血流图。我以为他有脑病。他却说没有，也没有任何不适，只不过他有个邻居，身体挺棒，忽患脑溢血，猝然死去。有人说他这种又胖又壮的人也容易出现这种意外，他犯了疑心病，总嘀咕自己有什么隐患在身，要查脑血流图，反正是公费，不掏自己腰包，但一般医院没有这种仪器，看来他非要到我们医院来检查不可了。

　　"我问他有否高血压，胆固醇和三酸甘油酯高不高，他说刚刚查过，都很正常。我认为他根本没有检查脑血流图的必要。他执意要做。对于这种缺乏医学常识的恐病者，很难说服。何况我有事求他，不好推辞。在我们谈话中，关于我儿子工作分配问题，他回答得含含糊糊，模棱两可；但他向我提出检查脑血流的要求却十分肯定，好像命令，我必须服从。世道就是如此，在你请求别人帮助之前，一定要为对方卖卖力气，才好达到自己的目的。除非你无求于人，没困难，但你能永远碰不到必须求人的事吗？眼前，困难就逼迫着我。我顺从他，和颜悦色请他有空到我们医院来。

　　"谁想到我头一天找他，他转天就来了，而且偏偏是这个时候来了。我手里仅有一张单子，给谁？一个肯定有病，一个肯定没病；一个急需检查，一个根本不需要检查。但一个与我毫无关系，一个与我个人的关系重大，我怎么抉择？反正我不能硬叫这位请都请不来的系主任回去。

"我……违心了，也违反了医生起码的原则。我在脑血流检查单上改填了没病的系主任的姓名。当然我是盼望他在我儿子工作分配表上也这样填写。他接过单子时，给我一个满足又感谢的目光。这目光使我获得安慰。但是当我的目光转向面前的老头儿病痛的脸上时，有种受谴责似的感觉。我赶忙给老头儿开了一些软化血管和降血压的新药，然后竟不知不觉把老头儿送出诊室。我还是头一次送病人走出诊室的。我看着老头儿微微摇晃身子，踩着蹒跚而颤巍巍的步子走去的背影，忽然跑上去，对老头儿说：

"'您如果吃了药，明天还感觉不好，再来找我。我给您做做脑血流检查。'

"老头儿用他无神的灰淡的眼睛望了望我，神情莫名其妙，显然他不明白什么是脑血流图，对他有什么必要。然后他说'是，是！'就走了，却给我留下一种愈来愈沉重的不安。这不安里好像有什么不祥的预感。不知这预感来自这老头儿没有进一步查明的病，还是我自己某种心理作用。午饭时我吃的什么，现在都忘了，心里七上八下。朋友，你别以为预感是神经过敏的人胡思乱想，有些事发生之前还真能有所感觉……

"当天下午四时，我有事去急诊室，刚要进门，就见从屋里推出一辆小车，车上躺着的人，从头到脚蒙盖着一床白布单。一个农村人打扮的年轻妇女和两个中年男人一边推着车，一边擦眼抹泪。

一个生命无可挽回地结束了，这是急诊室里常见的事，也是咱们医生司空见惯的事。但这车从我身边推过时，我发现没有盖严的白布单，露出死者的裤腿，这裤腿我见过——黑外裤里边一条绿色小方格的衬裤，还裸露出一点腿部，失去血色的皮肉是肿胀的。我一怔！一惊！我几乎叫出声来！这不就是上午叫我违心地送走——虚伪地打发走的那个老头儿吗？我忽然不能自控，行动简直不是一个医生了。我跑进——我简直是闯进急诊室问护士，这死者死于什么病。护士说，急性脑栓塞。我中午哪里是什么预感，分明是早已料到的最坏的结果呀！如果他上午做了脑血流图，发现有明显阻塞现象，立即可以送到观察室观察，再严重可以住院，那么老头儿就大有可能免于一死。到底是谁造成的老头儿的死亡？我呵！我呵！难道儿子的前途，好工作，托人情，送人情——这些理由就可换取别人的生命？难道陌生人的生命在我这个医生手里就如此无足轻重？一条命！一条命！谁能使这条命死而复生？我究竟干了些什么事？

"我的心被一阵近乎发狂的悔恨情绪填满了，别的任何想法都没了，任凭两条腿无目的地从急诊室走出来。我穿过走廊，茫然地走到院里，好像去寻找被我的谬误而毁掉的那老头儿的生命。人死了，生命如烟消云散，哪里去找？就在这时，眼前有人说话：

"'可找到您啦！'

"我一惊。我的意识仿佛停顿一下才认出，面前站着我儿子的系主任。他笑容满面地把一张单子递给我说：

"'我刚去诊室，没找着您。我查过脑血流了，单子上写着正常。我还不大放心，请您仔细看看，合格不合格，还得专家鉴定呢，嘿，嘿……'

"我鉴定什么呢？明明白白，一张绝对正常的脑血流图！它早在我估计之中，在他没有做检查之前，这张图就清晰地出现在我的脑袋里了。此刻它只能更增添我心中的懊悔，同时对这位由于掌握着别人前途、大权在握而事事能够随心所欲的系主任，对他这张轻松快活、气色极好的胖脸，产生一种难以抑制的厌恶心情。我一切都顾不得了，把脑血流图往他手里一塞，气冲冲说一句：'你死不了！'转身就走了。当然这一下不但把我对他的好处全抹去，反而重重得罪了他，把儿子的事搞坏，坏就坏吧！我巴不得事情砸锅，好严厉地惩罚我……

"就这么一件事。为了这件事我昨日一夜都不曾合眼，一闭眼就是那老头儿，那条绿色小方格的衬裤，那浮肿的腿，那盖着白布单的人形。今天我没去上班，现在也没睡意，心里像铸满了铅，沉哪！但不敢对我爱人讲，反而现在对你讲了。告诉我，你听了之后怎么想。你怎么想就怎么说，你可以埋怨我，斥责我，骂我。狠狠打我一顿才痛快呢！当然你更会因此看不起我……你说呀！"

三

胡医生说完这件心事，林医生并没应声。

在灯光的笼罩里，两人都陷入沉默。胡医生垂着头，额前的长发滑落下来，挡住脸。他像一块雨后的云，一通电闪雷鸣发泄过后，松弛无力。林医生不断地吸烟吐烟，一阵阵烟雾把他的面孔遮盖得忽隐忽现，两只手下意识地撕弄着一个空烟盒，不知他在想什么。胡医生忍受不了这沉默，他恳求似的说："你为什么不说话？

我需要你说话！老林。"

他等着，林医生仍旧没言语。胡医生皱起眉头，心情难过起来。难过的心情又勾起许多话。但他这些话不像刚才那么冲动，显然是经过思考的言语，声音也冷静和平稳了。

"起初，我极力安慰自己。我对自己说，这是一次例外和意外，一次偶然和巧合。即便我给那老头儿检查了脑血流，反映出一些问题，也不能保住老头儿的生命。老头儿的脑动脉严重硬化是不可逆的，急性脑栓塞防不胜防。再说，我也绝不是那种草菅人命、丧失医德的医生。但是，我……我难道很好吗？很有理吗？一个有医德的医生在病人安危和自己个人利害的天平上，难道可以不顾病人的安危而去攫取私利？尽管老头儿的死也有一定的偶然性，但医生的岗位不就是守在生死之间，他的天职不就是设法消除各种威胁人们健康和生命的危险因素？我这些想法，不是想办法开脱自己吗？这岂不更可耻？我一直把自己驳得一点道理也没有了。最后自己完全成了一个伤人害命、听候宣判的罪人。是的，我是罪人！杀人有罪；对于医生来说，耽误掉别人生命同样有罪……可是我跟着感到茫然了。我有罪却无人审判。我们的法律是不完善的吗？不。我现在才懂得——在法律之外还有一条严格的法律，法庭之外还有一个同样庄严的法庭。它在我们心中。这条法律就是处世为人的道德标准，这个法庭有人叫作'道德法庭'。在这个法庭中，道德标准就是不可违犯和触犯的法律，自己是法官，又是被告。自己要经常用这条法律检查、衡量和审判自己。可是我怎么五十多岁才懂得这个道理？如果人人都在自己心中建立起这座'道德法庭'，世界会变得多好！这道理虽好，但对我似乎迟了一些。我宣判自己有罪，误人致死，罪孽虽大，却无法惩罚自己⋯⋯"

胡医生的话，给自己深深又极度的痛苦打断了。然而林医生仍然不吭一声。他已经不再抽烟了，面孔清楚一些，脸上的表情竟有些反常，目光凝滞地盯着一只空杯子；桌上的空烟盒已经被他撕成一堆碎片。

"你怎么不出声？"胡医生对朋友这种冷淡的反应再也不能忍耐，"你知道，我现在并不需要你的安慰，我要你严厉的谴责！你不必给我留面子。我之所以把这件事讲给你听，早已把那张虚伪而没用的面子撕去了。我要在至爱亲朋们的斥责中，洗涤灵魂，做一个再不受歉疚和悔恨折磨的真正的人！"他又冲动起来。一双眼睛闪着率真而又急切的光芒，直望坐在对面的林医生。

林医生忽然猛站起来，扭过身，背着脸摘下眼镜，抬手抹一下眼睛，只嗫嚅两个字"我，我⋯⋯"，就像醉汉一样，跌跌撞撞冲出门去。

胡医生给这骤然的变化弄呆了。他想，林医生这是怎么了？

　　　　　　　　　　　　　1982 年 6 月 1 日天津

多活一小时

时间有时像尘土，需要打发掉；有时确实比金银财宝还要珍贵，但它又和流光一样，抓也抓不住。活者和死者之间的区别，就看有没有时间，没时间，生命就结束了。

年根底下的一天，有十个人由于年老、疾病、意外事故等等原因，失掉时间，死掉了。不管他们生前热爱还是厌烦生活，此刻却都一样地渴望返回到世界上来，哪怕一忽儿也好，这种感觉是活着的人不曾体会到的。这当儿他们碰到掌管人们寿命的天神。天神手里刚好还富余十个小时。他对这些恋生的死者起了恻隐之心，决定给他们每人一个小时，回到人间享用——这可是从来没有过的事情！十个死者欣喜若狂。但天神在使他们复生之前，很有兴趣想了解一下他们将怎么利用这短暂又珍贵的一小时的时光。下面是十个死者依次的答话——

一："我想把我办过的一件缺德事告诉亲人们。我一直没有决心这样做，现在反而有决心了。原来这种事带在身上，死了也是一种累赘。"

二："在这复活的一小时内，我什么也不想干，只盼望科学家们能把使我致死的病由找到，并找到特效药，那么我就不止多活一个小时了。"

三："在这最宝贵的一小时里，我要妻子女儿守在我身旁。我活着时，天天忙工作，一直没能同她们一起安安静静地度过一小时。"

四："我回去就要把自己立的遗嘱撕了！我现在才真正想开，再不管那些遗财分配的事了。什么这个百分之十呀，那个百分之五十呀！我之所以死得这么快，就是给写遗嘱累的。"

五："我这次非要秘书把我孩子们的住房办下来不可。否则我一死就没指望了。"

六："只要得到她一个小时的爱，就足够了！"

七："我想利用这时间，写一篇真实的作品。我一辈子都是挤着一只眼写东西，这次要睁开一双眼睛了。只担心这一小时太短了，不够用。"

八："是啊！一个小时太少了。我活着时，是有希望出国的。只要能出国转一圈，开开眼，这一生也就算不白来了！"

九："我就想知道李四的胖老婆，生的是男孩儿还是女孩儿。虽然他样样超过我，但如果他这次来个女孩儿，李四家绝后，我这辈子的气儿也就顺了！"

十："我要不浪费每一秒钟，再拼一下，把我画了四年，仅仅剩下一个人物的左耳朵的那幅画儿画完，死而无憾！"

天神听罢，忽然变了主意。他不想分给每个人一小时了，打算把这十个小时重新分配。他把时间赐给人们时，一向单凭兴趣，没动过脑筋，不懂得时间是有内容和有价值的。但他从此能否改变这个亘古以来就有的习惯？未必！

1982 年 2 月 6 日天津

表演扫地

"今儿是'全民卫生周'头一天。据说今天各省市的领导们都上街扫地，咱们也列了一个名单，都是市一级领导和各界知名人士。办公室刚刚打印好，送来请您审阅。"赵秘书说。

这是高等秘书的标准形象：一身不新不旧的制服平板板，像军人那样扣紧风纪扣；苍白的脸上架一副普普通通的近视镜，文弱又强干，精明又驯顺。习惯和地位把他养成这副样子，连说话调门儿听起来都声声入耳。

市长没答话，他把名单上八十人的姓名一一过目，好像审查出国人员那样用心，时不时手按名单，抬起眼盯着又白又高的天花板，若有所思。三分钟后，他问："怎么没有妇联的人呢？"

赵秘书快速翻动一下记忆，随后说："哟！还真没有。市里各部领导，体委、团委、总工会、文联，以及大学著名教授都列在上边，独独把妇联的人忘了。"

"妇女是半边天，哪能没有妇女代表参加呢？"市长的口气里没有责备，却微微有些得意。只有领导的思路，才如此全面。领导的职能和才干也都由此显露出来。

赵秘书忽然下意识联想起，一次市长宴请外宾，在审看菜单时，指出菜中无鱼，少一品种，不成一桌菜。不知为什么，他此刻心里会掠过那件事儿。

"你去再添上妇联两个人，要负责人，或有代表性的人们。三八红旗手、烈士家属、劳模，都行。"市长说着，便把这张不齐全的名单，像退还给小学生成绩差的作业一样递给他。

"是，我赶紧去添，这份名单搞齐，再碰上类似的活动就好办了。我还得马上通知名单上的人。时间就在今儿下午两点，地点在中心广场。您能去吗？"

"我怎么能不去。一市之长，要带头嘛！当然要去。"

"一点半钟，汽车就在门口等您。我陪您去吧！"

"可以。"市长说。一边搔眉头，目光停在别处，看样子他已经在想别的什么事了。

赵秘书匆匆离去。

午后一点半钟，市长坐上汽车，汽车直驶广场。

这一天，全市机关干部、商店职员、大小学生、街道居民都上街打扫卫生。窗明几净之前，必然有一阵尘土飞扬。赵秘书赶紧把一扇没有关严的窗玻璃推紧。汽车里只有一阵淡淡而好闻的汽油和皮革的气味儿。

车子停在广场上。这里早停了一些黑色、灰色、浅绿和深红色的小轿车。车前站着一群高矮胖瘦的人，他们都是市级机关的负责人，乘坐小车来参加扫地的。由于与市长一起扫地，他们早都到齐，在此等候。不知谁还安排了一些穿制服的警察，站在四边，负责安全保卫工作。

车一停，赵秘书就飞快地跳出来，敏捷又熟练地给市长打开车门，那一群人笑盈盈迎上来。他们大都认识市长，抢着与市长先握手。

"好，好，哦，你也来了，好呵……"市长一边握手，一边说。

一位年纪较大的警察走过来，后边跟着两名年轻警察，各推着一辆手推车，车上放满细竹枝捆扎的大扫帚。老警察从中挑选一把顺溜、较新、不大的扫帚，像藏民向贵宾奉献哈达一样，双手捧给市长。其余人各取一把扫帚，由一名戴红袖章的工作人员引着往广场中心走去。市长为主，当然要走在最前边。

广场大，来了许多单位的人，分成若干区域，正在打扫。当人们看到这队人马扛着扫帚浩浩荡荡而慢吞吞地走来，又有工作人员引路，又有警察保护，还有一些摄影记者，追随一路，"咔嚓""咔嚓"地拍照，想必这些人非同小可，便纷纷围拢来看。赵秘书觉得市长扫地，亦非凡人小事，大有举足轻重之势，真如参加盛典一样隆重，他扛着扫帚走在市长身边，不觉也神气多了。虽然什么事都还没做，已感荣耀在身。

走到指定区域，那个戴红袖章的人就对赵秘书说："就在这儿扫吧！"

于是八十多位人物开始扫地。

四周围观者愈来愈多，被警察拦在外边。人们议论纷纷："你瞧呀，就是那个。"

"哪个？穿黑衣服的？"

"不对！蓝的，那个胖子，秃顶。"

警察的呵斥声："别瞎议论！"

这么大广场，不知往哪边扫才好。这块水泥地面本来就很干净，只有一点点碎石土渣，却给大扫帚扫来扫去。在这中间，有一张包冰棍的纸比较显眼，大家像捕蜻蜓一样，都把扫帚伸过去。在摄影记者眼中，地位愈高的人愈有拍摄价值，他们就围着市长转，有的单腿跪下来拍一个仰角，有的拿着相机左跑右跑，寻找一个侧面，市长就像一块雨云，不断给银白的闪光照亮。这时，一位头戴鸭舌帽、手拿一架录像机的人，走到赵秘书跟前说："我是电视台的记者。请您跟领导们说一下，最好排成一排，不然画面太散，也太乱。"

赵秘书请示市长。市长说："好呵！"大家就排成长长一大排。不管地下有没有土，一律挥舞扫帚，等待录像。

戴鸭舌帽的记者刚要拍摄，又停下，跑上来带着敬意和歉意对市长说："市长，麻烦您一下。队伍得转过来，现在背着阳光，拍出来脸儿会不清楚。但只转身还不成，您得在排头，整个队伍全要掉过头去。"

"可以。"

市长很好说话。他带领身后一大排人像耍龙灯那样，笨拙地掉转过头尾来。大家站好，又挥起扫帚：这样一来就扫身子的另一边了。

记者十分高兴，飞快跑到队伍前边，把鸭舌帽檐向上一抬，镜头对准市长，机器沙沙而轻匀地响动起来。记者说："好，挥动扫帚，要有节奏，带点劲，好！请市长的脸略微抬一下，好，好，好了！"

记者停了机器，上前与市长握手，感谢市长帮助一位普普通通的记者圆满地完成了任务。

大家也完成了任务。那个戴红袖章的工作人员对赵秘书说："行了，就扫到这里吧！"然后对市长说："你们胜利地完成了任务！"

市长又和他握了握手，笑眯眯而习惯地说："好，好，你辛苦了。"

忽然跑来几位记者，其中一个口齿伶俐的瘦高个子抢先问道："市长有什么指示？"

"没什么指示。"他想了想，说，"全民搞卫生，城市大改观。"

记者们的笔尖在小记事本的纸面上磨得嚓嚓作响。他们用速记法，飞快记下，一字不误，如获至宝而去。

这时，那老警察又领着两个年轻警察推着空车来了。大家都纷纷把扫帚放回车上，市长也要把扫帚放回去，却被赵秘书接过去放好。

大事告成，该回去了。市长再一次与大家分别握手。

"很好，好，好，好，好……"

市长上了车，大家才各自上了车。

车开到家。早有勤务员把浴缸放满热水，预备好香皂和干毛巾。市长舒舒服服洗了澡，把灰尘和疲倦留在浴缸里，换上干净衣服走出来，热水浸过的皮肤泛着好看的红色。

他下楼吃饭，小孙子忽然跑来，急急忙忙把他扯进客厅，叫着："爷爷，爷爷，看您扫地呢！"

他瞧见自己在电视屏幕上，正像演员表演一般唰唰地扫地。他却没多看一眼，而是无甚兴趣地拍拍小孙子说："有什么好看的，吃饭去吧！"

选主席

　　某组织共十人，姓：赵、钱、孙、李、周、吴、郑、王、马、牛。

　　群龙无首，遇事无人出头或做主，于是，开会拟选举主席一名，副主席两名。采取个人口头推荐，众人举手通过之民主选举法。原以为此事牵涉人情，会上难以张口，恐怕要冷场。事情不在意料之中，却在意料之外。谁想这会比平日任何会议都开得热闹！

　　老钱抢先开头："老赵德高望重，是当然的主席！"

　　老孙唯恐落后，话接得很紧："老赵当选主席，是众望所归。我推荐老钱做副主席。老钱资格仅次于老赵，却在众人之上，他也是从炮火硝烟中过来的老革命，做副主席也是理所当然！"

　　老马立即呼应："我同意！但二位年高体弱，得有个好帮手。老孙能力强，人也稳健，我看老孙完全可以胜任副主席！！"

　　老郑不等前面话音停了就说："完全赞成！只是还得有位能天天上班的人，里外杂事，迎来送往，总得有位副主席顶着。老李体格最好，大家看怎么样？"

　　老王凭着嘴快，在打算发言的另几个人中间抢在前边说："赵、钱、孙、李，都没意见。老周呢？贡献大，社会影响也大，是咱们的一块硬招牌，总不能什么也不是吧！"

　　老李笑嘻嘻地说："你为什么不提自己？老王，难道你不够格？

实事求是，不要过于自谦，要敢于毛遂自荐嘛！"

老马用一种难以辩驳的口气说："大家的提名我一律拥护。可是落掉老郑，上边也说不过去。人家原先在计委也是办公室的副主任呢！"

老周一半认真、一半打趣地："还是老马想得周到。但老马这叫'马上数马，独独忘掉了自己'。老马办法多，上下都走得通，老马做副主席，大家享清福！"

老赵似乎已经以主席的身份说话了："对！我再给你们推荐一员大将，就是老吴，人家原先是大学中文系教授、系主任，大家有意见没有？"

众人异口同声："同意！没意见！"

可是这么一来，除去新调来的老牛没人提到以外，其余九人都被提名，提了名就不好去掉，被提名的也没有一个人情愿自己被去掉。正、副主席名额有限，怎么办？还是老马有办法，他说："我看多选几位副主席未尝不可，大家事大家办嘛。"

这话中了众人意。大家一致赞同，通过举手表决，最后老赵当选主席；老钱、老孙、老李、老周、老吴、老郑、老王、老马，八位当选副主席，只剩下老牛一名群众。

别看老牛是唯一群众，却不可忽视。众主席遇事意见分歧时，都来征询老牛意见，争取这代表"群众"的老牛最关键的一票。日久天长，一切事都要靠老牛点头或摇头了。原先他独独落选，心有不悦，此刻反而成了身在群众主席之上、举足轻重的人物，不禁扬扬得意，摇头晃脑，吟得一绝：

官儿多了不值钱，

熊猫多了不新鲜，

世事相成又相反，

老牛无职却有权。

胖子和瘦子

这城里，胖子和瘦子是一对朋友。一个胖得出奇，一个瘦得惊人。这胖子等于瘦子四个左右。

那时，胖子走红运。当官儿必须是胖子，画家专画胖子，女人也要挑胖男人做丈夫。人人说胖子块头足，身壮力不亏，能显出真正的男人气。于是就出现愈胖愈好的趋势。这位本城最胖的胖子就受到格外重视，人们都向他讨教胖身术。他的照片、言论、逸事，到处争抢刊载。其中他的两句发胖经验"多吃多睡，动不如静"被全城人当作口头禅与座右铭。照这两句话去做，果真见效！本城的胖子就愈来愈多，但一时胖不起来而鼓肋挺肚、假装胖子的也不乏其人。一次，胖子被一群记者纠缠住，非请他说一说发胖的秘诀不可，他信口说一句："要衣松带宽！"当日全城加肥衣服就被抢购一空。各种腰带都滞销了。此刻，任何有能耐的大导演、演员、球星、发明家、魔术大师、特异功能者，都压不过胖子的名气。

某日，胖子兴致勃勃地去找老朋友瘦子。他见瘦子依旧细骨伶仃，便伸出肉碌儿一般的食指直对瘦子肋巴骨说："现在城里人人都学我，你是我的好朋友，为什么反不学我？天下还有比你再瘦的人吗？"

瘦子淡淡一笑，颇含自负地说："别看你一时走红，等你过了劲儿，就该轮到我了。不信，走着瞧吧！"

过一年，真有了变化。不知哪来一种说法：人胖，发喘，出汗，行动不便，脂肪囤积多，容易患血管病，有百害而无一利。当人们对一种东西的好奇与兴致渐渐淡了，相反的东西就现出魅力。这说法即刻像一阵风吹遍全城，跟着，有人在报纸上发表整版一篇文章，名曰《瘦子好！》。文章扬瘦抑胖，议论周密，又十分有理。他说，瘦子灵便，体轻，占用空间小，心脏负担也小，不易患血管病。据统计，长寿的人中，百分之九十八是瘦子，百分之一是不胖不瘦的，只有一个胖子，看来胖子长命纯属偶然。

自此，人们又开始关心瘦身法了，那个一直被世人遗忘的瘦子，终于被人们当作一件稀世宝贝发现了。瘦子的经验刚好与胖子的相反。他要人们：节食，素食，少吃糖，不喝啤酒，早起打拳，饭后散步，生命在于运动……于是，原先写文章称颂胖子的那些人，又笔锋一转，纷纷撰文，引经据典，有理有据，证实瘦子的经验如何宝贵、可靠和正确。并赞美瘦子是"当代人最佳体重"，"最符合时代要求的体重"，"典型形象"，等等。报刊有关胖子的报道一下子不见了。瘦子像片羽毛，一阵风，上了天。他的照片、逸事、经验、趣闻、言论、访问记、报告文学，像漫天飞花，风靡一时。

这天，瘦子在街上遇见胖子。胖子被冷落了，灰头灰脑，无精打采，他感慨地对瘦子说："当初你的话还真说对了，早知听你的话，提早设法变瘦，如今一下子很难瘦下去！"

瘦子听了，摇了摇他干树枝般的手指说："不！你应该保持这样，说不定哪天又时兴胖子了！"

狼牙棒

村前山口，潜伏一伙江洋大盗，打劫过路商贾行人。传说大盗各执狼牙棒一根，触身辄亡，厉害异常；抢掠财富，每每伤人害命，但不知此伙大盗乃何人也。偶有村人欲过山行商，大多有去无回，返回者亦多残肢败体，衣衫也给扒光。问其情景，只说："那棒子，棒子……"随即惊惧不语，唇白面青，容色若死，渐渐无人敢过山口。

村中有好事者王某，非目睹那狼牙棒不可。遂悄悄出村，方至山口，忽听一片喊杀声叫打之声。只见烟尘滚滚中，无数大汉挥棒晃动。细看那棒长三尺，粗若臂，四面有无数钢刺，刺尖寒光闪烁，确实凶厉。王某凑近一看，这伙大盗，黑布蒙首，只露双目，面不得识。有一人仆倒在地，被大盗手按足踩，似有生命之危。此人仰面高呼饶命！王某见此人竟是本村赵六。王某情急，不顾安危，跳上去叫："棒下留人！"

即刻一大盗挥棒而来，王某掉头便逃，仓皇回村，心想赵六必定丧命矣！不久，却见赵六溜回村来，财帛被掠一空，从此流落街头，乞讨为生，狼狈至矣！然棒下留得性命，也是祸中之福。王某对此事守口如瓶，唯恐张扬出去，惹来大盗，引祸伤身。

过几年，不知何故，山口那边渐渐平静下来，盗匪敛迹，太平无事，过往山口之人日多，再也不见狼牙棒也。王某欲过山行商，带些钱财上路。路遇赵六，赵六精神饱满，衣冠齐整，言其亦过山谋些生计，两人结伴而行。途中，王某向赵六问及当年死里逃生，流离颠沛情景，赵六述之，王某唏嘘不已，淌出两行同情泪。

行到山口，山寂谷静，日暖风和，草绿花香。果然不见歹徒匪盗出现。王某正欲放喉吟唱，倏然不知何处飞来一个"扫堂腿"，同时照面一拳。王某登时翻身仆地，头昏眼花，恍惚间，头上寒光一闪，一条狼牙棒悬在头上。不好，大盗还在！他正欲呼喊赵六快快逃脱，却见一人，手举大棒，满面杀机，定眼一瞧，原来竟是赵六，不禁惊呼："咦！你手里也有棒子？"

过去是我的

"文革"初期红卫兵抄家时，把抄来的东西都堆进一座被砸毁的空教堂里。后来，这些东西要分到被抄人所在单位，廉价卖给革命群众，但这些家具衣物全混在一起，很难区分，就把那些被抄户都弄来，叫他们自己来认；认准是谁的，就叫他们的单位运走。

这些倒霉蛋被命令站在当院。管查抄物资的干部站在一堆破箱子上，负责指挥。一件穿衣镜从教堂里搬出来，他就喊道："这是谁的？"一个被抄户的老头子说："这是我的！"他就训斥道："什么你的，人民的，你还想反攻倒算！"又一箱银餐具抬出来，干部又喊："这是谁的？"一个被抄户的老婆儿说："这是我家的。"他又喝骂道："狗屁！这是劳动人民的血汗！还说是你家的，白日做梦！"每件东西拿出来，他必问，倒霉蛋们必须回答，并且都必得挨他一顿训斥，才由他们所在单位弄走。

大冬天，冷风抽面，冻得这些被抄户挤成一团，脸色不是灰，就是白，是黄，是绿，又给骂得耷拉脑袋，好不狼狈。可中间唯有一个胖子站得挺直，身穿大旧棉袄，满脸红润油光，一双大鼓眼儿很有神，滴溜溜左顾右盼，毫无颓丧之态。这个被抄户怎么面不挂相，他肯定有什么能耐来应付这种局面。这时，从教堂里拿出件上好的水獭领子的皮大衣，干部一抖皮大衣，喊道："这是谁的？"

这红脸胖子在人群中，俩鼓眼一转，立即响亮地答道："过去是我的！"

我警告我

　　薛发财是某单位的勤杂工，多少年来受人管，可从一九六六年"红八月"起时来运转，开始管人。原因是他八辈红，往上倒二十辈薛仁贵那里，也是穷苦出身，住过寒窑，家庭历史光荣，革委会便委以重任，派他看管牛棚，人一下子就抖起来了。下巴也能落上雨点——扬起来了，气儿也粗了。他只嫌老爹给他起的名字不好，"发财"两字是资产阶级意识，便改了名字，叫薛永红，取"永远红心干革命"之意。人家只要一喊他："薛永红！"瞧他，胸脯一挺，益发神气。

　　牛棚里有条"牛"，名叫贾三石。解放前在报馆做过事，被当作反动文人揪出来的。人长得干巴瘦小，罗锅腰儿，走道时两脚总擦着地；一副老花镜架在蒜瓣似的小鼻头上，看人从眼镜上看；平时不爱说，张嘴气死人。他是个烟鬼，不抽烟就迷糊。只要他没烟抽，便对薛永红说："我想买点'永红'抽抽。"

　　当时有种烟，原先的牌子叫"金不换"。"文革"一来改了牌子，正好也叫"永红"。在以前那仿金的黄烟盒上，加印一颗大红心。

　　薛永红听着不对味儿，可人家明明说的并不是他，是烟，怎么好接茬，干生气，没辙，便憋着劲儿狠狠弄这个蔫损的老家伙一次。

一天，"运动"又掀高潮，薛永红把他管辖的"牛"们召集起来，训斥道："你们这群乌龟王八蛋听着，革命群众又要批判你们了！你们快回去每人写张大字报，问问自己老实不老实，趁早揭发批判自己，不然就狠斗你们！记住，不准用红纸写，红纸是革命群众用的，你们只能用白纸写！"

这帮"牛"们很快每人写张大字报，白纸黑字贴在墙上。贾三石也写一张，题目叫《贾三石，我问你》，内容是这样的：

> 无产阶级"文化大革命"再次掀起高潮，革命群众又奋起千钧棒，痛打落水狗！贾三石，我问你，你老实了吗？你说，老实了。不对！我不信！你竖起你的狗耳朵听着，我警告你，你已经死到临头了，如果你再不老老实实，还要乱说乱动，我就把你打翻在地，再在你背上踏上一只脚，叫你永世不得翻身！

薛永红一看就火了，把他叫去，"啪"一拍桌子，把憋着一肚子的气都使上，骂他："你混蛋！革命群众问你，你问谁？你在大字报上写的'你'字是谁？是不是想把矛头对准革命群众？"

贾三石那双小耗子眼儿，从闪闪发光的镜片上假作惊惶地看着薛永红，说："我哪有那种狗胆。您不是叫我们都问问自己吗？'你'字是指我自己说的。'你'就是我，矛头对准我自己呀！"

"放屁，既然'你'字是指你指自己，为什么不用'我'字？'你'是'我'，就应当是'我'。'我'是'我'，'你'怎么会是'我'……"薛永红叫"你""我"两个字搅糊涂了，愈说愈乱，再说就把自己也绕进去了，说不下去，只好一拍桌子，"滚回去，改！"

贾三石慌忙称是，连连说："接受您的批判，我改，马上去改，全改成我自己。"说完赶快掉转罗锅腰，两脚"嚓嚓"回去。他先把自己大字报上的"你"字数一数，总共十二个。便找一条白纸，规规矩矩写了十二个"我"字。再拿剪子一块块剪下来，用糨糊把大字报上的所有"你"字都盖上"我"字。改好后，去向薛永红汇报说："我照您的话全改好了。"

薛永红脸绷着，心里挺得意，心想这老家伙终于叫自己制服了。再去一看大字报，竟然变成这样：

贾三石，我问我

无产阶级"文化大革命"再次掀起高潮，革命群众又奋起千钧棒，痛打落水狗！贾三石，我问我，我老实了吗？我说，老实了。不对！我不信我！我竖起我的狗耳朵听着，我警告我，我已经死到临头了，如果我再不老老实实，还要乱说乱动，我就把我打翻在地，再在我背上踏上一只脚，叫我永世不得翻身！

耗子

　　省里要下来一帮人，到连续四年保持"无鼠城市"的某市——请不要猜测某市是哪个城市——检查鼠情。据说只来一天，当天返回去，采用抽查方式，周一早晨到。该市有关领导听到消息，如听到火警，紧急召集开会研究对策。诸事安排齐备，只剩下一件挠头的事：该市老鼠分布最稀薄的只有向阳区，但怎么能把省里那帮人引到向阳区去？如果他们是群耗子就好办了，抓把米一引，准行。倘若他们非要自己选择地区检查咋办？

　　好法子不是想出来的，都是逼出来的。

　　接待处侯处长向负责此事的左主任献上一条妙计。这计策乍听荒唐，细想很绝，有点冒险，但非此别无他策。就用这法子了。

　　周一上午，省里那帮人来了。自然是好烟好茶往桌上一摆，寒暄、打趣、闲扯一通过后，左主任汇报了该市"防鼠措施二十条"。左主任之所以使用"防鼠"一词儿，不用"治鼠、打鼠、除鼠、灭鼠"一类的词儿，表明一个无鼠城市的独有角度、独有概念、独有气概。他所讲的措施之具体、之缜密、之有效、之坚决，令省里那帮人交口称赞。随后，侯处长捧出一个大漆托盘，盘中放一个景泰蓝笔筒，筒内插着七个叠成尺状的纸条。侯处长说："我们市总共有七个区，这七个纸条上各写着一个区的名字，请领导们任意挑选。"

左主任笑呵呵地说:"随便抽,抽到哪个区就去查哪个区,反正在哪儿也找不到一个耗子!"

省里那帮人中职位最高的一位上来,伸手从笔筒里唰的抽出一个纸条,打开一看,嘿,闻名全省的无鼠先进区——向阳区!

这位省领导打趣说:"我要是再抽一次呢?"

左主任的脸顿时如放电影时,胶片突然断了,不单笑容,连表情也没了。侯处长却神态从容自若,笑眯眯说:"只要领导们愿意多看看,就不用抽了,一个个区去看,下边区里都是求之不得啊!"

省里那帮人哪肯多看,抽查一个就要返回去。侯处长十分精通领导心理学,他才敢这么说,才敢把七个纸条全写上"向阳区",确保万无一失。

于是,市里这帮人陪同省里那帮人来到向阳区。又是寒暄、喝茶、抽烟、听汇报,然后下去检查工作,但向阳区共有八十多条街道,不能全查,还得抽签。这个区的爱民道是上过报纸头条的"无鼠一条街",一抽偏偏就抽上爱民道。侯处长笑了,背过脸朝左主任挤挤眼。

从今早六点钟,爱民道居民就接到通知,各家要在屋内沿墙边撒一条石灰线,检查有没有耗子,全靠这条灰线。倘有耗子走动,必然踏过灰线,留下足迹;故此,各家必须留一个人守在屋中,还要走动和出声,吓唬耗子躲在洞里别出来,还不准各家做饭炒菜,怕香味勾引起耗子跑出来觅食。人们从清早等到晌午,仍不见省里、市里、区里那些人来,有些居民到街道居委会报告说,已经发现石灰线变模糊了,那些人怎么还不来,等得居民们饿了,耗子也饿了。

过一会儿，有消息传来说，原来省里那帮人在区里抽完签，已经十一点钟，便由市里和区里的人陪同，到龙凤大酒家吃"工作餐"去了，吃完饭立即就来检查。于是居委会要大家坚持最后的时刻，直到胜利。可是，直等到两点钟仍不见人影。一些居民户已经听见耗子饿得吱吱叫，还有人家看见耗子公然在屋里跑来跑去，找东西吃，吓也吓不走，用脚跺地板也不搭理。再这样等下去，爱民道该成为"老鼠一条街"了。

　　就在这时，区里来人满面笑容地说，省里那帮人吃完饭，时候不早，还要赶路回去，决定不来了，已经打道回省。检查工作圆满结束。过几天市里又来人，由区里领导陪同，赠给爱民道一块匾，上边写着漂漂亮亮七个大字，是："无鼠街道最光荣"！

老头们的电视机

黑白老头我都认得。黑老头住隔壁；白老头住隔街。我很少到黑老头家串门，却常往白老头家里跑。因为我总闹牙疼。

白老头是牙医，是老鳏夫，还是电视迷。他的房间里，有拔牙的大钳子，有窄窄的单人床，还有一架永远开着的电视机。

他的镊子碰着了我烂牙根上的神经，我刚要叫疼，电视里一对男女正巧接吻。疼劲就过去了。哎，电视原来还有麻醉作用！不过白老头什么节目都看——惊险片、市长讲话、中东局势、日本地震、烹鱼方法以及妊娠常识……后来我恍惚觉得，他并不在意电视里演什么、说什么，一切听凭电视的安排。他给电视以充分表演自由。

一次，我的牙床消了肿，该拔牙了，去找他。正巧他从外边买菜回来，手里托着两根绿黄瓜和一根红肉肠。我随他进屋，他在请我坐下之前，先伸手把电视打开。好像这是他殷勤的待客方式。电视里正播杰克逊临终前一般疯狂的嘶叫，我说："你受得了这个吗？"他的回答出乎我的意料："我根本不看！"

我说："那您为嘛开着它呢？"他说："图热闹呗，有人，有声音，有动静，就行了。"

从此我才注意到他真的不看电视，并发现我的观察力真差，根本不配当作家。

瞧，他算什么电视迷呀。有时病人或客人来了，他就和来客说话，电视里的人也说话，各说各的，各不相干，倒是热闹。如果他和一个人说话，加上电视里的人，屋里就有三个以上的人在说话；如果他和两个人说话，加上电视里的人，屋里起码有四个以上的人连喊带说，或连唱带说。我可受不了，太乱。可是我又一想，如果屋里只有他自己呢，那么电视里的人就是必不可少的了……这又真正是个电视迷，终日离不开电视的人还不算电视迷吗？

那天，我又闹牙，跑去找他。他家里很有些异样，空空的屋子中央站着白老头的一位邻人。邻人说他忽然昏倒，给几个邻居弄到医院去，怕不行了。我怔住，电视还开着，里边正热闹。一位笑星对另一位笑星叫着。他的脸被照成大特写，连脸皮上的汗毛孔都夸张得又大又清晰。他张着碗大的嘴尖声喊："你别总叫我唱，也该你唱唱啦，哎，你干吗把嘴闭上了，哎哎——"

我过去嗒的把电视关上了。

从这天起我多了一件事，就是常到隔壁的黑老头家去串门，坐坐，说说，他聋，但我无论说什么他都报之以微笑，偶尔他也搭讪几句不着边际的话，为的是拖我多坐一些时候，陪陪他。我忽然觉得，我就是白老头那台电视机。噢，是不是世界上所有老头都需要这种电视机呢？

西式幽默

　　外语学院请来一位洋教师，长得挺怪，红脸，金发，连鬓大胡须，有几根胡子一直逾过面颊，挨近鼻子；他个子足有两米，每进屋门必须低头，才能躲过门框子的拦击，叫人误以为他进门先鞠躬，这不是太讲究礼貌了吗？顶怪的是，他每每与中国学生聊天，聊到可笑之处时，他不笑，脸上没有表情，好像他不喜欢玩笑；可是有时毫不可笑的事，他会冷不防放声大笑，笑得翻江倒海，仰面朝天，几乎连人带椅子要翻过去，喉结在脖子上乱跳，满脸胡子直抖。常使中国学生面面相觑，不知这洋教师的神经是不是有点问题。

　　一天，洋教师出题，考查学生们用洋文作文的水准，题目极简单，随便议论议论校园内的一事一物，褒贬皆可。中国学生很灵，一挥而就。洋教师阅后，评出了最佳作文一篇，学生们听后大为不解，这种通篇说谎的文章怎么能被评为"最佳"？原来这篇作文是写学校食堂。写作文的学生来自郊区农村，人很老实，胆子又小，生怕得罪校方，妨碍将来毕业时的分数、评语、分配工作等等，便不顾真假，胡编乱造，竭力美化，唱赞歌，使得一些学生看后愤愤然。可是……洋教师明知学校食堂糟糕透顶的状况，为什么偏要选这篇作文？有人质问洋教师。

洋教师说："这文章写得当然好，而且绝妙无比，你们听——"他拿起作文念起来："我们学校最美的地方，不是教室，不是操场，也不是校门口那个带喷水池的小花坛，而是食堂。瞧，玻璃干净得几乎叫你看不到它的存在——"洋教师念到这儿，眼睛调皮地一亮，眉毛一挑，"听听，多么幽默！"

幽默？怎么会是幽默？大家还没弄明白。

洋教师接着念道："如果你不小心在学校食堂跌了一跤，你会惊奇地发现你并没跌跤，因为你身上半点尘土也没留下；如果你长期在学校食堂里工作，恐怕你会把苍蝇是什么样子都忘了……"洋教师又停住，舌尖嘚地弹一声，做个怪脸说："听呀，还要多幽默，我简直笑得念不下去了。"

学生们忽然明白了什么。

洋教师一边笑，一边继续往下念："食堂天天的饭菜有多么精美、多么丰富、多么解馋！只有在学校食堂里，你才会感到吃饭是一种地道的享受……"

忽然学生们爆发起大笑来！

依照这种思维，我们会从身边发现多少聪明、机智、绝妙、令人捧腹的好文章啊！

富人区

在洛杉矶，一位美国朋友开车带我去看富人区。富人区就是有钱人的聚居地。美国人最爱陪客人看富人区，好似观光。到那儿一瞧，千姿万态的房子和庭院，优雅，宁静，舒适，真如天上人间。我忽然有个问题问他："你们看到富人们住在这么漂亮的房子里，会不会嫉妒？"

我这美国朋友惊讶地看着我，说："嫉妒他们？为什么？他们能住在这里，说明他们遇上了一个好机会。如果将来我也遇到好机会，我会比他们做得还好！"

这便是标准的"老美"式的回答。他们很看重机会。

后来在日本，一位日本朋友说他要陪我看看不远的一处富人区。原来日本人也有这种爱好。日本的富人区，小巧、幽静、精致，每座房子都像一个首饰盒，也挺美。我又想到上次问过美国人的那个问题，便问日本朋友："你们看到富人们住着这么漂亮的房子，会嫉妒吗？"

这个日本朋友稍稍想了想，摇摇头说："不会的。"继而他解释道："如果一个日本人见到别人比自己强，通常会主动接近那个人，和他交朋友，向他学习，把他的长处学到手，再设法超过他。"

噢，日本人真厉害。我想。

前不久，一位南方朋友来看我，闲谈中说到他们的城市发展得很快，已经出现国外那种"富人区"了。我饶有兴趣地打听其中的情形，据说有的院子里还有喷水池、车库，门口有保安，还养大狼狗。我无意中再次想到问过美国和日本朋友的那个问题，拿来问他："有没有人去富人区参观？"

"有呀，常有人去看。但不能进去，在门口扒一扒头而已。"这位南方朋友说。

"心理反应怎么样？会不会嫉妒？"

"嫉妒？"他眉毛一扬，笑道，"何止嫉妒，恨不得把那小子宰了！"

我听了怔住。

1998 年 2 月 2 日

老裘里和菲菲

　　老裘里，一匹瘦骨嶙峋的栗色老马，刚拉一车白灰回来，给马夫瓦尔卡拴在当院的一棵小杨树上。它满身白灰，连鼻孔和嘴唇也沾了不少，甚至跑到眼角里去了，它歪过长脸在粗糙的树干上蹭来蹭去，也无法把这些火辣辣的灰末弄下来。再加上天气闷热，短短的鬃毛下边全是黏汗，真是难受极了，它很想跑下河去痛痛快快洗个澡儿……但这不可能，灼热的赤阳像个燃烧的火球高悬中天，树影正是最小的时候。它挪来挪去，打算躲开火烫的阳光的针芒，但树影怎么也不能把它的全身遮住。难道它又得拿出生活教给它的一个可怜的老办法——每当在无可奈何时，只能忍受？

　　“咯、咯、咯、咯……”

　　谁在那边笑？噢，是菲菲。一条肥大的多肉的白狗。两片厚厚的耳朵垂盖在额角上，样子有点像猪。一双小而发红的三角眼亮闪闪。此刻它正趴在楼前的高台阶上，下巴搁在前腿上，懒懒又狡黠地笑着。

　　“老家伙，怎么样？”菲菲说。

　　“怎么样……还能怎么样呢？又热又累，又热又累啊！”老裘里叹息道。

　　“可怜的老家伙！你干吗在那儿死晒着呢？快到我这儿来吧！

这儿多凉快，一点也不晒，这扇门直通楼里的过道，有穿堂风，又阴又凉。裘里，我趴在这儿，就像趴在冰上。"

老裘里看看拴着自己的绳子，没说话。这时，毒日头简直要把它的脊背烧着了。

"啊、啊，你是过不来的呀！老家伙，你怎么混成这样子！你前几年是什么样子？一匹漂亮的骏马，主人还常骑着你兜风去哪！现在呢？谁能说出你是栗色的？毛儿七倒八歪，上边又是土，又是灰，纯粹像个破灰布口袋。一天到晚，累得要死还总给拴着，没一点自在。瓦尔卡怎么样？还打你吗？"

"怎么不打呢……自从年前他老婆害疟疾死了，他打我打得更凶了。他整天喝酒，喝醉了就红着眼珠，站在车上拼命拿鞭子抽我，倒好像是我害死他老婆似的……"

"你不会不理他？躲着他……"菲菲说。可是当它看见老裘里没有表情的脸，便想到自己的话是没用的，它支吾着："怎么好呢？你混成这样。你看我——"菲菲说到这里，忽然觉得有许多得意的话止不住地涌到嘴边，就好像见到牛肉时一涌而出的口水，非要冒出来不可了，"我呀——我整天想干什么就干什么。吃吃、睡睡、溜溜达达；待闷了，就到门口吓唬个生人解闷，要不就到街上去追追母狗取乐……这所楼，上上下下，我随便上哪儿都行。我到过小姐的床底下睡过觉，经常从主人屋子进进出出。哎，老家伙，你行吗？"

老裘里摇摇头。这就加强了菲菲心里的优越感。它前腿一收，直起笨重的身子，好似挂了一身勋章想叫人看那样，挺起了毛茸茸的胸脯，兴奋地说："好阔气，那屋子。地上铺着红毯子、黄毯子、花毯子，在上边走着可舒服啦！"

"比在草地上走还舒服吗？"

"草地算个屁呀！在那些毯子上一走，就好像、就好像……"菲菲抬起眼睛想了想，忽然说，"就像在云彩上走一样。"

老裘里偏过脸，瞅一下火热又晃眼的天空，说："草地上的草可以吃呢！"

"你可真没见识。怪不得你是匹马呢！除去草你就不知道还有别的好东西吃。告诉你！主人单是吃饭就一大间房子。他们吃饭时，我还跳上一张空椅子，和主人们同桌吃。主人说：'菲菲，张嘴！'一块猪排扔过来，我一伸嘴就叼住了。一会儿小姐也说：'菲菲，张开嘴！'说着，又把一块香喷喷的肥肉扔给我。我呢，还钻到桌子下边，舔过太太那只绣金花的拖鞋呢！每星期四，太太到涅瓦河边散步，非叫我陪着去不可，别人谁陪也不成。科伦斯基伯爵——你知道吗？大伟人，最有钱，穿得可讲究了。我们经常在河边碰见他，他还朝我们点头，我也朝他点头。你行吗？甭说你，就是瓦尔卡，厨子伊凡·伊凡诺维奇，都不成。我甚至还敢去咬主人的靴筒，你怎么样？"

老裘里惊讶地眨巴一下眼睛。一瞬间，身上火烫的阳光好像一下子挪开了，换了一层冰雪，它不禁打了一个寒战。它清楚记得，一次它用尾巴轰赶马蝇子时，不小心扫打在主人的肩膀上，主人怒了，抡起手杖来猛抽它的后腿。当时它疼得跪了下来，直到现在，只要拉一些重东西，比如刚刚那车白灰，它的腿骨就发痛，走起来一瘸一拐的，可是菲菲居然敢去咬主人的靴筒——它所受到的恩宠真是可望而不可即了……"真的吗，菲菲？"老裘里眼里闪着惊羡的目光。

"当然是真的了！咬主人靴筒又算什么？太不算什么了，你去问问瓦尔卡，他常瞧见。告诉你，我菲菲不是吹牛，我还敢咬主人的脖子呢！"

老裴里听着，不觉伸长它又细又长的脖子，动一动，竟好像自己的脖子挨咬一样。菲菲说过这话，自觉夸大过分，但老裴里正陷入惊异得发呆的情景中，并不觉得。菲菲便修补起它这几句言过其实的话来：

"……咬主人这种事，你当然不行。你知道主人和我是什么关系吗？是朋友，老朋友。我一直忠于他，他心中有数。再说我还救过他呢！这事你不知道——前年，我陪主人在大赛马场外那条林荫道并排溜达。主人只顾看头上的树叶，我也看树叶，谁也没瞧见迎面走过来一个老头，正和主人撞个满怀。那个老头穿得挺好，可是脾气很糟，竟和主人大吵起来。那老头气得脖子都红了，居然要抬手打主人。主人扭过头，喊我：'菲菲！'我立即冲上去，朝那老头龇开牙，竖起耳朵，啾啾地吼。谁想那老头是个草包，不但不敢再装凶，反而扭过屁股吓跑了。挺平的地面，他还差点儿摔一跤。主人大笑起来，拍拍我的头说：'老朋友，干得漂亮！'哈，你猜怎么样，当晚主人就给我一大碗牛肉吃。从那次，主人就对我另眼看待了。瓦尔卡，伊凡，还有女佣莉娜等等，那帮子下等人，废料，奴才，怎么能跟我相比，你去问问瓦尔卡，他敢来碰我吗？他们得捧我、爱我、对我好，来讨主人欢心的，我却从来不想搭理他们！"

"可是，瓦尔卡的鞭子在我身上抽得愈响，才显得他们干活愈

242

卖力气，用来讨主人的好……你看。"老裘里说着转过身，它右边脖子上有一长条给鞭子抽得毛都掉光了，露出光光的皮来。

"多惨，多惨呀！老家伙，你为什么不和我一样呢？"

菲菲满口同情的语调，那神气却得意已极。它从和老裘里的谈话里，深深感到自己的幸运、优越和非凡；它知足而骄傲。似乎它也是这所楼房中的主人了。至少和主人是一码事，不是两码事。老裘里呢，也感到这种地位的悬殊。在它的印象里，菲菲不过是一条狗、一条狗而已，谁想到它这样能耐、有福、手眼通天、高高在上。自己没法儿和它相比，已然老了，没有奔头，只有受苦；它自悲到了极点。

"菲菲——菲菲——"有人叫菲菲。

菲菲瞪起眼，大耳朵呼扇一下张开来。只听它轻声说："主人！"紧跟着就跳下台阶，摇着一身胖肉，急急忙忙朝门口跑去，项圈上系着的小银铃发出一串儿响声。

主人出现在门口，手杖、靴筒、衣扣、表链，都在阳光里闪亮；菲菲围着主人又跑又跳，短尾巴亲热地摇着，并抬起那张猪样的肥脸嗅着主人的衣裤，好似闻到什么醉心的气味；然后立起身来，把前爪搭在主人的手上。主人用另一只手摸摸它的头。这时它偏过头，得意扬扬地看了老裘里一眼。满身白灰的老裘里对它充满羡慕之意。

菲菲兴奋起来，它围着主人转圈，打滚，撒欢，最后扑向主人的靴子咬起来。

"又胡闹！"主人带着一种爱意说。

菲菲又朝老裘里递过一个眼神，意思是：你看见了吧！我敢咬他的靴子！

于是菲菲有些忘形了，咬得主人又黑又亮的皮靴筒吱扭吱扭地响。忽然，只听主人大喝一声："哎哟，混蛋！"

原来主人崭新的靴筒被咬破了一大块，破皮子向外翻出来。菲菲还没有弄明白是自己闯下的祸事，就已经给主人一脚踢出四五步远，摔得蒙头转向、浑身是土。这一脚正踢在它的脸上，疼得很呢！这又实在叫菲菲挂不住面子，它急了，打一个滚儿翻身起来，喉咙里响着粗粗的发怒声，要朝主人扑来。

"好，你敢咬我！畜生，我打死你！"

主人愤怒的声音又响亮、又怕人，同时举起手杖就要打。远处的老裘里见了，吓得张大嘴，膝头发软，腿上挨过打的地方突然痛起来。菲菲呢，它抬眼看见主人气冲冲的脸和举在半空中亮闪闪而结实的手杖，没有扑过去，而是顺从地低下头，垂下耳朵，哀哀叫了一忽儿，随后摇着尾巴跑到主人跟前，用两腮亲昵地蹭着主人的脚面，并伸出湿乎乎的舌头舔主人的靴筒，那样子就像闯了祸的孩子向大人撒娇讨好一样。

主人没打它，而是厌烦地用脚拨开它，说一声"滚开！"便回屋去了。

菲菲望着主人的背影消失在阴暗的楼道里，扭头看见老裘里，一时感觉困窘极了。

"菲菲，你疼吗？"老裘里问。

菲菲摇摇头，没出声，其实它疼得厉害。

"菲菲，别难过——"老裘里安慰它说，"这事怪你，你闹得太过分了，对不对？"

"啊，啊……是呵。确实闹得太过分了，而且是和主人这么闹。"说到这里，菲菲好像立时恢复一点精神，它说，"……和主人这么闹，除去我，谁敢？还多亏是我，要是瓦尔卡、伊凡、莉娜那些家伙，主人非打断他们的腿不可。一双新靴子被我咬破，居然还没打我一下，这对我可是很大的面子呀！你说是吧！"

"嗯。"

菲菲还想神气地笑一下，但脸上刚挨过狠狠一脚，左眼下边已经肿得高高的，挤得眼睛细得像一条缝。这一笑，只像脸皮扯动一下。

"多亏是我……"它极力想挽回面子，还在加劲地说，"换别人，这么闹？要命！主人跟我总有面子，他不会忘记在大赛马场外那件事。老朋友，老交情呢！"

老裘里不再吱声。菲菲自觉没趣，怏怏回到楼前的高台上蜷卧下来，闭上眼睛。老裘里瞥见它的脸颊和前爪在一阵阵微微发抖。它肯定没有睡着，大概在忍着疼痛。老裘里看着、看着，忽然觉得自己对菲菲一点也不艳羡、不钦慕，同时也不感到自悲了。它想，菲菲并不比自己强多少，它不过是一条狗、一条狗而已。由此看来，它自己比菲菲还要强上一些呢！

1971 年写

1981 年 7 月 28 日整理

木佛

先别问我叫什么，你慢慢就会知道。

也别问我身高多高，体重多少，结没结婚，会不会外语，有什么慢性病，爱吃什么，有没有房子，开什么牌子的车，干什么工作，一月拿多少钱，存款几位数……这你渐渐也全会知道。如果你问早了，到时候你会觉得自己的问题很可笑，没知识，屁也不懂。

现在，我只能告诉你，我看得见你，听得见你们说什么。什么？我是监视器？别胡猜了。我还能闻出各种气味呢，监视器能闻味儿吗？但是，我不会说话，我也不能动劲，没有任何主动权。我有点像植物人。

你一定奇怪，我既然不能说话，怎么对你说呢？

我用文字告诉你。

你明白了——现在我对你讲的不是语言，全是文字。

你一定觉得这有点荒诞，是荒诞。岂止荒诞，应该说极其荒诞。可是你渐渐就会相信，这些荒诞的事儿全是真事儿。

一

我在一个床铺下边待了很久很久。多久？什么叫多久？我不懂。你问我天天吃什么？我从来不吃东西。

我一直感受着一种很浓烈的霉味。我已经很习惯这种气味了，我好像靠着这种气味活着。我还习惯阴暗，习惯了那种黏糊糊的潮湿。唯一使我觉得不舒服的是我身体里有一种肉乎乎的小虫子，在我体内使劲乱钻。虽说这小虫子很小很软，但它们的牙齿很厉害，而且一刻不停地啃啮着我的身体，弄得我周身奇痒难忍。有的小虫已经钻得很深，甚至快钻到我脑袋顶里了。如果它们咬坏了我的大脑怎么办？我不就不能思考了吗？还有一条小虫从我左耳朵后边钻了进去，一直钻向我的右耳朵。我不知道它们到底想干什么，我很怕叫它们咬得千疮百孔。可是我没办法。我不会说话、讨饶、呼救；我也不知向谁呼救；不知有谁会救我。谁会救我？

终于有一天，我改天换地的日子到了！我听见一阵很大的拉动箱子和搬动东西的声音。跟着一片刺目的光照得我头昏目眩。一根杆子伸过来捅我，一个男人的声音："没错，肯定就在这床底下，我记得没错。"然后这声音变得挺兴奋，他叫道："我找到它了！"这杆子捅到我身上，一下子把我捅得翻了一个个儿。我还没弄清怎么回事，也没看清外边逆光中那个黑乎乎的人脑袋长的什么样儿，我已经被这杆子拨得翻过来掉过去，在地上打着滚儿，然后一直从床铺下边犄角旮旯儿滚出来，跟着被一只软乎乎的大手抓在手里，拿起来"啪"一声撂在高高一张桌上。这人朝着我说："好家伙，你居然还好好的，你知道你在床底下多少年了吗？打'扫四旧'那年一直到今天！"

打"扫四旧"到今天是多少年？什么叫"扫四旧"，我不懂。

旁边还有个女人，惊中带喜地叫了一声："哎呀，比咱儿子还大呢！"

我并不笨。从这两句话我马上判断出来。我是属于他俩的。这两人肯定是夫妇俩。男人黄脸，胖子，肥厚的下巴上脏兮兮呲出来好多胡楂子；女人白脸，瘦巴，头发又稀又少，左眼下边有颗黑痣。这屋子不大，东西也不多。我从他俩这几句话听得出，我在他床底下已经很久很久。究竟多久我不清楚，也不关心，关键是我是谁？为什么一直把我塞在床底下，现在为什么又把我想起来，弄出来；这两个主人要拿我干什么？我脑袋里一堆问号。

我看到白脸女人拿一块湿抹布过来，显然她想给我擦擦干净。我满身灰尘污垢，肯定很难看，谁料黄脸胖子伸手一把将抹布抢过去，训斥她说："忘了人家告诉你的，这种老东西不能动手，原来嘛样就嘛样，你嘛也不懂，一动不就毁了？"

白脸女人说："我就不信这么脏头脏脸才好。你看这东西的下边全都糟了。"

"那也不能动，这东西在床底这么多年，又阴又潮，还能不糟？好东西不怕糟。你甭管，我先把它放到柜顶上去晾着，过过风。十天半个月就干了。"

他说完，把我举到一个橱柜顶上，将我躺下来平放着，再用两个装东西的纸盒子把我挡在里边。随即我便有了一连许多天的安宁。我天性习惯于安宁，喜欢总待在一个地方，我害怕人来动我，因为我没有任何防卫能力。

在柜顶上这些日子我挺享受。虽然我看不见两个主人的生活，却听得见他们说话，由他们说话知道，他们岁数都大了，没工作，吃政府给贫困户有限的一点点救济。不知道他们的孩子为什么不管他们，反正没听他们说，也没人来他们家串门。我只能闻到他们炖菜、烧煤和那个黄脸男人一天到晚不停地抽烟的气味。我凭这些气味能够知道他们一天只吃两顿饭。每顿饭菜都是一个气味，好像他们只吃一种东西。可是即便再香的饭菜对我也没有诱惑——因为我没有胃，没有食欲。

此刻，我最美好的感觉还是在柜顶上待着。这儿不阴不潮，时时有小风吹着，很是惬意。我感觉下半身那种湿重的感觉一点点减轻，原先体内那些小虫子好像也都停止了钻动，长久以来无法抗拒的奇痒搔心的感觉竟然消失了！难道小虫子们全跑走了？一缕缕极其细小的风，从那些小虫洞清清爽爽地吹进我的身体。我从未有过如此美妙得近乎神奇的感觉。我从此能这么舒服地活下去吗？

一天，刚刚点灯的时候，有敲门声。只听我的那个男主人的声音："谁？"

门外回答一声。开门的声音过后，进来一人，只听我的主人称这个来客为"大来子"。过后，就听到我的男主人说："看吧，这几样东西怎么样？"

我在柜顶上，身子前边又有纸盒子挡着，完全看不到屋里的情景，只能听到他们说话。大来子说话的腔调似乎很油滑，他说："你就用这些破烂叫我白跑一趟。"

我的女主人说："你可甭这么说，我们当家的拿你的事可当回事了。为这几样宝贝他跑了多少地方搜罗，使了多少劲、花了多少钱！"

"我没说你当家的没使劲，是他不懂，敛回来的全是不值钱的破烂！破烂当宝贝，再跑也是白跑！"

女主人不高兴了，她呛了一句："你有本事，干吗自己不下去搜罗啊。"

大来子说："我要下去，你们就没饭吃了。"说完嘿嘿笑。

男主人说："甭说这些废话，我给你再看一件宝贝。"

说完，就跑到我这边来，蹬着凳子，扒开纸盒，那只软乎乎的大手摸到我，又一把将我抓在手里。我只觉眼前头昏目眩地一晃，跟着被啪的一声立在桌上——一堆瓶瓶罐罐老东西中间。我最高，比眼前这堆瓶子罐子高出一头，这就得以看到围着我的三个人。除去我的一男一女两主人，再一位年轻得多、圆脑袋、平头、疙疙瘩瘩一张脸，贼乎乎一双眼，肯定就是"大来子"了。我以为大来子会对我露出惊讶表情，谁料他只是不在意地扫我一眼，用一种蔑视的口气说："一个破木头人儿啊！"便不再看我。

由此，我知道自己的名字——木头人。

随后我那黄脸的男主人便与大来子为买卖桌上这堆老东西讨价还价。在男主人肉乎乎的嘴里每一件东西全是稀世珍奇，在大来子刁钻的口舌之间样样却都是三等货色甚至是赝品。他们只对这些瓶瓶罐罐争来争去，唯独对我提也不提。最后还是黄脸男主人指着我说："这一桌子东西都是从外边弄来的，唯独这件是我祖上传下来的家藏，至少传了四五代，打我爹记事时就有。"

"你家祖上是什么人家？你家要是'一门三进士'，供的一准都是金像玉佛。这是什么材料？松木桩子！家藏？没被老鼠啃烂了就算不错。拿它生炉子去吧。"

我听了吓了一跳。我身价原来这么低贱！说不定明天一早他们生炉子时就把我劈了、烧了。瞧瞧大来子的样子，说这些话时对我都不再瞅一眼，怎么办？没办法。我是不会动的。逢此劫难，无法逃脱。

最后，他们成交，大来子从衣兜里掏出厚厚一沓钱，数了七八张给了我的男主人。一边把桌上的东西一件件往一个红蓝条的编织袋里装，袋里有许多防压防硌的稻草。看他那神气不像往袋里子装古物，像是收破烂。最后桌上只剩下我一个。

女主人冲着大来子说："您给这点钱，只够本钱，连辛苦费都没有。当家的——"她扭过脸对男主人说："这种白受累的事以后真不能再干了。"

大来子眨眨眼，笑了，说："大嫂愈来愈会争价钱了。这次咱不争了，再争就没交情了。"说着又掏两张钱，放在女主人手里，说："这辛苦费可不能算少吧。"说着顺手把孤零零立在桌上的我抄在手里，边说："这破木头人儿，饶给我了。"

男主人说："这可不行，这是我家传了几代的家藏。"伸手要夺回去。

大来子笑道："屁家藏！我不拿走，明天一早就点炉子了。怎么？你也想和大嫂一样再要一张票子？好，再给你一张。大嫂不是不叫你收这些破瓶烂罐了吗？打今儿起我也不再来了。我没钱干这种赔钱买卖！"说完把我塞进编织袋。

我的黄脸主人也没再和大来子争。就这样，我易了主，成了大来子的囊中之物了。

我在大来子手中的袋子里，一路上摇来晃去，看来大来子挺高兴，嘴里哼着曲儿，一阵子把袋子悠得很高很带劲，叫我害怕他一失手把我们这袋子扔了出去。但我心里更多的是庆幸！多亏这个大来子今天最后不经意地把我捎上，使我获救，死里逃生，没被那黄脸男人和白脸女人当作糟木头，塞进炉膛烧成灰儿。

可是，既然我在大来子眼里这么差劲，他为什么要捎上我，还多花了一张票子？

二

完全没想到，我奇妙非凡的经历就这么开始了。

这天，我在袋子里，两眼一抹黑，好像被大来子提到了一个什么地方。我只能听到他说话。他到了一个地方，对另一个什么人说了一句兴高采烈的话："今天我抱回来一个大金娃娃了。"

我不懂这话是什么意思。

另一个人的声调很细，说："叫我看看。"

"别急呵，我一样样拿给你开开眼。"大来子说着，用他那粗拉拉、热乎乎的大手伸进袋子，几次摸到我，却都没有拿起我来，而是把我扒拉开，将我身边那些滑溜溜的瓶瓶罐罐一样样抻出口袋。每拿出一样，那个细声调的人都说一句："这还是大路货吧！"

大来子没说话。

最后袋子里只剩下我，他忽抓住我的脖子，一下子把我提出袋子，往桌子上一放，只听那个细声调的人说："哎呀，这东西大开门，尺寸也不小，够年份啊！我说得对吧？"

这时，我看到灯光里是两个人，四只眼都不大，却都瞪得圆圆、目不转睛、闪闪发光地盯着我瞧。一个就是这个圆脑袋、疙瘩脸、叫"大来子"的人。再一个猴头猴脸，脖子很细，一副穷相，就是细声调的人。大来子叫他"小来子"。不知他们是不是哥俩儿，看上去可不像是一个娘生的。

小来子问大来子："你瞧这木佛什么年份？"

这时我又进一步知道自己还不是叫"木头人"，而是一个更好听的名字，叫作——木佛。我对这个称呼似乎有点熟悉，模模糊糊好像知道自己有过这个称呼，只是记不起这是什么时候的事啦。

大来子说："你先说说这木佛是什么年份？"

小来子："您考我？乾隆？"

大来子："你鼻子两边是什么眼？肚脐眼儿？没长眼珠子？乾隆的佛嘛样？能有这个成色？连东西的年份都看不出来，还干这个？"

小来子一脸谄媚的神气，细声说："这不跟您学徒吗？您告诉给我，我不就懂了！"

大来子脸上忽然露出一丝坏笑，他说："先甭说这木佛。我给你说一个故事——"

小来子讨好地说："您说，我爱听。"

下边就是大来子说的故事：

"从前有个老头和老婆，老两口有个儿子，娶了媳妇。儿子长年在外地干活。老头老婆和儿媳守在家。家里穷，只一间屋。老头、老婆、儿媳各睡一张小床上。老头子不是好东西，一家人在一个屋里睡久了，对儿媳起了邪念，但老婆子整天在家，他得不到机会下手。

"一天儿媳着凉发烧。儿媳的床靠窗，老婆子怕儿媳受风，就和儿媳换了床，老婆子睡在儿媳床上。这天老头子早早地睡了，换床这些事全不知道。

"半夜老头子起来出去解手回屋，忽起坏心，扑到儿媳床上，黑乎乎中，一通胡闹，他哪知道床上躺着的是自己的老婆子。老头子闹得兴高采烈时，把嘴对在'儿媳'的耳朵上轻声说：'还是年轻的好，比你婆婆强多了。'

"忽然，在他身下发出一个苍哑并带着怒气的声音说：'老王八蛋，你连老的新的都分不出来，还干这个？'

"老头子一听是老婆子，吓傻了。"

大来子讲完这故事，自己哈哈大笑起来。

我听着也好笑，只不过自己无法笑出来，心笑而已。

小来子却好像忽然听明白了这故事。他对大来子说："您哪里是讲故事，是骂我啊！"

大来子笑着，没再说别的，双手把我捧起来放进屋子迎面的玻璃柜里，然后招呼小来子锁好所有柜门和抽屉，关上灯，一同走出去再锁好门，走了。剩下我自己待在柜里，刚好把四下看个明白。原来这是个小小的古董店铺。这店铺好似坐落在一座很大的商场里。我透过玻璃门窗仔细看，原来外边一层楼全是古董店铺，一家家紧挨着。我是佛，目光如炬，不分昼夜，全能看得清楚。我还看到自己所在的这个小店铺里，上上下下摆满各种稀奇古怪的东西。我的年岁应该很大，见识应该很多，只是曾经被扔在我原先那主人黄脸汉子的床下太久了，许多事一时想不起来。这古董店里好几件东西都似曾相识，却叫不出名字。我看到下边条案上一个玻璃罩里有个浅赭色的坛子，上边画了一些缭乱的图样。看上去很眼熟，却怎么也想不起来它是干什么用的了。

过了一夜，天亮不久，大来子与小来子就来开锁开门。小来子提着热水瓶去给大来子打水，然后回来沏茶，斟茶，大来子什么也不干，只坐在那里一个劲儿打哈欠，抽烟；大来子抽的烟味很呛鼻子。

我发现这店铺确实不大。屋子中间横着一个摆放各种小物件的玻璃柜台。柜台里边半间屋子归大来子自己用，放一张八仙桌，上边摆满花瓶、座钟、铜人、怪石、盆景、笔墨以及烟缸茶具，这里边也是熟人来闲坐聊天的地方。柜台外边半间屋子留给客人来逛店。地上堆着一些石头或铁铸的重器。

我从大、小来子两人说话中知道，这地方是天津卫有名的华萃楼古玩城。

过不久，就有人进来东看西看。大、小来子很有经验，一望而知哪种人是买东西的，哪种人是无事闲逛。应该跟哪种人搭讪，对哪种人不理。我在这店里待了差不多一个月吧，前后仅有三个人对我发生兴趣。一个矮矮的白脸瘦子问我的价钱。小来子说："七千。"对方摇摇脑袋就走了。从此再没人来，我由此知道了自己的身价：七千元，相当高了。这店里一天最多也卖不出二三百元的东西，有的时候还不开张。看来我可能还真有点身份呢。在市场里，身价不就是身份吗？

此后一个月，没人再对我问津。可是，一天忽然一个模样富态的白白的胖子进了店，衣着干干净净挺像样。古玩行里的人一看衣着就一清二楚。邋邋遢遢的是贩子，有模有样的是老板，随随便便的反而是大老板。这胖子一进门就朝大来子说："你这儿还真够清净呵。"看意思，他们是熟人，可是这胖子一开口就带着一点贬义，分明是说大来子的买卖不带劲儿。

大来子明白，褒贬向来是买主。他笑着说："哎哟，高先生少见啊，今儿早上打北京过来的？"

高先生说："是啊，高铁真快，半个钟头，比我们从东城到西城坐出租还快。一次我从东四到西直门，赶上堵车，磨磨蹭蹭耗了一个半钟头。"然后接着打趣地说："今儿我算你头一个客人吧。"

"我可怕人多。人多是旅游团，全是来看热闹的，我这儿没热闹可看。这不是您告诉我的话嘛——三年不开张，开张吃三年。东西好，不怕放着。"大来子说，"您里边坐。"

高先生一边往里走，两只小圆眼却像一对探照灯上上下下打量着店里的东西。

大来子说："听说最近你们潘家园的东西不大好卖。"

高先生说："买古玩的钱全跑到房市那边去了。肯花大价钱买东西的人少了。你们天津这边价钱也'打滑梯'了吧！"他说着忽然眼睛落在我身上。上前走了半步，仔细又快速"盯"了我三眼，这当儿我感觉这胖子的一双眼往我的身体里边钻，好像原先我身体里那些肉虫子那股劲。他随口问大来子："你柜里这个破木佛价钱不高吧。"

大来子正要开口，嘴快的小来子已经把价钱说出来："七千。不算高。"

大来子突然对小来子发火："放你妈屁，谁定的价，你敢胡说！东西摆在这儿我说过价吗？七千？那都是人家的出价，这样大开门的东西七千我能卖吗？卖了你差不多！"

小来子机灵。他明白自己多了嘴，马上换一个神气，用拳头敲着自己的脑袋说："哎呀呀，瞧我这破记性！这七千块确实是前几天那个东北人给的价，您不肯卖，还说那人把您当作傻子。是我把事情记差了，把人家的买价记成咱的卖价了。"说完，还在敲自己的脑袋。

高先生当然明白这是瞎话。这世界上瞎话最多的就是古董行。

高先生笑眯眯看着大、小来子演完这场戏，便说："我也只是顺口问问，并没说要买啊！说多说少都无妨。"说着便坐下来，掏出烟，先把一根上好的金纸过滤嘴的黄鹤楼递给大来子。大来子馋烟，拿过去插在上下嘴唇中间点着就抽。我一闻这香气沁人的烟味儿，就明白高先生实力非凡。大来子叫小来子给高先生斟茶倒水。

我呢，一动不动地坐在柜里，居高临下，开始观看高先生与大来子怎么斗智斗法。我心里明白，对于我，他俩一个想买，一个想卖；却谁也不先开口，谁先开口谁就被动。于是两人扯起闲天，对我都只字不提，两人绕来绕去绕了半天，还是人家北京来的高先生沉得住气，大来子扛不住了，把我提了出来。不过他也不是等闲之辈，先不说我的价高价低，而是手一指我，对高先生说："今儿您也别白来一趟。您眼高，帮我掌掌眼，说说它的年份。"

谁料高先生更老练，竟然装傻，说道："你这柜里东西这么杂，叫我看哪件？铜器我看不好。瓷器陶器佛造像还凑合。"

大来子笑道："您看什么拿手我还不知道？铜佛不会找您，就说您刚才瞧上的这木佛吧，您看是嘛时候的？"

"你心里有数还来问我。你整天在下边收东西，见多识广，眼力比我强。"高先生不紧不慢地说。

"您不说是先拿我练？我说出来您可别见笑。依我看——跟我条案上这罐子一个时候的。"大来子停了一下说，"而且只早不晚。"

大来子说的罐子，就是条案上玻璃罩里的那个浅赭色的大陶罐，也正是自己看着眼熟却怎么也想不起来干什么用的那件东西。

"你知道这酒坛子什么年份吗？"高先生问大来子。

大来子一笑，说："您又考我了。大开门，磁州窑的文字罐，自然是宋？"

高先生举起又白又胖的右手使劲地摇，连说："这罐子虽然品相不好，年份却够得上宋。这木佛可就差得远了。"

大来子说："总不能是民国吧。我这件东西，古玩城里不少人可都看过。年份要是不老，那天那个东北人也不会上来就出七千。当然他心里知道这东西什么分量，那家伙是想拿这个价投石问路，探探我的底。"大来子这几句话说得挺巧，把刚刚小来子编的瞎话也圆上了。

我在柜里，把他们一来一去一招一式全看在眼里，商人们的本事，一靠脑筋，二靠嘴巴，看谁机灵看谁鬼看谁会说。我从他们斗法之中真看出不少人间的学问。

高先生听了，随即笑道："打岔了。我什么时候说是民国的东西。虽然够不上大宋，明明白白是一件大明的东西，只是下边须弥座有点糟了，品相差些。"

大来子站起身从柜里把木佛拿出来，说："您伸出手来？"

高先生说："你拿着我看就行了。"

大来子执意叫高先生伸出手，然后把木佛往高先生手上一放，说："我叫您掂一掂它的分量。"

高先生立即露出惊讶表情。大来子龇着牙说："跟纸人一样轻吧。没有上千年，这么大一块木头能这么轻？这还是受了潮的呢！再晾上半年，干透了，一阵风能刮起来。"大来子咧着嘴，笑得很得意。

高先生说："这是山西货。山西人好用松木雕像，松木木质虽然不如榆木，但不变形。可是松木本身就轻，山西天气又干，这么轻不新鲜。再说看老东西的年份不能只凭分量，还得看样式、开脸、刀口。我看这一准是大明的做法。"

大来子说："甭跟我扯这些，您看它值多少？"这话一出口，不遮不掩就是要卖了。

高先生本来就想买，马上接过话说："你要叫我出价，我和你说的那东北人一样，也是七千。"

"七千可不沾边。"

"多少钱卖？卖东西总得有价。"

"多少钱也不卖。"大来子的回答叫小来子也一怔。不知大来子耍什么招数，为嘛不卖。

"那就不谈了？"高先生边说边问。

"别人不卖，您是老主顾，您如果非要我也不能驳面子。"大来子把话往回又拉了拉。

"别扯别的，说要价。"高先生逼大来子一句。

"三个数，不还价。"大来子伸出右手中间的三个手指，一直伸到高先生面前，口气很坚决。古董行里，三个数就是三万。

高先生脸上的假笑立即收了回去，但还是打着趣说："你就等着'开张吃三年'吧。"说完他一边站起身一边说："不是什么东西都能'开张吃三年'的。古董有价也没价。顶尖的好东西，没价；一般东西还是有价的。"然后说："不行了，我得走了。今晚北京那边还有饭局，一个老卖主有几件正经皇家的东西托我出手，饭局早定好了。我得赶回去了。"说完告辞而去。

高先生是买家，忽然起身要走，是想给大来子压力。可是大来子并不拦他。

我在柜里看得有点奇怪，大来子不是想把我出手卖给他吗？干什么不再讨价还价就放他走了？

大来子客客气气把高先生送出门后，回来便骂小来子说："都是你多嘴，坏了我的买卖。"

小来子说："我嘴是快了些。可是这七千这价也是您定的价啊。再说人家高先生明摆着已经看上咱这木佛了，您干吗把价叫到三个数，这么高，生把人家吓跑了？"

大来子说："你这笨蛋，还没看出来，他这是假走，还得来。"

后来我才懂得，大来子这一招叫"钓鱼"，放长线才能钓大鱼。

小来子在古董行还是差点火候，一个劲儿地问："叫人家高先生看上的都是宝吧？咱这木佛能值大钱吗？"

大来子没说话，他心里似乎很有些底数了。

我却忽然想到，前些天大来子把我从原先那黄脸男主人手里弄来，只花了区区的一百元！古董行里的诈真是没边了。

过了一周，高先生没露面。店里却来了另外两个北京人，点名要看我，给的价很低，才三千元，还说最多是明末的东西。这两人走后，大来子说这两个人是高先生派来成心"砸价"的，还说很快就有人要来出高价了。不出所料，过了五天来个黑脸汉子，穿戴很怪，上边西服上衣，下边一条破牛仔，右手腕上还文了一只蝙蝠。进门就指着我要看，他把我抓在手里看了半天，张口竟叫出一个"惊天价"——两万块。惊得小来子冒出汗来。谁料大来子还是不点头，也不说自己要多少，只说已经有人看上我了，黑脸汉子出的价远远够不上人家的一半，硬把这黑脸汉子挡在门外。等这汉子走后，大来子说这黑脸汉子也是高先生派来的"替身"。他更得意。他看准高先生盯上我了，并从高先生这股子紧追不舍的劲头里看到我的价值。他拿准主意，一赶三不卖，南蛮子憨宝，非憨出个大价钱不可。他对小来子说："弄好了，说不定拿木佛换来一辆原装的丰田。"

一时弄得我自觉身价百倍。

我虽然只是一个"旁观者"，却看得出来，这小来子费猜了。他既不知大来子想要多少钱，也不知我到底能值多少钱。他和大来子干了好几年，没见过大来子的买卖干得这么有根、这么带劲。一天，他独自在店里，忽然两眼冒光好似如梦方醒朝我叫道："怪不得他那天把你背回来时，说'抱了一个金娃娃！'，原来金娃娃就是你！"

这一下我反而奇怪了。我是木头的，怎么会是金娃娃？

我一动不动立在玻璃柜里，虽然前后才一个多月，却已经将这各种各样的花花肠子都看得明明白白。人世间原来这么多弯弯绕、花招和骗局；假的比真的多得多。不靠真的活着，都靠假的活着，而且居然活得这么来劲儿。虽然我还是我，却在这骗来骗去中身价愈来愈高？这就是人的活法吗？更叫我不高兴的是，我既然是佛爷，怎么没人拿我当作佛爷敬着，全叫他们当成钱了？而且当作钱那样折腾起我来。

三

一天深夜，我突然发现有两个人影在店铺门口晃动，我刚才看见小来子下班离开店铺时锁了门，不知为什么这两个黑影竟然不费吹灰之力，一拧门把就推开进来。总不会是小来子给这两人留的门吧？

虽然店内关灯，但我是佛，目光如炬，一眼就看清楚走进店内的两个人。一个五大三粗，一个竟然是个光头。两人进来直朝我这玻璃柜走来，拉开玻璃柜，双手伸上来把我端出柜子。他们的目标就是我，动作又快又利索，绝不顺手牵羊拿点别的，只用块黑布把我一包就走。我给这块黑布一包就什么也看不见了。只能听到这两个人跑步的声音。

从他们的跑步声判断，他们似乎上上下下穿越过一些不同空间，有一阵还在一条有回声的通道里奔跑，后来奔跑声就加入他们急促的喘气声。他们跑到一条街上。街上有汽车声。突然，在后边不远的地方有人喊叫："抓住他俩，小偷！抓住他们！"这两人就跑得更快。就在脚步声变得极其紧急与慌张时，忽地发出一声巨响，同时我好像被扔了出去——我确实被扔了出去——可能是抱着我的那人被什么绊倒了，我就从他手中飞了出去。在我飞行在半空时，包着我的那块黑布脱落了。我看到了自己在空中划了一条弧线然后掉落在地上那非常惊险的一幕！当我撞在地面时，感到眼冒金星，头部和肩部像挨到重锤一样剧痛，不知自己是否被摔坏。

直到完全静下来之后，我发现刚才偷盗我的那两个人已经跑得无影无踪；两个小偷逃命要紧，顾不上我，追小偷的人也没有发现我，我被遗弃在一条深更半夜空荡荡的大街上。偶尔有一辆汽车从我身边飞驰而过，我开始害怕起来，街上一片漆黑，这些夜行车不会看见我，如果它们从我身上一轧而过，我会立即粉身碎骨。更要命的是，我不能动，只有乖乖地等待死神降临。可是我想，我不是佛吗？佛总不会和人一样的命运吧！

忽然，一道强烈的光直照我的双眼。我横躺在街上，看着它直朝我飞驰而来，而且强光愈来愈亮，一辆车！我想我完蛋了，只等着它从身上碾过，突然它竟"吱呀"一声，来个猛刹车。跟着我看见车门开了，一个人从驾驶车位下来，手里拿个电筒朝我走来。走到我跟前用电筒一照，自言自语地说："他妈的，这是什么东西？我还以为一只死猫死狗呢，原来是一截破木头！"他抬起脚刚要把我踢到道边，忽然说："噢？还不是破木头，一个木头人？木佛吧？老东西吧？大半夜谁扔在这儿呢？"他想了想说："我得把它抱回去，说不定是件古董。"

只他一个人，他自言自语，然后猫下腰把我抱起来，回到车里去。一进车门，一股很浓重很浓重的酒气扑面而来。一个人坐在车子后排座椅上发出声来："什么东西？"声音咬字不清，像是醉了。

这人把我递给他，说："您看吧，老板。兴许是个宝贝！"

原来车里的醉汉是个老板，抱我进车的是老板的司机。

跟着，我感觉自己躺在一个软软的热热的晃晃悠悠的怀抱里，倒是很舒服。我开始庆幸自己又一次死里逃生。只听这醉醺醺的老板对着我胡说："你真是个宝贝，我的好宝贝吗。不、不、不，我的那些大奶子的宝贝儿全在'夜上浓妆'呢！我怎么看不清你呢，你睁开眼叫我好好看看……"

我可真受不了他嘴里喷出的酒气。

前边开车的司机笑呵呵地说："老板，它的眼一直睁着。您自己得睁开眼，才能把它看清楚。"

老板说："去你妈的，多什么嘴，开你的车，天天闻你的屁味儿谁受得了？杨科长说爱放屁的司机根本不能用……"

我还没弄清楚怎么回事，老板就打起很响的鼾声睡着了。只听司机自言自语地说："我忍了半天没放，这就叫你闻个够。"

我还是没弄清楚司机这话什么意思，只听一连串吱扭吱扭关门似的声音，一会儿就闻到一种很臭的气味从车子前边飘到后边，渐渐与酒味混在一起。这种混合的气味叫我无法忍受。我感觉我身体里边又有点发痒，是不是残存我体内的原先那些小虫子也受不了这气味扭动起来了？

转天，我被放在一间气派又豪华的客厅里，老板坐在这里喝茶。此时的老板和昨夜在车里完全两样了。昨天衣衫不整，红着眼珠，口角流涎，满嘴胡言，横在车里像只睡熊。今天穿戴板板正正，挺着肚子，不苟言笑，脸上还有点霸气。我有点不明白，凭老板这种实力，为什么非用那个爱放屁的司机？昨天那屁味现在都不能琢磨一下，太叫人受不了了。

将近中午时候，老板家里来了两个客人。一个像曾经到华萃楼大来子店里去过的高先生，有点身份，只是头发梳得很高，抹许多油。另一个文绉绉，肉少骨多，衣着古板，人还文气。听他们一说话，那个像高先生、头上抹油的人，老板称他华先生。文绉绉这位是在博物馆工作的文物鉴定员，老板称他曲老师。客人进来没有落座，就叫老板引到我身前，一起把我好好端详，然后才落座，饮茶，开始对我品头论足。

两位客人先说我"这件东西"不错，是"山西货"，曾经施彩，甚至沥粉和饰金。虽然年深日久，但还留有痕迹。看来这二位说话比较公道，因为不是买卖关系的，没有故意褒贬。由他们嘴里我还对自己有了进一步的认识，我听后不仅吃惊，还大喜过望。他们说出我正式的名称，叫作"菩萨坐像"。他们还有根有据说出了我的年代，属于宋元物件。华先生说是元初，因为我身上已经有一点辽金以来的"野气"。曲老师却一口咬定我是宋佛。曲老师说，宋代的菩萨还没有完全"女性化"，故看上去身躯有点伟岸，唇上有髭。元代就完全没有了。曲老师还说，这皮壳下边肯定有一层彩。欧洲人修这种老木器很有办法，而且是一厘米一厘米地修，能叫皮壳下边的彩绘充分显露出来，咱们的技术还不行。如果真能露出彩绘，肯定大放异彩。那就得送到欧洲去修。

二位客人中，曲老师是货真价实的专家，还常在电视台"鉴宝"节目里露面。经曲老师这么一说，那位华先生便不敢再多嘴。

老板欣喜异常，他对露不露彩绘的颜色没兴趣，只想知道值多少银子。他笑嘻嘻地用"鉴宝"节目的口气说:"您给个价吧。"

曲老师说:"在咱们国内真不好说,咱国内藏家的收藏不是出于爱好,大半为了升值;文化不行,审美也差,根本看不出好来。这件东西要拿到香港拍卖得大几十万。在咱国内最多十个八个吧。"

这句话把老板说得脑袋像一朵盛开的大牡丹。

经曲老师金口玉言地一说,我确而无疑地身价百倍了。你是否认为我心里也开花了呢?别忘了——我是佛,心无俗念,只望有个清幽静谧的地方,空气纯净,安全牢靠,不像现在活得这么揪心。想想吧,既然我这么值钱,下一步这大老板会拿我去做什么?这些有钱的人没好处的事绝不会干。

事情有点出乎我的意料。没想到这老板家有个佛堂。

老板娘信佛。可是他家有钱,去庙里烧香怕招事,就把"庙"请进家里,在家里建个佛堂。他家里的事老板娘说了算。家里豪华气派,佛堂更是豪华气派。佛龛、供桌、供案、供具,全都朱漆、鎏金、贴金、镶金。还花了不少钱请了北京一位书法名家题了两幅字。一幅是"佛缘",一幅是"心诚则灵",词儿挺俗,却刻成匾挂在迎面大墙上。佛龛里的佛除去金佛就是玉佛。听这里人说,曾经也有做买卖的关系户为了讨老板娘欢喜,使大价钱从古玩行买来几尊佛,件件够得上文物。但老板娘嫌旧嫌脏,还是喜欢自家请来的锃光瓦亮的金佛玉佛。她说她自己请来的这些佛一看就有财气。

为此,我先被老板送到曲老师的博物馆,请一位修复师把我悉心清理一番。拿回来放在佛堂一角一个又明显又不明显的地方。因为老板不知老板娘对我是否喜欢。喜欢就往前摆,不喜欢往后放。

看来我和这老板娘缺点缘分。她一见到我，就用鼓眼皮下边一双挑剔的小眼睛瞅我，脸上一点笑容也没有。她不像大来子、高先生和曲老师，对我有一种欣赏的目光。她似乎讨厌我，瞥了我几眼后，只说了一句："怎么这么破，别给我这佛堂带进虫子来。"

老板说："这尊佛一千年，哪能囫囵个儿。我已经请曲老师用了他们博物馆从英国进口的最先进的防虫药。"事后，老板就叫人把我挪到供案左边另一尊佛弟子阿难立像的后边。我心想，不管立在哪里，安稳就好。

老板娘不喜欢我，我也不喜欢这肥婆。虽说她信佛敬佛，一天早晚两次来佛堂磕头烧香之外，碰到任何大小麻烦都还要跑到佛堂来念叨一番，把头磕得山响，求我们帮助。于是我知道他家哪只股票要跌，哪个楼盘钱顶不住，哪个领导软硬不吃，哪个亲戚赖钱不还，再有就是老板近来又夜不归宿了。她把她恨谁、咒谁死也告诉我们，叫我们帮她。哪有佛爷管这件事的？我又想了：人间信佛礼佛敬佛拜佛，都是为了自己这点屁事、这点好处吗？

一天，老板把城南大佛寺的住持请来，请他指点一下我们这佛堂的摆设是否合乎规制，还缺什么。老板与这位住持闲话时说的话，我也全听到了。

老板问道："到您庙里去的善男信女多吗？"

住持见左右无人，说出点实话："现在哪还有几个真正的善男信女？都是烧香磕头来的。拜佛都是求佛。把自己解决不了的事推给佛爷。"

老板说："都是些什么人？"

住持立即回答："六种人。"

老板："噢，您都归纳好了，哪六种？说说看。"

住持开口便说："第一种是得重症的，生死未卜，来求佛爷；第二种是高考的学生，前途未卜，来求佛爷；第三种是你们做买卖的，盈亏未卜，来求佛爷。对吗？"

老板："没错。第四种呢？"

住持接着说："第四种是女人没有孩子，身孕未卜，也求佛爷；第五种是每次官员换届时，前程未卜，来求佛爷，官员都是偷偷来，自己一个人，连秘书也不带，悄悄来烧香磕头，完事低着头走掉；第六种，你猜是谁——"

老板想了想，说："我怎么知道？"

住持说："去比赛的足球队员，赢输未卜。一群壮汉一起来磕头、求佛。"住持跟着又说一句："你想想，这六种人加在一起，每年到庙里会有多少人，香火还能不盛？"

这话叫老板听了哈哈大笑。一时我也笑，满佛堂的佛都大笑起来。

其实我们这些佛都只是心里笑。既无声音，也无表情。对人间的各种荒唐无稽，从来都是淡然相对，心怀悲悯，可怜世人的愚顽。

四

我终于没能在佛堂中待住。一天，老板那个爱放屁的司机把我从供案抱下来，放进一个讲究得有点奢侈的金黄色的锦缎盒中。我进了盒子里就什么也看不见了。我感觉自己被放在汽车里，开出了老板家。听说话车里还是老板和司机两个人，装着我的盒子就放在老板身边。他们要把我送到哪儿去，拍卖吗？

虽说佛主天下，我却不能做自己的主。谁有钱谁做我的主。本来佛是人想出来，造出来，给人用的。可是人们为什么还要给佛磕头，这事是不是太过离奇？

我听见老板说话的声音："我还是不甘心把它送给这陈主任，毕竟几十万啊！"

司机的声音："人家批给您一个工程能赚多少钱？人家不是没给您帮过忙。当初把市里盖那个大剧院的活给您之前，甭说这一个佛，五个佛您也送了。再说这个佛是咱在大街拾的，白来的。"

老板说："哪是拾的？是天上掉的馅饼。要拾，怎么不叫别人拾到？"

司机说："您要不早早送出去，哪天叫您太太拿出去卖了，她还叫我用手机拍下来去打听价钱呢。卖了钱也到不了您手里。"

老板说："她怎么这么不喜欢这个佛？"

司机说："人家不喜欢旧的，喜欢新的呗！我也看着佛堂里那些金佛玉佛漂亮。如果不是曲老师说值几十万，您会喜欢吗？谁会喜欢旧的？谁不爱值钱的？"

老板说："那就不知道这陈主任懂不懂了。"

司机说："您会用得着为他操心？他秘书打一通电话，能把咱们市里最懂行的专家都叫去。不管懂不懂，懂得值大钱就行。"

老板忽说："他会不会把那个搞电视'鉴宝'的曲老师也找去？"

"肯定会！"司机说，"曲老师懂市场行情，能定价啊。"

老板说："那就坏了，曲老师就会知道咱把这木佛送给陈主任了。"

司机的笑声。他说："这您就不知道了，曲老师为嘛懂得行情？他整天在外边也折腾古董，搞钱。现在的专家哪个不憋足劲儿搞钱？您是用能耐搞钱，人家用学问搞钱。如果这佛叫曲老师沾上，美死他了，他准会使点法子，从这佛爷身上搞出一大笔钱来呢。您怕他把您说出去？他才不会呢。闷声发大财嘛。"

"是啊！"老板说，"他可以给陈主任介绍个大买家，做中间人。"

司机说："赚钱的法子多着呢，只有我靠卖苦力搞钱。"

他们笑起来。

我在盒子里一听，原来那个博物馆的专家和这些买卖人并无两样，甚至更厉害了：一边在电视上捞名气，一边在市场上捞钱。

两人在车里正说得热闹。老板忽说："你怎么又放屁了？"

我听了一怔，并没有闻到那天那种奇臭。我马上想到我被严严实实关在锦盒里边，而且锦盒里有一种樟木的香气。我为自己感到庆幸。只听司机说："我糖尿病吃的药拜唐苹，就是屁多。十年前我刚给您开车时哪有屁？我的糖尿病就是跟着您天天晚上在酒店饭馆歌舞厅陪着您应酬吃出来的。"

老板的声音："你小子天天在车里放屁熏我，居然还怨我，哪天我找个没糖尿病的司机把你换了！"

司机的声音有点发赖："老板您舍得换我吗？我管不住屁眼却管得住嘴，这么多年这么多事，您哪件事哪个人名哪句话从我嘴里漏出去过。您心里有数。哎，老板，现在马上没味了，我已经打开'送风'了。"

老板的声音："送什么风，开车门吧，咱们到了。"

当锦盒被打开，我被拿出来放在桌上，来不及弄清这是什么地方，只见眼前站着三个人，其中一个是老板，但他靠边靠后站着。中间一人倒背着手，沉着脸看着我，那神气好像他是佛。他身边站着一个年轻人，肯定是秘书了。中间那人一动不动站着，呆呆瞧着我，似懂似不懂，他也不表示喜欢与否，站了一会儿便转过身向右边另一间屋子走去，老板和秘书马上跟在他的后边一起走去；好像他走向哪里，别人就得跟着走向哪里。他大概就是陈主任了。

在他们走进另一间屋子之后，由于距离太远，我就听不清他们说些什么了。能听到的都是"喝茶、喝茶"，过一会儿还是"喝茶"。又过些时候，老板似乎告别而去，他走时没经过我这间屋子。看来我被陈主任留下了。随后那年轻的秘书走进来，重新把我放进锦盒，轻轻关好。我好像被拿到什么地方放好，跟着我听见关柜门和上锁的声音。

我以为从此要过一阵"深藏秘室"的绝对平静的生活。我想得美！只过了几天时间，我就给从锦盒里拿出来放在桌上，陈主任陪着一个人对着我瞧。这人并不是曲老师，刚才秘书向陈主任来报客人姓名时，说是"北京嘉宝拍卖行的黄老"。我想，陈主任是不是行事谨慎，刻意回避了曲老师这类本地人？黄老的年纪总有六十开外，谢顶，衣装考究，气度不凡，陈主任一口一个"黄老"称呼他，口气似很尊敬。他对我看得十分仔细，还几次用"不错"两个字夸赞我。在陈主任到另一间屋接听电话时，他紧盯着我胸前的璎珞与飘带细看，忽然脸上露出极其惊讶的表情，好像发现了宝物。等陈主任听过电话回来，这黄老立刻把脸上惊讶的表情收了回去，对主任只淡淡说了一句："东西不错，您要想出手就交给我吧。"

陈主任说："交给你我自然放心。"

黄老说："您的东西不上拍为好，我拿到香港去找买家。国内买家大都是土豪，只认鎏金铜像，要讲看历史看文化看艺术还得是人家欧洲人，肯出高价的也是人家。"

陈主任说："东西太老不能出关吧。"

黄老笑得露出牙来，说："您下次去香港去到荷里活老街那些古玩店看看就明白了，汉俑魏碑唐三彩，全是新出土的。只要肯出钱，什么东西都能出去。不单能出去，您要是咱们内地的人，在那儿买了几件，东西还不用自己往回带，自管回来后到北京潘家园这边来取。"

陈主任听得瞠目结舌，说："那就交您全权去办吧。"

黄老说："那好，别的事我就和小袁秘书说吧。"说完便告辞而去。我就被装进锦盒再装进他座驾的后备厢里。

自从离开天津，我便找不到北了。

我被转手好些地方，经手好多拨人，至少被十五六个人看过，而且是在各式各样的环境里，高贵讲究的，粗俗不堪的，一本正经的，文气十足的，我对什么样的环境毫不在意，这都是人间的各种把戏，我只求一己的清净。

我的转机出乎我的意料！

那天——我也不知自己在什么地方。一个外国人拿着一大一小两个放大镜仔细打量我。外国人这么看佛吗？我第一次看到外国人，他脸上的胡子修理得很干净，根根见肉；牙齿像瓷器那么光滑透亮，金丝边的眼镜框后边一双蓝色的小圆眼珠专注地看着我。他那股认真劲儿给我一种好感。他有一个翻译，把他的话翻译成中文，说给我当时的经手人徐经理听。他说我身上刀刻的线条很深，刀法简练有力，只有宋人才有这么好的刀法。徐经理只是连说："是、是、是。"这个外国人又说一句："这种刀法，很像你们宋代北宗山水画使用的中锋的线条，非常有力，非常优美。"他挑起大拇指。

徐经理只是点头，赔笑，说"是"。看来他没太听明白。难道中国人对自己的好东西还不如外国人懂？

当这外国人看到我胸前的璎珞和衣衫，也和当时北京嘉宝拍卖行的黄老一样露出同样惊讶的表情，他轮番用大小两个放大镜一通看，最后开始与徐经理谈价钱。那些话即便有翻译，我也听不懂了。

为了我，这个外国人至少到徐经理这儿跑了三趟。最后他们开始对我进行精细的包装，当一些有弹性的细绵纸把我小心翼翼地缠绕起来后，我就什么也看不见、听不到了，我只能随遇而安了。

过了很长的时候，当我被从一层又一层包装中取出来后，我看到许多稀奇古怪的脸，红的、黑的、白的、满是毛的，全是外国人对着我惊奇地张着嘴，其中一个竟然用不流畅的中国话对我说："欢迎你来到德国德累斯顿温格艺术博物馆。"然后他们一同露出很友好的笑容。

他们不会相信我一个"木头人"能听见他们的话吧。我呢，则是惊讶自己的奇遇，我居然来到一个从来没有佛也不信佛的世界。这样会更糟糕吗？我还会碰到怎样更惊险和古怪的遭遇吗？

想不到吧，我现在已经是德累斯顿温格艺术博物馆的骄傲了。

这里边有一个重要原因连我也不曾料到。在我一连串匪夷所思的经历中，只有三个人曾经看到藏在我身上的奥妙。最早是那位搞"鉴宝"的曲老师，后来一个是北京嘉宝拍卖行的黄老，最后一个是把我"买"到德国来的那个外国人。他们都发现到我身体一层皮壳下边，还保存着一些宋代彩绘的颜色。在我进了德累斯顿的博物馆后，他们请来一些修复古物的高手，动用了很多高科技，将我身上一些没有价值的表皮和污迹，一点点极其小心地除掉，这样前后居然干了半年。我没想到他们在我身上下了那么大功夫，却渐渐将皮壳下边一千年前的色彩，美丽的朱砂、石绿、石青、石黄五彩缤纷地显露出来，叫我古物重光，再现当年的辉煌。连我自己看了都大吃一惊。好像我穿了一件无比尊贵的华服！原来我竟是这般惊艳！哈哈哈哈，大来子、高先生、老板、陈主任要是见了，准要后悔不迭，捶胸顿足呢！我最初那个黄脸男主人说不定还要跳河呢！

我现在就在温格博物馆 B 区亚洲古代艺术一展厅的正中央。他们给我量身定制一个柜子。柔和的灯光十分考究又精妙地照射在我身上。最舒服的是柜子里边的空气，清爽滋润，如在深山。柜子的一角有各种仪表，可以保证这种舒适无比的温度和湿度一直不变。最神奇的是，原先我体内那些肉虫子好像全死光了，再没有任何刺痒。最美好的感觉还是站在玻璃柜前的人们都在欣赏我，赞美我，没人再想打我的主意，拿我赚钱。

我应该从此无忧无虑了吧。可是渐渐我忽然有点想家，有点彷徨和失落，有点乡愁吧。可是我的家又在哪儿呢？大来子的古玩城还是那个老板家的佛堂？我是佛，一定来自一处遥远的庙宇或寺观，那么我始祖的寺庙又在哪里？

2019 年 2 月 22 日

2019 年 8 月 定稿

我是杰森

一

我的遭遇源自一次在海外不幸的车祸。那天，从早晨一上车我就有一种不祥的预感。这种不祥说不清道不明，反正心里边扑扑腾腾，总好像要出点事。事后，叫我最后悔的是通过一位巴黎当地的华人，请来一个导游兼司机小宋先生。据说他曾在非洲一国的领馆做过二等秘书，精通法语，是位跑遍法兰西的"法国通"，可是那天一上路我就觉得不对，他竟然连公路上的路牌都看不明白。那些年还没有 GPS，他看地图的架势有点像看天书。不过，我这次车祸谁也不怪，完全是我自己找到的。我在巴黎开过了会，还有几天时间没什么事儿，忽然想用两天时间往巴黎的西边跑一跑，我最想去的是两个地方，一个是位于诺曼底勒阿弗尔吉维尼的莫奈故居；另一个更远一点，是世界遗产圣米歇尔山。我在一张图片上看过这个圣米歇尔山，一个从海中耸起的小山峰，上边全是古老的建筑；峰顶是一座尖顶教堂，简直就是神话中的景象！我非要去看看不可！然而，由于这个冒牌的法国通几次迷路，我们的车在田野和丘陵中来来回回兜了许多圈子，到了吉维尼，莫奈故居已经关门，只有扒着门缝才看到在莫奈画中常常出现的那座轻盈的彩虹一般的日本桥了。小宋安慰我说，从圣米歇尔山回来途经这里时，还可以再来看。于是我们在村子里找到一家土耳其饭店，吃一顿欧式的"肉夹馍"，然后接着赶路，可这时天已经黑了。小宋似乎根本没有去过诺曼底这边。他总走错道，错了就得绕回来重走，我的心开始发毛，他的心几乎乱了。我说："是否找个旅店住下来，走夜路不安全。"

就在我说这句话时，他忽然说："不对，我又走过了，应该拐出去。"他说这话时，声音有些慌乱。

我坐在小宋旁边副驾驶的位置。我发现，车子右边有一个出口。车子开得正快，马上就要离开这个出口。小宋担心错过这个出口，猛地向右一拐。这种行车在高速路上是绝对违规的，没等我制止，只觉得身后边一个巨大的黑影疾飞而至，跟着一片炸开似的刺目的光亮和一声毁灭性的巨响，我感觉我像飞了出去——不知是我从车子里飞了出去，还是我的灵魂从我的躯体中飞了出去，同时我什么也不知道了。

我清醒过来时，身体已经被固定在一张床上躺着。我的意识有点奇怪。一方面我很清醒，听得清周围的一切声音，看得清周围各种医疗器具，还有几位身穿白大褂、戴着口罩的外国医生与护士。我还知道自己因为车祸受伤躺在这里。我对车祸时死神降临那可怕的一瞬极其强烈。可是另一方面我的所知却好像微乎其微，无论我去想什么，脑袋里都像是空的，想不起任何一个与自己有关的人来，也想不起任何事情来。比如车祸，我对车祸的感觉记得虽然极其清晰，但因何车祸，就一点儿也不知道了。我好像不会想了，难道我失去了记忆?

一个蓝眼睛、中年、男性的医生走到我的病床前,问我是谁、叫什么,他用的是英语。我本能地用中国话回答他:"我想不起来了。"

他表情为难,听不懂我的话,转而用英语问我:"你会说英语吗?"

我竟然用英语回答他:"是的,我会。"我使用的英语还很熟练。

蓝眼睛的医生笑了,他说:"好。我是你的医生拉方丹。请问你的姓名。"

不知道为什么我的回答是:"我叫杰森。"我用英语回答。可是我为什么说自己叫"杰森"?我曾经有过这个英文名字吗?谁给我起的这个名字,我完全没有记忆。

比这个还构成麻烦的是,当我用英语告诉拉方丹我是中国人时,他很惊异。他接着问我一串问题,比如我的姓名,我是中国什么地方人,我的手机号或邮箱地址,我认识的人,我到法国干什么来的,我认识哪些法国人——哪怕一位也行,我都一无所知。拉方丹找来一位中国面孔的人与我交谈,我们之间除去语言上毫无费力,但我什么信息也不能给他。我像一位外星来客。

经过许多努力,拉方丹告诉我必须面对一个可怕的现实。我是在法国西部高速公路上一次惨烈的车祸的受害者。我幸免于死,肢体健全,但面部已毁,必须接受整容。但警方在现场找不到我任何的身份证明。我自己精神虽属健全,但头部在撞击中出现了失忆,而且我的失忆很彻底,一片空白。现在很难说能否恢复。

他还说我同车的伙伴在车祸中被撞得血肉模糊,警方也找不到他的身份证明，而我们来时坐的汽车的车牌竟是假的。拉方丹说："我们找不到你任何朋友与家人，我们只能认定你是'杰森'，鉴于你受伤的严重，我们必须马上给你动手术，同时给你整容。如果你同意，你的手腕骨折，无法签字，我们需要你用录音来认可。"他说："你只要说'我同意对我进行外科手术和整容，我叫杰森'就可以了。"

我同意了，用英语把他要我说的话说一遍，最后说："我叫杰森。"

此后，我完全不知道接下来的事。只知道自己在麻醉剂里昏昏沉沉睡了很长时间，这时间没法说清，醒来后面部和手腕依然密密实实缠着绷带，身体不准翻动。拉方丹每天都来看我，探问我的感受，我身上每一种痛苦与不适的消失，都换来他的一种很熨帖的微笑。他还领来一位鼻子尖尖、瘦瘦、戴着金丝边眼镜的医生看我。他说他叫马克，是我的整容医生，他跷着大拇指说："马克是我们医院最出色的整容师。"于是，我开始对我的面孔有了期待。我最关心的不是我被整得是否漂亮，关键是否像我。可是我的记忆现在仍是一片空白，我凭什么断定马克是否"重现"了我？

过了一些天，揭晓的日子终于来到，拉方丹、马克，还有这些天护理我的医生护士围着我，眼瞧着马克像魔术师那样带点神秘感地揭开蒙在我脸上最后一层纱布，跟着引起一片惊呼、欢喜和掌声。他们向马克祝贺，也向我祝贺。一位护士拿着镜子竖在我的面前，我朝镜子里一看，天啊，我感到从此我和原先的自己告别了。虽然我完全不记得自己本来的模样，但镜子里是一张纯粹的地道的外国人的脸。隆起的眉骨下一双深陷而略带忧郁的眼睛，高高鼻子下厚厚的嘴唇。一位年轻的护士说我很像巴尔扎克笔下的拉斯蒂涅。是呵，我的整容师是法国人，他想象出来的脸一定是法国人的脸。如果你叫一个法国画家随便画一个人物，他画的人物一定是法国模样，绝不会是中国人的模样——这是必然的！我完蛋了。

当我抬起头来时，我发现马克、拉方丹等满屋子的人，都望着我，等待着我的感受。不知为什么，我竟然非常肯定地说道："我是杰森。"

于是，快乐充满了大家的心。

二

我说我是杰森，那么杰森是谁？我不知道。无论我怎么想，对杰森这个名字由何而来，都毫无印象。"杰森"这两个字，在我记忆的荒地上只是一个不知由来的碎片。它是不是我上学学习英语时给自己起的名字，或者我曾经是一个混血儿，原本就有这个英文名字，不然我的英语怎么说得这么好？真正的语言属于一种"本能"，不属于记忆。正因为我的中国话更是这样一种本能，所以我确认自己是一个中国人。可是——仅此而已，现在我连我中国名字都不记得了！否则，我会顺着这名字捯回我的记忆链。

失忆意味着什么？现在我才知道，一个人只有自己的经历才是自己的，因为你经历中的一切都真切地保存在你的记忆里，不会保存在别人的记忆里。如果失去了这个记忆，你还有什么？只剩下一个肉体，一个躯壳，一个没有内容的生命。虽然记忆不是实在的东西，一旦你失去了它，生命就变成空的！

我现在就是空的。我失去的绝不仅仅是自己过去的一切，更失去了一切活着的意义、目标、欲望。这比死亡还可怕。死亡是一种实实在在的结束，失忆是一种活着的死亡。我几次感觉把握不住自己了，我要疯，要发狂，我想跳楼。

我之所以能活下来，完全由于巴黎一个纯民间的人道主义救援组织的帮助。这组织中有三位天使：一位名叫赛琳娜的妇女和两个中年男子——毛磊与雨果。他们都是有工作的人。赛琳娜是在政府机构工作的职员，毛磊是一家四星级旅店的清洁工，雨果是一位西装裁缝。他们对我做的事纯属公益。他们对我的遭遇非常同情。他们对我的帮助既有物质上的，更有心理上的。应该说，我一度难以摆脱的失忆之痛把他们扰得终日不得安生，但他们个个都是我的最具耐性的心理医生。可是，谁会对别人的精神和心理这么当回事？他们天天与我聊天，一直聊得我眉头舒展才放下心来。我被他们的人道救援组织安排住在拉丁区一座古老的教堂后边一间狭小的平房里居住。天天至少会有一个人来陪我。帮助我料理生活，并与我一同在我受损的大脑的缝隙里寻找残存的记忆。一天黄昏我和他们在塞纳河边散步，我忽然说："好像在我的家乡也有这样一条从城中穿过的河。我好像有一点感觉了。我的城市很大。"这是一年多来，我第一次有了"记忆归来"的感觉。这一瞬间，我的感觉很神奇。

他们三人一下子把我拥抱起来。赛琳娜还感动得哭了，好像这是她自己的事情。

虽然，这个感觉只是在恍惚之间，瞬息冒出来，又瞬息消失，却给了我活下去的信心。我第一次抓到了自己的救命稻草。

我这三位朋友认为最好的找回记忆的办法，是我回到中国去，回到自己的城市里。只有在自己曾经生活的环境里，才会碰到各种朝夕相处过的生活细节，甚至碰上熟人与朋友，从而唤回我失却的昨天。他们三人都没去过中国，便扎在图书馆里翻了许多地图。经过再三研究，他们认为中国的两个城市——上海和天津最可能是我的家乡。虽然中国的大城市多缘于一条河，可是看上去更接近"穿城而过"的巴黎塞纳河的，还是上海的黄浦江或天津的海河。可是我若去中国，最大的问题是没有护照，我的护照可能毁于那场车祸。怎么去办？办理护照需要各种身份资料，我都没有。我只是由于遭遇一次惨烈的灾难、失去记忆而滞留在异国他乡的一个可怜人。

　　我的几位朋友费了很大劲，千方百计给我弄来一本护照。当然，其中的奥妙我不能说。

　　当护照拿到手里时，我翻开一看，既欣喜，也悲哀。上边的照片分明不是我，而是一个地地道道的外国人，但这正是我现在的模样。护照上的姓名——杰森倒是与照片十分般配。杰森就应该是这张面孔。何况护照的首页还写着我的出生地是卢昂，出生日期是一九六六年八月八日。我感觉这个日子像是一个不祥的日子，只是一时想不起来这一天历史上发生过什么了。

　　我和我的三位朋友在太子街一家小饭店里密谋了我即将出行的计划。我将以一个名叫杰森的法国人身份去往中国旅行。主要目标是两个城市：上海和天津。每个城市一周，全部行程为期半个月。上海入境，天津出境。真正的目的是找到我的家乡，找回我的记忆，最后找到我自己。我的三位法国朋友通过他们的人道救援组织给我提供一些经费，并上网订好来回的机票和我将要去往的那两个中国城市的旅店。他们各自从家里拿来一些衣物，给我凑足一个旅行者必备的行装。他们很细心很尽力，连遇到感冒流行时必用的口罩都给我准备好了。雨果把他一直没舍得使用的新款的阿迪达斯的双肩包也送给我了。在戴高乐机场与他们分手时，赛琳娜对我说："无论你找到还是找不到过去，你和我们都共同拥有未来。"这话叫我原本不安的心一下子踏实下来，我的眼睛也潮湿了。

我一坐上飞机就变得十分敏感，我好像打开身上所有神经的开关，留心各种意外触动自己记忆的各种可能的迹象。于是，我发现我对飞机没有陌生感，我以前肯定经常坐飞机，登机、下机、进关等等，因此这一切我全都轻车熟路。只是在排队过安检时，一位机场的值班人员过来对我用英语说："先生，请您到'外国人通道'那边排队接受安检入境。"他很客气。

这时我才意识到我不是中国人，是"外国人"。我谢谢他，去到那边排队安检。在过安检时，一位值班的年轻的女工作人员用流畅的英语问我是否第一次来上海。我说："是。"并说："我是杰森。"她笑一下，说："上海欢迎你，杰森先生！"跟着啪的在我护照上盖图章，我就这样轻易地"回国"了。原先我一直担心这本不知从哪里搞来的护照会给我找麻烦。如果有了麻烦，我会一切都无法说清楚，而且谁都无法说清楚。我会在整个地球上都是一个解不开的谜，一个麻烦。

我出了机场立刻找一辆出租车去旅店，我发现我做这些事时竟然也十分熟练。后来一位医生对我说人失忆的症状千奇百怪，有时只是失去某一部分记忆，其他记忆却完整地保存着。这位医生说，他见过一位头部受到撞击的女病人，伤好了之后，留下的后遗症是失忆症，但奇怪的是她失去的只是对"文字"的记忆，竟然再也看不懂任何报纸、书籍和一切东西上的文字。现在看来，我的失忆也是一部分。我对语言、文字、生活技能和行为方式的记忆都没问题。我失忆的只是对"我"的记忆——当然，这是最要命的记忆。你不知道自己，才是真正的一无所有。这样，你天天活着将从哪里开始？去向哪里？

开出租车的司机是一个瘦子，他很爱说话，但他的英语很差劲，愈说我愈听不明白，我便用汉语说："你跟我说汉语没问题，我能听懂。"

这瘦司机听了大叫起来："呀呀，你的中国话说得这么棒！如果我不看你的模样，只用耳朵听你说话。你就是我们中国人嘛！你在哪儿学的中国话？"他一兴奋，汉语里边便开始冒出一些叽叽咕咕的上海地方话，我听不懂上海话。他却一直不停地说、不停地向我发问、不停地叫我回答。这叫我很难堪，幸好旅店并不远，车子一停，我几乎是从出租车里逃进旅店的。

三

没想到的麻烦来了。从到了上海的第一天开始，我就不知道自己要做的事应该从哪里开始。我手里没有任何线索，从哪儿去找到自己？人们都是凭借记忆寻找自己的过去与过去的自己，我要找的恰恰相反——我要寻找的是失却的记忆。记忆怎么寻找？到哪里去找？

头一天，我在街头失魂落魄地走了三小时，走得两条腿疲软了，正好遇到一处街头咖啡便坐下来，要了一杯红茶，一边掏出旅游地图来察看，想从上边的地名上找出一点似曾相识的东西，忽然对面响起一个很清脆好听的英语声："你想找一些好玩的地方吗？"

我抬头看，一个女孩坐在我对面。她带着东方女人幽雅和细致的风韵，同时还有一些年轻人流行的气质，很漂亮；她柔和白皙的皮肤与乌黑光亮的长发搭配得很美。我刚要说话，她却抢先问我："你是来旅游的吗？个人自由行吗？你是哪国人？"她说完微微一笑，等着我回答，更像迫使我回答。

我说："我是法国人，第一次来上海。"我想说我不是来旅游的，可能如果她再追问下去，我就无法说清楚。所以我没再多说。

她说："我可以给你做导游。"她说得很爽快："上海好玩的地方非常多。我们边去玩，我边向你介绍。"她的英语很好。

噢，她是做导游的，我想。我笑了笑说："我还是自己去转吧，一个人更自由些。"我婉拒了她。

"你头次来，一个人会跑丢。上海很大。我陪着你，不是你陪着我，你会很自由的。"她热情地说，只是热情得有点过分。

"我付不起导游费。很抱歉。"我坚持不要她做伴。

谁想她神秘地一笑，说："如果我免费导游呢？"

我很奇怪，她为什么要免费为我导游。

这时，一个矮个子、穿黄绸衫的女子走到这女子身边，她们相互用英语打招呼，似乎很熟。这黄衫女子看看我，随即改用中文说："你要为这老外做导游吗？"噢，显然这黄衫女认为我不懂中文，才说中国话。

坐在我对面这女子也改用了中国话，她说："还没说成，他说他没钱。"说完她一笑。

黄衫女说："那你搭理这穷老外干吗？"

坐在我对面这女子说："我不信他没钱。他是想讨价还价吧。你看他的双肩包，阿迪达斯最新款的！"

我很不喜欢她们讨论我有没有钱，便用中文对她们说："二位小姐想喝咖啡吗？"

她两人听到我口吐中文，一怔，并知道我已经听懂她们的交谈了，很尴尬，匆匆起身走了。

虽然这是一个小小的插曲，但因为它发生在我旅程开始的第一天，弄得我挺不舒服。

接下来我在这座城市里转了三天，愈转愈觉得我与这城市毫不相干。尽管并没有那种异域他乡的陌生感，却也没有亲和感。我说的亲和感，是唯有家乡才会给你的那种感觉。我忽然想起，我此次选择到这座城市来，不是因为这里有一条"穿城而过"的河流吗？我应该到这城市的河边看一看，说不定能找到家乡的感觉。于是，我打听到这个城市"穿城而过"的黄浦江，跑到江边著名的外滩上站了一个多小时，可是我站的时间愈长，愈没有感觉。家乡的河是从你生命里流过的，你不会对它无动于衷吧。

我进而又想，如果这座城市是生我养我之地，怎么连这城市的人们说的话一半都听不懂？我和它的隔膜不正是来自这城市的方言？地方话是一个城市最深切的乡音。如果你长期在外，一旦返回，一准要被它独有的腔调一下子感动起来才是。

于是我断定这里不是我的城市。

在我离开上海的前一天，雨果从巴黎打电话给我。他说："怎么样老弟，有什么叫你高兴的发现吗？"

"没有，现在还没有，老兄。"我说，"我像一个找不到妈妈的孩子，我闻不到妈妈的味道。可能是我的记忆无法挽救了。如果我下一站到了天津还是这样，我决定放弃我的过去了。"

"不要刚刚开始就说放弃，你要像考古学家那样，找到宝贝才是你的目标。"他使劲地给我的身体里打气。

四

事情发生变化了。来到天津的第一天就有一种莫名的感动从我心里冒出来。我在网上预订的旅店是在天津河北区原奥地利租界，由一所老房子改装的。房前就是海河，一看到流淌的河水缓慢而柔软，我就感到一种久违的温馨。小旅店的职工告诉我，这里原来还有一大片很漂亮的奥式建筑，都是上世纪建的，可是这些建筑十多年前全拆除了，腾出的土地都卖给开发商盖商品房了，不然这儿真有维也纳的感觉呢。我听了，心里忽地浮现出一片奥式风情的幻影。怎么，我怎么会有奥地利的印象？因为我曾经去过维也纳，还是我曾经在天津生活过，见到过这里的街区？

奇怪的是，从旅店出来，我不需要任何人的告知与点拨，信步过桥，来到一片古老的城区，我马上有一种热乎乎、被拥抱起来的感觉。我面对着一座寺庙发怔了半天，举起相机刚要拍一张照片，只听旁边一个中年男子对我说："我给您捏一张吧。"这男子以为我不懂中文，边说边用手比画，表示想帮助我拍一张旅游纪念照。

可是他为什么不说"拍一张"，而是说"捏一张"？这是这里地方话。但他这"捏一张"我听了竟感到一种熟悉，他说话的音调更使我觉得有一种说不出的亲切——甚至感动。这跟我在上海时的感觉完全不同。这就是我的乡音、我的家乡吗？

这男子热心为我拍照。他一边校正我站立的位置和姿态，一边说："这地方是我们天津人的最爱。"他只管说，也不管我这个"外国人"是否能听懂。

我便用中文对他说："我知道，天后宫。"

这男子听了，一怔。显然他不明白我的中文怎么会说得这么好，或是不明白我怎么会知道天后宫。他给我拍过照片后，把相机还给我，说了一句："你这老外还真有学问，居然还知道天后宫？"说完乐呵呵摆摆手走了。

我也不明白，自己从哪儿知道的"天后宫"。当时，我并没有瞧见庙前匾上边的字啊，难道我"未卜先知"，还是我前世到过这里？

于是我去到庙里庙外转一转，真好似童年时来过这里。

我在这城市里整整转了三天，我觉得就像在梦里转悠，或者梦在我脑袋里转悠。常常感到似曾相识。我渐渐感觉这里就是我的家乡。可是，似乎还有一层纸蒙在这一切一切的东西的上边，我捅不开这层纸，我走不进去，我离它似乎是差一步。我好像无法一下子从一个浑浑噩噩的梦里醒来，无法回到现实，这感觉难受极了。这是一种记忆开始恢复的迹象或征兆吗？但这比完全失去记忆还要难受。后来，我明白了，现在似乎只是一种家乡神奇的魅力感染了我，但我还是没从中找到"我"，还是没把失忆中的自己找回来。我仍在失忆里。我怎样才能穿过这一道无形的反人性的铜墙铁壁？

一天，我走进一个街区，感觉非常奇特。这里的树木、街景、建筑、色彩我都熟悉至极。我好像曾经生活在这里。我看看街牌，上边写着光明路，这路名好像一下子敲响我的心。我很激动。我好像一努力就从这里回到自己的过去了。这几天，从没有感觉到距离我自己这么近！我怎么办？我似乎还差一步，只差哪里伸过一只手来一下子把我拉了过去。

我忽然想，我如果生活或工作在这里，这里就会有我的熟人。如果我一直站在这儿，早晚就会有认识我的人发现到我。我失忆了，认不出他们，但他们会认得我，叫出我的名字。我一旦听到我的名字，会不会瞬间就回来了？

于是我站在街头，四处张望，想方设法叫人注意我，尽力与来往的每个人打照面，巴望着一个人认出我，叫出我的名字。可是我傻傻地站了两个多小时，直到腰酸腿软，希望渐渐渺茫，正打算撤退时，忽然一个矮个子的人对我"呀！"地一叫。这人穿着西装，拿着公事包，像个在办公房干活的白领。我对他说："你认得我？"

这人用英语说："是啊，你不是那个、那个、那个……"

他好像一时想不起我的名字，样子很着急，但我比他还急。我的名字就在他嘴里。我太需要知道我中国的名字了！我等着他，他忽然笑了，看样子他想起我来了，他朝我叫着说："你不是法朗士吗？"

"我是法朗士？"我说，我有点糊涂，我怎么会是法朗士，哪来的法朗士？

这人指着我笑道："我记起你来了，你曾经在我们国泰大楼三楼那个电脑公司上班。人家都说你是非常棒的工程师。听说你大前年回国了。现在你又回来了？你还在那家公司工作吗？我是大楼财务总监，姓杨，名纯。"他说着说着，表情忽然变了，显然他看到我满脸狐疑。他问我："我是不是认错人了？"

我已经十分失望。我用英语说："是的，你认错了。我不是法朗士，我叫杰森。"

等这人走后，我才明白，我今天其实是白白地在大街上站了两个多小时。我的脸经过整容已经完全改变。即使曾经认识我的人，现在也不可能再认出我来！此时我已经变成一个高鼻深目的外国人，所以这位杨纯先生才把我误认作法朗士。我已经永远不是原先的我了。即使我真的找到自己的过去，回去——回家，谁会相信我是曾经那个我？

五

一个人永远不会知道明天自己会做出什么样的决定。因为，人很难知道明天会遇上什么事，到底是好事还是坏事。

我后天就该回巴黎了。我的旅行期限快到了，手里的钱也不多了。我想再做最后一点努力。一扇怎么也打不开的门，常常会在最后一刻忽然打开。我总觉得我的记忆一定卡在什么地方，就像电脑死机。对于不懂电脑的人，会以为电脑坏了，扔了算了，不知道问题往往就卡在某一个小小的程序性的错误上，如果碰巧弄对了，说不定就会"天下大吉"。所以我又跑到光明路那边，那里好像有我可以回到昨天的时光隧道。

在我穿过一条窄街时，看到一位老人坐在道边喘气，喘得急促，似乎很难受。我过去用中文问他："你不好受吗？"

老人见我模样是一个外国人，怔了一下，还是对我说了："我的心慌得厉害，胸口憋得难受。"

我认为他犯了心脏病，赶紧招呼出租车，送他去医院。我扶着他，用手指按他手腕上的脉搏。他的脉跳得急促得可怕。到了医院，赶紧招呼医院的救护人员。我付了车费，跑到急救室，一位医生对我说："你是病人的什么人？赶紧去挂号。"

我不知该怎么回答。我不知这老人的姓名，没办法去挂号。没想到老人的神志还清醒，他听到了，有气无力地对医生说："别找他，人家和我没关系。找我儿子，手机12566337878，赵大路。"

我赶快与赵大路联系上，但我对老人放心不下，一直等他儿子赵大路来到才告辞离去。赵大路对我千恩万谢，晚间我回到旅店，看到赵大路正在旅店的大堂里等我。他说他父亲是急性心肌梗死，幸亏我出手相救，抢救及时，已脱离危险。他称我是他家的恩人，晚间非要请我吃饭。他的真情难以谢绝。晚间吃饭时，他称赞我的中文与口语之好，是他先前从未见过的。他甚至不相信我自称是在法国学习的中文。他说我"除非有中国的血缘"。使他感到惊奇的是，我说的中国话居然还有一点天津本地口音。这就使我更加确信天津与我的关系非同寻常。我无法对他实话实说。我的故事太离奇，甚至有点荒诞，一个模样确凿无疑的外国人怎么可能是中国人？我只好编了谎，说我母亲是中国人，早已离世。赵大路说："怪不得！一个人从小使用惯了一种方言或口音，只要超过十五岁，就很难改变。"他还笑道："你除去长相是法国人，很多地方——比如动作、手势等等也都像中国人。"

他这话说到我的痛处。赵大路这人很敏感，他看到我表情有些变化，问我："怎么，你不舒服吗？"

我说："没有，我只是想起自己的过去。"随后又加上一句："想起我的母亲。"

赵大路听了，沉一下，说："是，我的母亲也没了，因此对我年老的父亲更在乎。"

赵大路对于我如此深爱这座城市感到兴趣。他问我是否去过法租界，告诉我天津是一座兼有中国本土气质与西洋风的城市，愈看会知道的东西愈多，知道的东西愈多就会愈有兴趣。他说旅游者从来只是个匆匆过客，浅尝辄止。他给我出个好主意。他说凭我的中文和英文，完全可以在这城市里胜任英文家教或者在一座私立学校做英文教师的工作。只要有机会在这城市里生活一段时间，便会真正深入到这城市的文化中。他说他在一座中学里做教务工作，在这方面有许多资源。如果我愿意，他可以出面帮助，介绍一份工作给我。他热心又真心。

他这些话，好像要为我圆一个梦。

我带着这团美梦般的幻想问他，这件事能够实现吗？

赵大路听了，眼睛一亮，他说："我想起来，一个朋友不久前托到我说，请我帮他兄弟请一位英语家教，时间在两个月后的暑期，你应该是最棒的人选。这人的家庭条件非常好，可以给你安排住处。你的收入也不会低。"跟着说："我马上可以与他联系。你是明天下午的飞机，上午还有时间，你们正好可以先见上一面。"这位赵大路帮助人时还是个急性子。

这叫我心花怒放。

转天上午，赵大路到旅店来，带来两个人，一个成年人，很壮实，满面油亮，看穿戴就知道阔绰富有；一个是少年男孩，十多岁吧，长得白皙略瘦。头一眼看上去就不像父子。这成年人叫罗金顶；男孩叫小伟。不知为什么，一听这"小伟"二字，我的心一动。罗金顶和我握手后，正好手机响了，他走到一边接听手机时，赵大路小声对我说，罗金顶是这孩子小伟的继父。他不认识这家人，只知道小伟的父亲前两三年出国时失踪了。不知怎么回事，这个信息一下子把我与这孩子联系起来。可是我在记忆里已经没有我的家庭、孩子、妻子、父母、亲人以及自己的一切。我凭什么说这个失去父亲的小伟会与我有关？

可是当我的目光碰到小伟那双并不明亮的深灰色的眼睛时，我的心又一动。我仿佛一下找到那个时光隧道的洞口。我想一下子扎进去，却听见一个浑厚的声音："你喜欢我们的小伟，是吧。"说话这人原来是罗金顶，他说："小伟这孩子很聪明，只是没有碰到一位好的英语老师。"

赵大路笑道："这位杰森先生在北大教书都没问题。"

在接下来的谈话中，我的英文很快就使罗金顶兴奋不已了。他问小伟："你喜欢这位老师吗？他的中文可比我说得还好。"

谁料小伟说了这么一句话："我妈妈说，她不喜欢法国来的老师教我英文。"

这叫我们大家一怔。罗金顶和赵大路完全不明白这句话是怎么回事，我似乎恍恍惚惚感到其中的一丝什么深意。

虽然，小伟的妈妈根本不知我是谁。我也完全没有"妻子"的记忆。不知为什么，却感到这其中有一个老天爷才知道的秘密。生活本身真的这么残酷吗？如果我继续在这神秘未知的世界里追根求源，恐怕就要陷入一种真正的现实的痛楚和无奈中。我绝对改变不了现实。更深的痛楚还要找上自己。看来无论任何人到头来还是只能顺从命运了。

我在胡思乱想，脑袋乱无头绪。赵大路说的一句话："你们先说好了，别说死了。临近再定，好吧。"这才把我拉回到现实。

于是我和罗金顶客气地做了一个务虚的约定，谢过赵大路，下午登机返回巴黎。

在戴高乐机场出口，我一眼就看到我的三位朋友在栏杆外朝我挥手。赛琳娜举着一把杂色的野花向我使劲地摆着，他们迎上来的第一句话："怎么样，你找到自己了吗？"

我笑容满面地说："是的，我是杰森。"

他们只是怔了一会儿，跟着一拥而上，把我紧紧拥在他们中央。

一年后我在波尔图一个学院谋到一个华语教学的工作。我很称职，干得快活又起劲。波尔图有世界上最好的葡萄酒。每到夏天假期我都向巴黎的三位朋友发出邀请。我与他们在波尔图灿烂的阳光里一起享受大自然的琼汁玉液与人间的蜂蜜。这期间，还有一个喜欢中国宋词的法国女孩喜欢上我。她叫萨皮娜，个子不高，笑起来很美，嘿，我活得很满足。

　　一天，在整整下了一天瓢泼的夏雨里，我睡在床上，奇迹不请自来，我忽然感到一个遥远的记忆一点点鲜活地出现了。你知道失忆性的恢复是一种什么感觉吗？像神仙显灵吗？

　　对我可不是！

　　曾经在我苦苦寻求它时，它避而不见，毫无悲悯。现在，当我丢下了它，它却来找我，戏弄我吗？不，我决心再不去碰它。我决心拒绝回忆。我更需要的是保护好自己当下真实的生活。我跳下床来，开门跑出去，站在大雨中，任凭又疾又凉的雨水肆意淋浇，把我清醒地浇回到实实在在的现实中。

2020 年 2 月 2 日

2021 年 3 月 16 日

枯井

人有各种死法。他是怎么死的？得病死的，老死的，意外事故死的，叫人弄死的，犯重罪处死的，中毒死的，气死的，还是自我了结死的，等等等等，这些种死别人都能知道。可是我二表哥是哪一种死？为什么死？死在哪儿？没一个人知道，只有我知道。只我一人知道。

一

今天我兴致勃勃起个早，连吃早点都怕耽误时候，只把两个杂和面的菜饽饽用手帕一包，掖在一个硬邦邦的帆布兜子里。兜里边还放一大瓶白开水，两块破毛巾，一盒红星牌的铅弹。布兜挂在自行车的车把上，气枪绑在横梁上，一双长筒的黑胶靴用布条结结实实捆在后衣架上。胶鞋滑，用圆轴辘的绳子捆不牢，就得使布条捆。行装备齐了，双手推着车把兴冲冲地出了家门。出了门一拐，进了旁边一条胡同。这条老胡同太烂，地砖东倒西歪，不好走车，便把车子往墙边一靠，跑进去，站在一座两层的小楼前面仰着脖子喊："二表哥，该走了！"

二楼上一扇窗子啪的打开，露出一个圆乎乎的脑袋，红红的软脸，像个西红柿。他瞪着一双小眼儿，压着嗓门儿说："别喊，人家都还睡着。"又说："等会儿，我还没吃完呢。"

二表哥是我姑家的。自来我们两家就挨着住。我家守着胡同口，他家在胡同里边。后来我们两家的老人都走了。我们下一代依旧还住在这儿。八十年代前，人是很少搬家的。

我等了好长时候，二表哥才推车出来。据说他这种不紧不慢的性子，是叫他干了半辈子的装配手表的活磨出来的。可是也别嫌怪他肉脾气，他打鸟的本事叫我着实佩服。我每次去打鸟都要带一盒铅弹，这一盒一百粒，最多打七只鸟；他每次只带三十粒，至少打二十只。他是老猎手，枪法神准，百步穿杨，这自不必说。更关键是他的经验厉害，会选地方。就像老钓手，知道水下边哪儿是鱼窝，钩儿下去，漂儿立马就动。他凭空看得出哪儿是鸟道，鸟儿们好在哪个地方停留。每次和他出去打鸟，他绝不叫我跟在他身旁。他独自一人，穿林绕树走得不见身影，再露面时腰上一准挂着一串毛茸茸、血迹斑斑的鸟儿；有的不动，有的还动。

我对他说："我还一只没打到呢。"

他又圆又软又平庸的脸露出微微一笑。此时这笑，似乎带着一点成就感。

我承认我不行。我打鸟是跟他学的。三年前我连气枪都没摸过。我好和他一起喝酒，尤其好到他家喝酒，为的是吃他家的炸铁雀。这不单因为二表嫂炸鸟的手法好，炸得金煌煌颜色漂亮，外焦里嫩，有嚼头，而且愈嚼愈香。一比，后街那家小酒店卖的那炸铁雀还能吃？纯粹就是一只只死家雀。他家的炸家雀还肥，肉多，这因为鸟是他自己打的。他说："我打鸟挑着打，我从不打幼雀，哪只肥打哪个。"

这也是他为什么专要到南郊打鸟的缘故。这里是远近出名的鱼米之乡——米好鸟肥。

我暗暗发誓将来打鸟的本事要和他一样。可是我性急，找不到鸟就乱跑，可能就因为我提着枪跑来跑去，把鸟儿们全吓得躲避起来。有一次，我绕到一片屋后，忽见前边一丛密密实实的灌木边上有个黑影，像一人来高的树桩，上边斜着一根树杈。定睛一瞧，这树桩原来是二表哥，树杈是他举着的枪。他竟然一动不动站在那里。顺着他枪筒举眼再瞧，左上边树顶的干枝上有两只鸟，远看像两个墨点。我禁不住叫道："快开枪呀，等什么呢。"

我这一叫，两只鸟受了惊，扑哧一下飞跑。二表哥提着枪走过来，有点气愤地说："那是两个小的，它们招呼大鸟呢。你打你的，我打我的，我不是叫你别跟着我吗？"

这一来，我对自己更没信心。

他的慢性子其实正是他沉得住性子。我性子急，性子是没法改的，看来我这辈子至多是二三流的枪手。可是我打鸟才刚上瘾呢。

我痴迷于铅弹打进鸟儿身体里那种"噗"的声音，兴奋于被击中的鸟儿就像倒栽葱一样栽落下来。每到星期四，我就兴冲冲去约二表哥了。二表哥一约就应，其实他比我瘾还大，只是天性的不动声色。当然我们去一起打鸟，更为了当晚一顿好酒菜。

为了每次打鸟要用一纸盒铅弹，我降了烟卷的牌子，把二角二分的"永红"换成一角九分的"战斗"。那时，私人允许持有气枪，为了买这支气枪，东瞒西骗，最后还是被老婆查获了我有一笔秘密的私房钱。

不管这些了，也不管我的枪法高低，有了一杆枪，我就是一个正规的猎手了。

二

二表哥最喜欢两个季节到南边来打鸟，一是收割稻子、打谷脱粒的季节，那也是鸟儿们的天堂时候，鸟儿只顾吃，忽略了警惕，常常成为猎手们的累累战果；再一个是冬季，树叶落光了，远远就能看得清鸟儿们飞来飞去，落在哪里。现在是秋天，树叶茂盛浓密，遮挡住它们的身影，打起来很费劲。二表哥说，往前边二十里潮白河西边，过去有几个村子，一闹水就淹。自打上游修了水库，不闹水了，但河里也没水了，村民都搬走了，早成了荒村。那边的死树多，打鸟会容易些。于是，我们骑上车去了。这边几乎没有路，只能是平的地方骑车，坑坑洼洼的地方推车。可是跑到外边这种野玩，向来是不在乎辛苦的。

远远一看这荒村就叫人兴奋起来。一大片乱糟糟的老树和死树，混杂着一些早已坍塌了的残垣断壁，没有一处成形的房子，全然一片绝无人迹的废墟。但只是这种地方才会野鸟成群。我们先是听到非常热闹的叽叽喳喳的乱叫，跟着看到一群群鸟影忽起忽落，这么多鸟！好像举起枪就能打中一只。忽然，在一片又高又密、黑压压的野草丛后边，飞出两只很大的鸟，硕大的身躯，长长的颈，啪啪扇动长长的翅膀。二表哥两只小眼居然像手电筒的小灯泡那样亮了起来，他招呼我把自行车悄悄靠在一棵杨树上。这棵杨树在这一片地界最高。他说把车放在这里，为了一会儿打鸟回来，易于找到车子。二表哥高人一等的心计总是在这种时候显露出来。虽然他是一个装配工人，我是一名中学语文教师，但他的生活智慧总是胜我一筹。他叫我轻装上阵，水喝足了，多带些铅弹。我照他的话做了，然后提着枪，猫着腰，蹑手蹑脚跟在他后边，好似摸进敌阵，心里边一阵阵激动。

在一丛灌木后边，我们隐下身来。二表哥说："我先打，你千万别开枪，这儿可能有一群野雁。咱这种气枪打它身子打不死，只能打脑袋，你打不着，可枪一响就把它们全吓跑了。"

我把枪按在胸口下边，两眼死盯着前边一片野树，我一直没有看见那些野雁在哪儿，只听"砰"的一声枪响，眼前群鸟从草木丛中轰然腾起，四处乱飞，好像打散了世界。二表哥兴冲冲叫了一声："我打碎了它的脑袋！"起身蹚着野草丛莽冲了出去。

我怔了一下，跟着也冲出去。野草过腰，荆棘拦人，我顾不上了，手脚感觉疼痛也不管了，自以为一直跟在二表哥身后，可愈跑离他愈远，渐渐看不见他了，我站直身子一瞧，前边荒天野地，我走岔了道？大声呼喝道："二表哥！"

居然没人应答。我加大声音再喊一声，还是没人应答。我站住四下一看，慌了。这是什么地方？野树野草野天野地，而且一只鸟儿也没有。我有点怕了，怕迷了路，赶紧掉过身往回走。可哪里是我的来路？周围一切全是陌生的。我是不是走错了方向？我忽然想起刚刚停放自行车那个地方有一棵很高的杨树，但我从周围高高矮矮的树木中无法认定究竟是哪一棵。我只能把自己身体的正背后认定为来时的方向。我必须原路返回。

在慌乱和恐惧中，我一边喊着二表哥，一边深一脚浅一脚在野地上回奔。两次被什么东西绊倒，右腿膝盖生疼；我完全顾不上去看腿部是否受伤。这时，忽然觉得好像有人呼我。我赶紧停下来，屏住呼吸，静心听，果然是二表哥的声音，他在呼我！我惊喜至极，大叫："我在这儿呢！二表哥！"

可是，他的声音有点怪，声音很小，好像与我相距挺远，而且我分辨不出他声音的方向。像在前边，又像在左边。我一边往前疾走，一边喊："你在哪儿？"我怕失去了他的声音。

忽然，我又听到他的声音，这一次声音距我不远，但仍然很小很小，这是怎么回事？好像他藏在什么地方，在周围一堵墙或一块石头的后边。然而这一次，我从他的声音清楚地辨别出他的方向——右前方，而且不远！

我急忙向右前方跑去，跑出去不过十来步，突然一脚踩空，竟然凭空掉下去！平地怎么会掉下去？我感觉就像掉进大地张开的一张嘴里，我四边什么也抓不到，急得大喊救命，突然我像被什么抓住了，其实没有谁抓我，是我手里抓着的枪卡在头顶上边什么地方，好像卡着大地那张嘴的上下嘴唇之间。我抬头望，上边极亮，竟是天空；下边一片漆黑，四边没边，深不见底。难道我掉进了一个洞？一个万丈深渊？我极力抓着卡在洞口的枪杆，想把自己拉上去，可是我的臂力从来就非常有限。怕死求生的欲望使我用上全身力气拼命往上一挣，跟着听到"咔嚓"一响，枪杆断了，我想我完了，栽落下去！我不知要掉到什么地方去。

下边并非没底。突然，我整个人实实在在摔在下边，幸好下边是很厚很厚的烂泥。但我还是浑身上下剧痛。这时，忽然一个声音就在眼前："别叫了，我比你还疼，你砸我身上了，我的腿多半给你砸断了！"

是二表哥吗？是他。可是眼前一团漆黑，我什么也看不见。只听他说："现在咱俩全掉进一口枯井里了，没救了，只有一死。"

我听呆了，惊呆了，彻骨地冰凉，这么容易一下子就来到阴阳两界之间？

"我以前听说过这些荒村子里边有枯井，曾经还有人掉进来过。我来过这边几趟，从来没碰上过。今儿怨我，一心只奔着那只大家伙，忘了枯井，掉了进来。原以为你能救我，谁想你也下来了。现在谁也救不了谁了。只有等死。"

看不见二表哥，只有他的声音，他的声音有气无力，就在我的对面。

等死？怎么能干瞪着眼等死。我便大喊起来，心一急，索性狂喊，一直喊到没力气了，也没人应答。

"这地方一年半年也不会有人来，外边能听得见你喊声的只有那些鸟儿了。它能把你救出去开枪打它们？"

"你还有心思说笑？再不想办法，咱真没命了。"

"想办法？咱俩的命已经攥在阎王爷手里，你还真想活？怎么活？拿什么办法——你说？"

二表哥的话平静至极，显然他已经理性地面对了现实。这种理性叫我定下心来。我才明白，我们已然身陷绝境！

在这荒郊野外、杳无人迹之地，绝对没有任何人相救，而我们自己是绝对没办法爬出这枯井的。渐渐地，我看清楚了我们身处的环境。这口致命的井大约两丈深，井内早已无水，井底的稀泥是多年雨水所致。由于下宽上窄，湿滑的四壁无法攀登，我们手里的工具只有两杆枪，枪比人还短，有什么用？我忽然看到右边有一根很粗的绳子垂下来，心中一阵惊喜与慌乱，竟以为有人营救来了，翻身要起来去抓那根绳子。二表哥发出声音："那是一根树根，从井壁伸出来的，与上边没关系。"

任何希望都是不存在的。

我逐渐看到二表哥的脸。在井里朦胧的光线中，他的圆脸不再是红润的，更像一个素色的苍白的瓷盘，五官像用墨笔画上去的，刻板而没有任何表情。

"我刚刚真的把你的腿砸坏了？"我对他说。

二表哥的回答叫人胆寒："用不了太多时候，我们就该捯气了，还管它腿不腿的。"

二表哥似乎已经超然世外，我却还在做最后的挣扎，后来竟忍不住对二表哥痛哭起来，并一边哭一边说："我们很快要死了吗？"

没想到二表哥如此淡定。他说："已经死了！你要是不甘心，最多也是等死。"

三

我坐在井底的烂泥里，鼻孔呼吸着令人窒息的腐臭的含着一种沼气的空气；耳边响着二表哥不绝的呻吟声。他的腿肯定在我掉下来时砸断了，因为他一直背靠井壁斜卧着，一动不动，他明显已经动不了了；他清醒时没有发出一丝叫苦之声，睡着后便不停地发出痛苦的呻吟。这表明，他的心已经死了，只有肉体还活着。

四周漆黑一团，头顶上边的井口里，是一个圆形的银灰色极其通透的天空。这圆圆的天空正中，是明亮、苍白、冰冷、残缺的月亮。除此纤尘皆无。这是一个要死的人最后看到的人间的景象吗？这景象是神奇还是离奇？

在我直面月亮时，忽然想老婆、家人、二表嫂，一定在着急地找我们。他们一定会来找我们的！他们知道我们到南郊这边来，但我们这次改了地方，到潮白河故道这片荒村来了，他们会想到吗？猜到吗？找得到吗？这个想法曾一度重新燃起我生的渴望。我想出一个好办法，我身上有火柴，我应该把衣服脱下来点着，扔到洞口外，引起野火，引来找我的家人。这疯狂的想法令我激动起来，可是很快我又陷入绝望。我身上的烟卷和火柴早已被井底的泥水泡烂！

随后，月亮从井口处一点点移走，阴冷的井底黑得伸手不见五指。我把眼睛闭上一动不动，更因为饥饿使然。昨日进入荒村前，二表哥叫我轻装上阵，我没带任何吃的。坠入枯井已经快一天了，渐渐饥饿难熬。洞里没有任何可以充填空腹的东西。我感觉到了低血糖，心慌、昏眩、抽搐，一度真有吃烂泥甚至咬自己一口来充饥的幻想。后来，很奇怪，我感受不到饥饿，原来饥饿和疼痛都可以慢慢麻痹和接受。我相信，人的身体在极度饥饿时，一定有一种自我保护的机制站出来，对饥饿感进行自我抑制。

但是，跟随而来的一种可怕的感觉不可遏制，就是衰竭。我觉得从身体内部出现一种困乏、软弱、松懈、瓦解的感觉，我像一个气球撒气了，一串珠子散挂了，一团浓密的雾气开始消散了。我第一次感到生命其实是身体里的一种精气。一旦散了，没法抓住。这就是死亡前的幻灭感吗？

我在这感觉中渐渐睡着了，也可能是昏迷了。迷迷糊糊醒来时，洞里变得朦朦胧胧，略能看见一点东西。二表哥倚着井壁还在睡。我忽地发现他的脸好像缩小了，还有一点变形；怎么，他死了吗？我叫他两声。

"我还没走——"他忽然出声，"快了。"

死亡正向我们走来，我已经感到了，我也没有心思说话了。一天来，经过各种情感的折磨与忧思，我渐渐把人间的难舍难离的东西放下了。我尽力叫自己明白，没什么放不下的。放下了才是真正的解脱。这就是死亡的哲学。

不知过了多少时候，我听到有人唤我。

睁开眼时枯井里似乎亮了一些，头顶上井口的一边有一抹阳光。呼唤我的是二表哥。他像是坐直了一些，不等我开口，便说："我必须要对你说几件事——"

不等我问，他竟然主动地说："这几件事一直在我心里掖着，都是我干的缺德的事、伤天害理的事。"

我听了这几句没头没脑的话，已经不知说什么。可是他根本没在乎我怎么想，依然接着说下来："我这几件事没任何人知道，只我自己知道。我原想带着它们走，可是我带不走它们。人间的事最终还得撂在人间；我必须说出来，放下来，才好走。反正咱俩已经是死人了，死人的话活人听不见。现在你只管听，别问。你要是觉得我是王八蛋，你就骂我，随你便。好，我说了——"

没想到，这个一直叫我敬着的老实本分的二表哥撩开他的人生内幕，竟是这样一些令人毛骨悚然的东西。

四

"我从小人见人爱，谁都很想抱抱我，胡噜胡噜我的圆脑袋，拿我当个老实巴交的傻小子。其实都叫我骗了。我自小就不是好东西。我坏，人的坏并不是跟人学的。我从根儿上就坏。"

我从来没听别人这么谈自己的。我暗暗吃惊。

"我初中时班主任惹了事，学校叫他作检查。由我们班抽出几个男生，三人一组，轮班盯着他。我值班时，发现他有说梦话的毛病。他的梦话很古怪，听不明白，愈听不明白愈觉得有问题，我就把这些梦话悄悄记在小本子上，转天交给学校。学校派人审讯这班主任，叫他交代这些梦话暗藏的'阴谋'。谁会记得自己的梦话，又会知道自己说的是什么？这便把班主任折腾得屎都快出来了。吓得他晚上不敢睡觉，一连折腾了许多天，他患上了严重的神经衰弱，人瘦成一条线。事情过去后，他无论体力还是精神都没法再教书了，就回到湖南养病。他老家在湘中的滩头，老娘和老婆都在老家。他回去就再没回来，后来听说他死了。怎么死的不知道。有人说他闹抑郁症扎河里了。

"我心里明白，他是因我'告密'而死的。但学校主管的领导没对人说，谁也不会知道这件事与我'告密'有关。我那班主任就更不知道他遭遇的一切一切，都与我偷偷记下他的梦话有关。你说我有多坏。我为什么这么做？我有压力吗？没有，有什么好处吗？

没有。我难道不明白人根本不会知道自己所说的梦话吗？我应该知道。我为什么去'告密'？我和谁学的这种'告密'行为？人天生就会告密、就有这种害人的心思吗？我天生是不是就很坏？我再说这样一件'告密'的事——

"有一次我在火车上。看到一个女人从车厢一端慌慌张张跑过来。这女人很瘦很穷，天挺凉穿得很薄，那时候火车上常见这种人，没钱买车票，在车里躲来躲去，躲避检票。当时，她身后那节车厢里正有一个列车员粗声吆喝'检票'。

"车厢里很挤，走道上都站着人，这女人很难跑掉。她忽然在我身边蹲下，小声对我说：'你的腿挪开，叫我躲躲。'然后一猫身，就爬进我的座椅下边。

"不会儿，检票员过来给我们检过票，检完票正要继续往前走时，我竟然悄悄拉了拉检票员的衣服，用眼神示意，叫他看看我座椅下边。检票员明白了，弯下身一下把趴在我座椅下的穷女人拉了出来，跟着连推带搡把这穷女人带走。等到下一站时，把她推下车去。

"没想到，我示意给检票员那个很隐秘的动作，叫坐在我对面的一个中年男子看到了。他先是什么话也没说，不停地瞪我，后来忍不住了，挺气愤地对我说：'人家又没惹你，干吗告发她？'我无言以对，坐了一会儿，觉得挺尴尬，只好站起来换个车厢。

"是啊。一个穷女人并没招我，为什么去告发她？我图什么？我是不是天生很坏？而且我对比我厉害的人并不敢坏，我的坏专对那些伤害不到我的人。"

"再告你一件事。这是我最下流、最糟蛋、最见不得人的事！如果不是咱们死到临头了，我绝不会说。现在我也不管你会怎么想我了，反正我非说出来不可了。"

这时，说实话，我真有一种人在世外的感觉。我知道，他下边的话是人世间绝不可能说的；但对于我，已经没有任何世俗的好奇了。他呢，说到这里，声调忽然提高。显然他需要拿出身体里最后一点气力，把最难说出口的话说出来。等到他把下边的话一说出口，我感到有一种站在结冰的河面，冰面突然坍塌的感觉。

"你知道，是你大表哥把我养大的。"他说。

"他也帮我家很大的忙。"我说。

"不行，咱不能这么说，你也别再搭话，否则我讲不出来了。我身上的气不多了。我现在必须把事情简单直接地说出来！我的时间不多了！"他沉一沉，喘一喘，接着说，"十五年前一天半夜，我正睡得香。我大嫂——你大表嫂去走廊那头茅房去解手——那时几户共用一个茅房。你大表嫂解手回来，走错了门。我屋的门不是紧挨着我大哥的屋门吗？你大表嫂上床掀开被子就钻进我被窝里了。我呢——就把她干了！"

他没说过程，直接说出了结果，他的口气很坚决，因为这是他死之前要说和必须说的话，他不能迟疑，必须下狠心一下子吐出结果！黑暗中的我一定是目瞪口呆，我听蒙了！看似平平淡淡的人间怎么有这种丑恶和罪恶！

他把事情的结果说出来后，下边的话就变得平静与冷峻了。

"你大表嫂明白过来后，傻了！她不能喊，一喊全楼的人就知道了，我一家人不是全毁了？我呢，我不是说我坏吗？当时我要是叫你大表嫂明白她走错屋,然后蹑手蹑脚回去就什么事也没有。可我那时正年轻,没有女朋友,天天想老婆;我又喜欢你大表嫂,又白又嫩又好看,我平时心里总琢磨着她呢。一时禁不住,翻身把她压在身子下边。"

听到这里,我心中怒骂道:这王八蛋!

"你心里肯定在骂我。我对不起大哥大嫂。我做那事的时候心里也在骂我自己,我对不起大哥。自打我爹妈过世,是大哥把我养活大的。可是我那时管不住我自己。不仅那天,我混蛋。后来看到你大表哥出差时,我管不住自己时,把我大嫂拉进屋里接着干了。我不仅是坏人,还让你大表嫂当了坏人,我们一起骗你大表哥。

"三年之后的一天,你大表哥说他们纺织机械厂援助大西北,派他去。他全家走了。临走那天,大哥约我两人在后街那个小馆喝酒吃饭。他说这顿饭一半算是他辞别,一半算为他送行。但只说为他送行,不提为你大表嫂送行。那顿酒喝得别别扭扭,好像有什么硬邦邦的东西窝在心里,堵在心里。我和你大表嫂的事一直瞒得严严实实,我这人心细,你大表嫂比我还能装,我大哥好像从来没有敏感过。可是,这天喝酒到最后,大哥突然问了我一句:'咱们这一分手,说不好就是永远分手了,你有什么话要告我的吗?'我觉得这话味儿不对,话里有话,不管他什么意思,我这事怎么能跟他说。我说不出话来。忽然'咔嚓'一声,他把手里的杯子捏碎了,手直冒血。什么话也甭说了,我们哥俩便分了手。从此相互没再联系,我给他写过信都没回信,几年过去后耳闻我大哥大嫂在宝鸡那边离婚了。为了什么谁也不知道。

"我当然知道。我毁了他、大嫂和他们一家!"

他说完这句话，就没声音了，而且也没有呻吟和喘息声。我没有呼喊他。我知道，他该走了。我也失去了活命的欲望。一种死亡的气息渐渐包围和吞噬了我们。我浑然不觉。

一缕刺目的光忽然穿过漆黑一片，照进我似乎已经不存在的身体里。我还听到一句问话，不知由何而来，是何意思：

"哎——哎！你们还活着吗？"

五

我和二表哥在这阴阳两界之间待了多少时候？谁也说不好。人活着的时候需要计算时间；死亡是对时间的放弃。时间对于已经被人间放弃的我们已经没有任何意义了。

直到得救以后才知道，在我们失踪后，我们两家人像疯了一样寻找我们。我的学校和二表哥工作的手表厂都派了人，相互配合，在南郊广袤的旷野进行拉网式的搜索。凡是二表嫂想得起来的地名，他们一定要彻底摸查一遍。那里到处都是野地野水，到处都一望无际；他们一天比一天绝望。

大约在第四天，手表厂派来的人中间有一个人当过警察，有办案经验，眼睛尖，他在南郊小林子那边发现地上自行车的轮胎印记，便顺着车痕一直走到潮白河边的荒村里，终于发现我们的自行车。这便鼓起了人们的信心，厂里又加派一些人来，终于在乱草丛中找到了我们失落下去的那口枯井。我俩是在阴阳交界处，马上就要告别人间时，被亲爱的家人与同事奋力地从井里拉了上来，拉回人间。

这种生还的感受无可形容。这是一种绝路逢生，狂悲狂喜。我从没感受到日常的生活与人间的亲情，胜过天堂。我在把儿子抱在怀里，回答他种种天真的发问时，我觉得自己所经过的事比他的问题还不靠谱。头几天我夜里不叫老婆关灯，一关灯我就像又回到枯井里。

我从身体到精神一天天开始还阳。可是听说与我一同起死回生的伙伴二表哥却不大好。我从床上下地还站不稳，不好去看他，就叫老婆给他送点酱货，送个西瓜。我老婆带回来的消息并不乐观。据二表嫂说，打回来一直闭着眼不说话，手表厂请来医生给他检查身体，说他腿骨倒是没有断，有点裂缝，给他上了石膏，打了夹板，很快会好。身体的器官没有毛病。可是不知为什么，他一直直挺挺躺在床板上，闭着眼，什么话也不说，脸上没有活气，看上去像床板上停着一具尸首。不论二表嫂跟他说什么，甚至对他哭了，他也一声不出。

二表嫂叫我老婆问我："他还出了嘛事。枯井里阴气重，是不是中了邪？"

我听了，先是不解，后来渐渐明白，这完全与我有关。就因为他把自己那些坏事脏事伤天害理的事告诉给我。人最能给自己保密的还是自己，一旦告诉给别人，便无秘密可言。当时在枯井里，我俩都认定自己马上就成为死人，死人告诉死人的话，怕什么？可是现在我俩被救，都活了，活人告诉给活人，往下怎么活？

我想好了，过几天能走动了，去他家，对他立下死誓，终生保密，死也绝不泄露半个字！

他会信吗？

不管他信不信，反正我也要对他发誓。泄露一字，地灭天诛！

可是多日之后，二表嫂忽然来说，二表哥不见了。自从我们被救回家后，他一直闭眼躺在床上一动不动，好像钉在床板上，现在却突然一下子没了，听了有点吓人。我老婆傻里傻气问二表嫂："他别是又去打鸟了吧。"

"还打？不要找死吗？这辈子甭想再去了！"二表嫂说，"枪已经叫我卖给委托店了。"

于是，我们赶紧四处找他。满城里凡是认识的人家都问过了，没人见过他。一个月过去仍旧没有踪影。二表嫂掉着泪说："叫鬼勾去了，自打他救回来，魂好像就没回来。"

我听这话，心里不禁打个寒战，从头顶一直凉到脚心。我好像明白他的去处——他准是回去了，又躺在那枯井的烂泥里。

那口枯井是他人间的出口。

现在一个多月过去，应该早走了。

我愈想愈坚定地认定是这样。因为心里有这个认定，才没有再去南郊，也没向任何人说我这个猜测。

对二表哥那段"临终之言"，那些事，我一直守口如瓶。但搁在我心里挺不好受，好像这些事是我干的。也就是说，把坏事藏在谁心里都不是好事，无论是自己干的，还是别人干的。

2021 年 4 月清明前

2021 年 10 月 11 日

冯骥才文学作品年表①

1962 年

诸葛亮善画（随笔）   1962.08

点入心灵的画题（随笔）   1962.10

1963 年

漫谈博古画（随笔）   1963.03

《老树鹦鸽》欣赏小记②（随笔）   1963.04

山水画中的点景人物（随笔）   1963.04

林风眠的画（随笔）   1963.05

漫谈画像砖（随笔）   1963.05

插图画和回回图（随笔）   1963.05

祭祀、道场、水陆画（随笔）   1963.07

双关画意（随笔）   1963.11

1964 年

谈几幅版画作品（评论）   1964.11

精巧的刻砖艺术③（随笔）   1964.11

1966 年

赞新门画（随笔）   1966.01

---

① 表中所署年月为作品首次发表的日期，个别作品署写作日期。
② 与刘奇膺合写。
③ 与崔锦合写。

---

① 与李定兴合著。
② 与崔锦合著。

五彩缤纷的果实①（随笔）   1979.11

啊！（中篇小说）   1979.11

艺术园丁（随笔）   1979.11

画如其人（评论）   1979.12

谈《铺花的歧路》的创作（创作谈）   1979.12

1980 年

我这个笨蛋（短篇小说）   1980.01

早起跑步（短篇小说）   1980.01

闯出一个新天地（随笔）   1980.01

用实干创造未来（随笔）   1980.01

画坛上的伯乐和千里马（评论）   1980.02

挑山工（散文）   1980.02

      ——泰山旧日见闻之二

三十七度正常（短篇小说）   1980.03

给《书讯》编辑部的一封信（书信）   1980.03

斗寒图（中篇小说）   1980.04

三个要死的人和上帝（短篇小说）   1980.06

小菲菲该怎么办？（随笔）   1980.06

能不忆江南（随笔）   1980.09

让她发光（随笔）   1980.09

他在人间（短篇小说）   1980.10

我的"三级跳"（散文）   1980.10

像章（短篇小说）   1980.12

1981 年

书桌（散文）   1981.01

---

① 与毕开文合写。

1987 年

---

① 与李陀合写。

1991 年

1993 年

天津的"万国建筑博览会"(随笔)	1993.02
为了启迪后人(随笔)	1993.02
大观武侠(序言)	1993.02
——《中国古今武侠小说欣赏大辞典》序	
感悟(散文)	1993.02
艺术难得赤子心(随笔)	1993.02
啊,青鸟(散文)	1993.02
淡淡年意深深情(对话录)	1993.02
——冯骥才谈年文化	
灵性(散文诗)	1993.03
真实高于一切(自序)	1993.04
——《秋天的音乐》序	
笔耕人画语(随笔)	1993.05
应答诗三首(诗歌)	1993.05
《炮打双灯》小序(自序)	1993.05
为一种事业写的书(序言)	1993.06
——《中国通俗小说概论》代序	
一个时代结束了(理论)	1993.06
表白的快意(自序)	1993.07
——《冯骥才艺术随笔》序	
现代家庭(随笔)	1993.07
鸦巢都在高处(散文)	1993.07
散漫的天性(散文)	1993.08
亲吻春天的姑娘(散文)	1993.08
维也纳森林的故事(散文)	1993.08
奥地利的象征(散文)	1993.08
咖啡香飘三百年(散文)	1993.08
在维也纳买古董(散文)	1993.09

1996 年

1999 年

2000 年

---

① 与张仲合写。

2007 年

2009 年

2011 年

2022 年

2023 年

（孙玉芳　整理）